注音注釋插圖本

連闊如／著

賈建國　連麗如／整理

李濱聲／繪圖

江湖行當

U0114611

開明書店

江湖行當

連闊如　著

賈建國　連麗如　整理

李濱聲　繪圖

責任編輯　蕭　健
裝幀設計　吳丹娜
排　　版　黎　浪
印　　務　劉漢舉

出版　　開明書店
　　　　香港北角英皇道 499 號北角工業大廈一樓 B
　　　　電話：(852) 2137 2338　傳真：(852) 2713 8202
　　　　電子郵件：info@chunghwabook.com.hk
　　　　網址：http://www.chunghwabook.com.hk

發行　　香港聯合書刊物流有限公司
　　　　香港新界荃灣德士古道 220-248 號
　　　　荃灣工業中心 16 樓
　　　　電話：(852) 2150 2100　傳真：(852) 2407 3062
　　　　電子郵件：info@suplogistics.com.hk

印刷　　美雅印刷製本有限公司
　　　　香港觀塘榮業街 6 號 海濱工業大廈 4 樓 A 室

版次　　2024 年 2 月初版
　　　　2024 年 8 月第 2 次印刷
　　　　© 2024 開明書店

規格　　16 開（240mm×155mm）

ISBN　　978-962-459-341-9

目錄

第一章　江湖規矩

江湖之春點 | 002

江湖人的舊組織：長春會 | 005

江湖藝人之規矩 | 010

江湖人放快者受罰的規矩 | 014

江湖自嘲之暗語 | 016

江湖中之老合 | 019

北平平民化市場天橋之沿革與變遷 | 022

天津南市三不管露天市場 | 026

天橋市場擺地的人物 | 028

天橋東市場賣估衣的 | 032

戲園子的坎子 | 038

第二章　保鏢賣藝

江湖之點掛子 | 044

掛 | 048

天橋內把式場 | 057

掛子行之中的支杆掛子 | 062

第三章

雜技戲法

彩門 | 072

彩門中之挑厨供的 | 072

挑厨供的賣點兒 | 080

江湖彩門之腥棚 | 084

江湖藝人孫寶善 | 086

江湖藝人去平留津的大金牙 | 088

江湖藝人快手盧 | 092

天橋的戲法場 | 096

天橋的摔跤場 | 099

天橋的空竹場子 | 102

三不管的雜技場 | 105

江湖中的光子生意 | 106

第四章

評書流派

評門是團柴的 | 112

評書界請支之源流 | 124

團柴的規矩 | 125

天橋的評書場子 | 127

天橋茶館各有不同 | 127

三不管的評書場兒 | 130

評書門之羣福慶 | 131

評書藝人劉榮安 | 133

田嵐雲 | 134

評書界藝人曹卓如 | 137

評書界之劉繼業 | 139

連闊如、陳榮啟、郭品堯、苗闊泉 | 141

評書界之藝人哈輔元與《永慶昇平》 | 146

張杰鑫與《三俠劍》 | 148

順桂全與《鐵冠圖》 | 151

王致久師徒與《雍正劍俠圖》 | 152

海青腿兒 | 154

天橋的瞪眼玉子 | 156

江湖藝人老雲裏飛 | 157

江湖藝人大本玉子與連寶立、連寶志 | 160

第五章 相聲口技

團門原是團春 | 164

天橋的相聲場和杵門子 | 169

江湖藝人萬人迷 | 171

三不管的相聲場兒 | 173

天橋的臭春場子 | 177

江湖藝人湯瞎子、田瘸子 | 178

故都之八大怪 | 181

天橋的大兵黃 | 182

窮家門兒 | 183

天橋數來寶的場子 | 187

第六章 大鼓竹板

柳海轟兒的生意 | 192

海轟之十三道大轍 | 195

鼓界之白雲鵬 | 196

天橋的大鼓書場 | 199

天橋的墜子場子 | 203

天橋的竹板書場 | 207

附錄

漫話江湖　萬象歸春 | 212

回憶父親連闊如 / 連麗如 | 254

第一章

江湖之春點

著者自幼在外奔走，自謀衣食，對於江湖中的事兒有個一知半解，所以著述這部《江湖叢談》。

本書內有「風」、「馬（má）」、「雁」、「雀」四大門（指羣騙），「金」（相面算卦）、「皮」（賣藥）、「彩」（變戲法）、「掛」（打把式賣藝）、「評」（說評書）、「團（tuǎn）」（說相聲）、「調（diào）」（騙局）、「柳」（唱大鼓）八小門。內容包括的是：賣「梳篦（bì）」的、賣「刀剪」的、賣「香麵」的、賣「膏藥」的、賣「刀傷藥」的、賣「眼藥」的、賣「蟲子藥」的、賣「牙疼藥」的、挑（tiāo）「漢冊（chǎi）子」的、賣「戲法」的、變「戲法」的、「打把式賣藝」的、「跑馬戲」的、「修腳」的、算「周易卦」的、算「奇門卦」的、算「鳥兒卦」的、「相面」的、「啞相」的、「燈下術」的、說「相聲」的、唱「大鼓書」的、唱「竹板書」的、說「評書」的、賣「胰子」的、賣「避瘟散」的、「拉洋片」的，等等行當，不下百數十種。

此外，尚有兩門，一為「騙術門」，一為「窮家門」（唱數來寶的）。並有江湖黑幕、江湖人規矩、藝術變遷、藝人小傳、藝人傳流支派、藝人道義、各省藝人團體的組織、藝人的沿革。謹將內容用概括方式，先向閱者報告明了。

由江湖人之「春點」作為首談。什麼叫做「春點」呢？讀書人離不開字典、字彙、《辭源》等等書籍。江湖之人不論是哪行兒，先得學會了春點，然後才能夠吃生意飯兒。普通名稱是「生意人」，又叫吃「張口飯」的。江湖藝人對於江湖藝人稱為「老合」（合氣之合）。敝人曾聽藝人老前輩說過：「能給十吊錢，不把藝來傳。寧給一錠金，不給一句春。」由這兩句話來作證，江湖的老合們把他們各行生意的藝術看得有泰山之重。

江湖人常說，藝業不可輕傳，教給人學得容易，那會不值一文半文，丟得更易。江湖藝術是不能輕傳於人的，更不能濫授給他人。不惜一錠金，都捨不得一句春。據他們江湖人說，這春點只許江湖人知道，若叫外行人知道了，能把他們各行買賣毀嘍，治不了「杵兒」（江湖人管掙不了錢，調[diào]侃兒說治不了杵兒。註：此處「杵」字可加兒化音，也可不加，後

文兒化同，不另作說明）。

果子行、油行、肉行、估（gù）衣行、糖行，以及拉房縴（qiàn）的、
驟馬市裏縴手，各行都有各行的術語，俗話說叫「調侃兒」。江湖藝人管
他們所調的侃兒，總稱叫做「春點」。今例舉一事，閱者諸君便知那春點
的用處。譬如，鄉村裏有個搖鈴兒賣藥的先生，正被一家請至院內看病。
這賣藥的先生原不知病人所患的是何病症。該病人院鄰某姓是個江湖人，
他要叫賣藥的先生掙得下錢來，先向賣藥的先生說：「果食點」（果食指已
婚女子，點是人）是「攢（cuán）兒吊（攢兒是心口，吊是疼）的黏啃（nián
kèn）」。賣藥的先生不用給病人診脈，便能知道這家有個婦人，得的是心
痛之病。原來這「果食點」，按着春點的侃語便是婦人；「攢兒吊的黏啃」
便是心口疼的病症。然後賣藥的先生給病人一診脈，把病原說出來，說得
很對。病人哪能知道，他們院鄰暗含着「春」給那賣藥先生啊！花多少錢
也得買他的藥啊。這賣藥的先生，得了病人鄰居用「春點」把病人所得的
病「春」給他，能夠不費勁兒掙得下錢來。簡捷地說，這就是江湖人用春
點的意義。往淺處說是那個意思；往深處說，如同長江大海，用莫大焉。
可是這春點用在一處，成為三種名詞，前說江湖人調侃兒的術語為春，至
於點之用處和意義，容談到藝人的藝術類再為詳談。今將江湖中的春點先
行錄出，然後再分門別類述談。

管男子調侃兒叫「孫食」，媳婦叫「果食」，老太太叫「蒼果」，大姑
娘叫「姜斗（jiàng dǒu）」，小姑娘叫「斗（dǒu）花子」，小男孩叫「怎
科子」，管父親叫「老戧（qiāng）兒」，管母親叫「磨（mó）頭」，管哥
哥叫「上排琴」，管兄弟叫「下排琴」，管祖父叫「戧兒的戧」，管祖母叫
「戧的磨頭」，管妓女叫「庫果」，管良家婦女叫「子孫窰兒」，管男僕叫「展
點」，管女僕叫「展果」，管當兵的叫「海（hāi）冷」，管偵緝探訪叫「鷹
爪」，管小綹（xiáo liu）叫「老榮」（小偷），管和尚叫「治把（bǎ）」，
管老道叫「化把」，管尼姑叫「念把」，管做官的叫「冷子點」，管大官兒
叫「海（hāi）翅子」，管外國人叫「色（shǎi）唐點」，管鄉下人叫「科
郎（kē lang）碼」，管傻人叫「念攢（cuán）子」，管瘋人叫「丟子（si）
點」，管嘎人叫「朗不正」，管好人叫「忠樣點」，管好色的人叫「臭子點」，

管有錢的財主叫「火點」，管窮人叫「水碼子」，管好賭錢的人叫「鑾把（bǎ）點」，管天叫「頂」，管地叫「躺」，管東叫「倒（dǎo）」、西叫「切（qiē）」、南叫「陽」、北叫「密」，颱風叫「擺丟子（si）」，下雨叫「擺金」，下雪叫「擺銀」，管房叫「塌籠」，管店叫「窰兒」，管陰天叫「牐（chā）棚」，管打雷叫「鞭轟兒」，管吃飯叫「安根」，管捱餓叫「念啃（kèn）」，管拉屎叫「拋山」，管「走吧」叫「竅」，管打架叫「鞭托」，管害怕叫「攢（cuānr）稀」，管肉叫「錯齒子」，管馬叫「風子」，管牛叫「岔子」，管驢叫「金扶柳兒」，管買酒叫「肘山」，管喝酒叫「抿山」，管喝醉了叫「串山」，管燒酒叫「火山」，管黃酒叫「幌（huàng）幌山」，管茶館叫「牙淋（yá lin）窰兒」，管娼窰叫「庫果窰兒」，管水叫「龍宮」，管兔兒叫「月宮嘴子」，管老虎叫「海（hāi）嘴子」，管龍叫「海（hāi）條子」，管蛇叫「土條子」，管橋叫「懸梁子」，管夢叫「團（tuǎn）黃粱子」，管牙叫「柴」，管字叫「朵兒」，管筆叫「戳子」，管刀叫「青子」，管槍叫「噴子」，管放槍叫「噴子昇點兒」，管藥叫「漢壺」，管跑了叫「扯活（chě huo）啦」，管人死了叫「土了點啦」，管婦人懷孕叫「懷兒怎啦」，管寡婦叫「空心果」，管麻子臉叫「梅花盤」，管俊品人物叫「盤兒嘬」，管人長得醜陋叫「盤兒念嘬」，管野妓叫「嘴子」，管車叫「輪子」，管衣裳叫「掛灑」，管穿得闊綽叫「掛灑火」，管穿破衣裳的叫「掛灑水」，管當舖叫「拱頁瓢子」，管賣當票的叫「挑（tiǎo）拱頁子」的，管錶叫「轉（zhuàn）枝子」，管帽子叫「頂籠兒」，管大褂兒叫「通天灑」，管褲子叫「登空（kōng）子」，管鞋叫「踢土兒」，管襪子叫「熏筒兒」，管瞎子叫「念招兒點」，管社會裏的人不明白江湖事的叫「空（kòng）子」。

這江湖人調侃兒用的春點，總計不下四五萬言，著者將這幾十句寫出來，貢獻到社會裏。論完全並不完全，因為書的篇幅所限，不能全部發表。容敝人寫到各門各行的時候，將未曾發表的江湖春點，再一一刊出。以上所說的侃兒，係江湖中各門各行通用的侃兒。

從前江湖的人將一句春點看得比一錠金子還重，外行人是一句也不知道的。到了如今因為流行日久，外行人也能耳濡目染地熏上幾句。敝人在北平的天橋、東安市場、西單商場以及各廟會，常聽見有些個半開眼（對

於江湖事有一知半解的人稱為半開眼）的人，在各生意場兒調幾句江湖侃兒，所調的侃兒盡是普通流行的。至於江湖各行隱語，與他們生意有關，外行還是不知道的。我這江湖的春點，是簡捷地把意義說明，再談金、皮、彩、掛、平、團、調、柳八門生意。

江湖人的舊組織：長春會

在早年，江湖人到了他們有地盤之處，都有一種組織，他們江湖人的團體叫做「長春會」。這會包括的生意有：算卦相面的，打把式賣藝的，賣刀創藥的，賣眼藥的，賣膏藥的，賣牙疼藥的，賣壯藥的，賣刀剪的，賣針的，賣梳篦（bi）的，變戲法的，賣戲法的，唱大鼓書的，唱竹板書的，說評書的，說相聲的，修腳的，賣瘊子藥的，賣藥子的，賣偏方的，治花柳病的，耍猴兒的，玩動物的，拉洋片的，賣藥糖的，賣耗子藥的，跑馬戲的等等生意，俱都算上。五花八門，包羅萬象，只要是老合（江湖藝人）就得入這長春會。

可是，這種江湖團體是老合們自動組織，並不在當地官署立案，會中的規矩都能遵守的，其範圍大小是看他們的生意多少而定。最大的有鄭州長春會。那裏的生意，各門各戶都到。各種生意，各種的雜技全都有。會中按着金、皮、彩、掛、平、團、調（diào）、柳八門生意，一門有一門的領袖。那當領袖的人必須年歲高大，本領過人，素有聲望。對於江湖中的事兒，無論大小全都懂得。同行的人們把他推舉出來當他們的領袖，才能負一門的責任。由各門的領袖再推舉出兩個會長，分為一正一副。那充當長春會總領袖的人得是老江湖。做生意比人多掙錢，行為正大，做事光明，遇事不畏艱難，肯奮鬥，肯犧牲，能調停事，排解糾紛，江湖人才重看，大家尊敬他，遇事都受他的指揮，服他的調動。這種人才是最難得的。

長春會的事務分為對內對外兩種事兒。對內的事兒是每逢有會的地方，到了會期的時候得給各處來的江湖人安排住處。那住處的名詞很是各

別，叫做「生意下處」。那裏邊住的人和住店一樣，不過不准住外人就是了。內裏的東西大家使用，不准毀壞。下處的規矩很大，凡是住在那裏的人誰也得遵守。譬如有個變戲法的，他們沒出去時候，或是開了圓籠（裝道具的圓形器物）家伙，或是打開包兒收拾他們的家伙（道具），正然「掛托」（江湖人管他們變戲法往傢具上弄鬼兒調 [diào] 侃兒叫掛托）哪，不論是誰也不准瞧看。還不准偷瞧，尤其是甲變戲法的掛托，乙變戲法的更不准瞧看。如若瞧，是不准；倘若偷瞧，那便是要「榮人家的門子」（江湖人管偷人的方法調侃兒叫榮人家的門子）。那是犯行規了，一定得受大家公平制裁。如若哪個江湖人在屋中「夾磨」（jiá mo，師父傳授真本事）徒弟，外人也得躲開。如若鞭（管打徒弟叫鞭）徒弟的時候，外人不准多言，更不准攔擋。如若人家教徒弟聽着不躲開，那便是要榮人家的門子，也受大家制裁。

如若有甲乙兩個人，要合伙做生意，掙了錢回來到下處分錢了，外人也不准瞧看。如若偷瞧就會有人恥笑。如若有人往下處「跨了點」來，什麼叫跨了點呢？他們江湖人在會上支棚帳擺攤子，如若來了人要照顧他們，買的東西給多少錢，調侃兒叫「迎門杵」（掙的頭一筆錢）；如若遇買主人忠厚，好說話，錢也多，他們能夠使「翻鋼叠杵」（鋼是話，翻是加倍，杵是錢，翻鋼是用巧妙的語言讓人深入陷阱，叠杵是多花錢）的法子，叫人多花錢；如若買主精明，或是狡猾，或是沒錢，或是有錢不肯多花，只要掙到「迎門杵」就完事；倘若有真闊的人，能瞧出真的掙得了大錢，就不能在攤上講買賣，把這人帶到他們的住處，調侃兒叫往「窯兒裏跨點」，這個人就是點頭，他們在屋中能有最神祕、最巧妙的方法把大款弄到手。可是這種神祕的方法，非得得着師父的真傳，才能掙得了巨款。按着江湖的規矩，甲往窯兒裏跨點，乙見了得躲開，不能瞧看，也不准聽。如若瞧着，再聽着，那神祕的法子豈不會了？江湖人常說「寧給十吊錢，不把藝來傳」，別人要花他多少錢都能成，可是要學他的本領，那可就難了。

我老雲在各省常聽他們江湖人說：「×××可不成，他連生意下處都沒住過。」聽他們這種口吻可以推測得出來，如若住過生意下處的人，一定懂得江湖規矩，事事都能曉得。江湖人對於久住生意下處的人，就尊敬

◇ 江湖人管教徒弟本領調侃兒叫夾磨，管打徒弟叫鞭。如若鞭徒弟，外人看了不准多言，更不准阻攔。

得不得了呀！如若沒住過生意下處的，他許不懂得江湖規矩，就是懂得點也是一知半解，不能全都懂得。如若江湖人有所討論時，對於沒住過下處的人，便都輕視他，他遇事還得少說話。倘若多說話，便有人說：「你沒住過生意下處，懂得什麼！」好像他沒有發言權一樣。

可是開這生意下處和開店一樣，如若外人進來，就說：「沒有閒房。不住外界人。」如若是江湖人，不管有閒房沒有，有閒地方沒有，愣往裏走。沒地方，大家有義氣也得勻個地方。開生意下處的人，對於江湖人的規矩都要懂得。用個伙計，也得懂得各行行規。他們伙計、掌櫃的，對於江湖人眼界得寬，認識的越多越好。生意下處的買賣能否發達，立得住立不住，全看當地的長春會主要人的本領如何了。

長春會的主要人對外的事很多。譬如某處要開個廟會，本地的紳士們也立 ××× 會，由大家推舉出來幾位素有聲望的當會長，主持廟會的事務。這種人要想藉廟會之力，興隆本地，首先得請江湖最有名望的人在他們那個地方成立長春會。給他們按着會期給邀各樣的生意。不論是什麼地方創辦廟會，沒有江湖中的各樣玩藝兒絕不能成的。可是在各種生意沒到之先，長春會的主要人得和當地的紳士商議好嘍，可着他們那個地方由江湖人先挑，把好地方選擇好啦，指定了是江湖人使用。別的行當給多少錢也不給使用。各樣生意來全了，得由長春會的主要人指定某處是攔文生意的地方，某處是攔武生意的地方。什麼叫文生意呢？算卦的、相面的、擺小攤子賣藥的、點痣的……凡是不帶鑼鼓，「圓小黏子」（場子圍不了多少人，調侃兒叫小黏子）都是文生意；變戲法的、打把式賣藝的、拉洋片的，都是武生意。可是武生意不准挨着文生意。那相面的全憑脣齒之能，向圍着的人說話，叫人聽着入味才能掙錢。如若挨着個變戲法的，鑼鼓亂響，震得人們耳音亂了，那相面的就不用掙錢了。長春會規定了哪裏是武生意的地方，那變戲法、拉洋片、打把式賣藝的，就往那裏攔生意，絕不會亂攔場子。至於什麼生意與什麼生意之間，攤子應該離多遠、場子應該離多遠，也有一定的尺寸，誰也不能礙誰的事。至於各種江湖玩藝兒所佔的地勢給本地 ××× 會應拿多少錢的花銷，也由長春會的主要人與本地官商紳士事先商議妥當，到了收這筆錢的時候，也得有長春會的人，會

　　　　　　　　　　　　江 湖 行 當

同本地紳士挨着攤子、場子臨時去收。總而言之，長春會的人如若與本地紳士商議各種事務，以不叫江湖人受損失，不受本地人欺壓為最要緊的職責。現如今各省的鄉鎮所立的廟會，都是江湖人給他們興旺起來的，哪處也是，年年如是，沒有不發達的。

這種江湖人組織的長春會，各縣的鄉鎮全都存在的。這種江湖團體是流動的性質，隨時的集合，也無人管轄，也無人指導，官府並不立案。他們對內就為調劑江湖人做生意的地方、糾正江湖的規矩，對外就是與各地××會聯合，解決一切的地皮臨時租價與江湖人適用的地勢而已。就以北平東邊說吧，那裏有個最大的廟會是丫髻山。那京東的各縣鄉民，屆時都往那裏進香。江湖的人們，各行生意也都「頂（趕）那個神湊子」（江湖人管廟會香會調侃兒叫神湊子），那裏的長春會首領是難當的。當初有個「迫（pǎi）金扶柳兒，挑（tiǎo）招漢兒的」（江湖人管騎驢調侃兒叫迫﹝迫當坐講﹞，金扶柳兒是驢，挑當賣講，招當眼睛講，漢就是藥）高景全，他老闖江湖有年，眼皮也寬，是江湖人都和他們有來往。他到了丫髻山，大家推舉他為那裏的長春會的會長，這樣職任是沒有期限的。要不是有了最大的過處，犯了眾怒，或是自己不願幹了，才能算完。那高景全當了多年會長，也沒從中取利，直到他幹膩了，在天津三條石普樂園前邊「安了（開了）招漢座子」（江湖人管開舖子賣眼藥調侃兒叫招漢座子），才與丫髻山的長春會脫離關係。

在早年帝制時代，沒有什麼團體和組織。入民國以來，農工商學兵，都有了團體與組織，以及會計師、律師、新聞界、評書界等，都算是自由職業團體，也都有健全的組織。惟有江湖的藝人與這些行業的性質俱都不同：在鄉間有長春會，他們全都加入；在冀、察、平、津等處，都沒有組織長春會的，這江湖人的行當加入任何團體都不相宜，都是不合法的。故此江湖人到了各省城、各商埠、各都市，都沒有組織，是散亂無章，弄得江湖亂道，彼此傾軋，時起糾紛。他們雖有興隆地面、吸引觀眾的偉大之力，因為沒有人在各市場指導他們按着文武生意立場子，而各市場的經理人多是資本家，也不明白這江湖的世故，佈置得不得法，把那富有吸引遊人的力量也弄得薄弱了，各省市的地方當局，更無人注意江湖人的事兒。

我老雲這些年往各處雲遊，只是濟南城有個長春會，內中的會員全都是江湖人，那會長××貴也是江湖中的名人，我調查了幾天，他們的內容很是不錯，凡是外省的江湖人，到了那裏都得臨時請求入會，經會中審查合格，發給會員證，才能在那裏做生意。久在那裏的江湖人，還得受該會的訓練，然後才能在該地獻藝。那裏的各市場，文武生意立的場子，也適合江湖的紀律化，那裏的江湖人，只要有真正本領就能得意。濟南的江湖人總算是受了該會的益處了。其他各地無有長春會組織，就是有真本事的江湖人也得不着好地勢，也掙不了錢，可就應了江湖人的話了：「生意人不得地，當時就受氣。」若是本領不好的，佔着好地方，他也難掙大錢，江湖人常說：「能為不濟，佔了好地，也是白歡喜。」現在北平這個地方很有些闊人，投資數萬或數十萬，買地皮，建房屋，創辦市場，用的管理人員不懂得江湖事，沒有適合江湖藝人、雜技場地的佈置，不是創辦不起來，就是弄得失敗了，把若干萬的財產變成了廢物，當了擺設，還不知道是何緣故。閱者如不相信，往各處兜個圈子，就可看見那冤孽產了。

江湖藝人之規矩

江湖的藝人對於社會裏得百行通。無一行不懂，無一事不明，才算夠格。社會裏半開眼的人管他叫「生意」，又叫「老合」（江湖藝人）、吃張口飯的，他們自稱叫「擱（gé）念」。念是「不成」的侃兒。沒吃叫「念啃（kèn）」，沒錢叫「念杵頭兒」，沒有心眼的人叫「念攢（cuán）子」，沒有眼的瞎子叫「念招兒」。

江湖藝人在早年是全都打「走馬穴兒」（走一處，不能長佔，總是換地方掙錢，江湖人叫走馬穴），向來不靠長地（長地是指固定演出場所），越走的地方多，越走的道路遠，越有人恭維說他跑腿的，跑得腿長。可是走那河路碼頭，村莊鎮市，各大省城，各大都會地方，不論天地間的什麼事全都懂得，那才能算份腿兒。如有事不懂便擱一事，一行不懂便擱一行，

到了哪個地方，事事不明，事事不懂，便算擱了念啦！不用說發大財「火穴大轉（zhuàn）」（在一地方演出掙了大錢了），就是早晚的啃（kèn）食休想混得上，就得念啃的。吃一輩子生意，由小學到老，也不敢說到家。

士農工商，各行各業做事的人，只能懂得他本行的事兒。惟有吃擱念的人，是萬行通的。俗話說「隔行如隔山」，沒開過果局子，沒做過賣鮮貨的小買賣，任你多聰明，要買鮮貨，也得由着人家賺你的錢。買的沒有賣的精。買賣人有三不賣：不夠本不賣；賠錢不賣；不賺錢不賣。到了吃擱念的人，譬如他們沒做過鮮貨行的買賣，得懂鮮貨行的事兒，別人遇事不擱便念，江湖人是不擱不念的。有天我走一家估（gù）衣舖前邊，見有一位老合正買估衣，他要買人家的一件皮袍。估衣行的人認識他是老合，沒多要錢，要十五元錢，這位老合他還要再少花個一兩元錢，明着說不大合適，都是熟人，他向賣估衣的人說：「砸砸漿行嗎？」我走到那裏正聽到此話，因為我懂得這句行話，估衣行的人管着少給錢、再落落價錢，說行話叫做「砸漿」。我聽他說這句話，我站住了不走啦，聽他們個下回分解。那估衣行的人說：「先生要砸漿，只能砸搖個其，多了不成。」估衣行的人管一元錢調（diào）侃兒叫搖個其。那位老合就給人家十四元，把皮袍買走啦。我就知道這位老合夠程度，他懂得估衣行的侃兒，砸了搖個其的漿，他少花一元把皮袍買去。不用往大事上說，就以他買皮袍的事說吧，他懂得估衣行的事兒，到估衣舖買東西，就能少花錢，那就是懂得一行的好處。諸如此類的推試，老合們要是百事通，有莫大的好處。

說起江湖藝人的規矩，非我筆下所能盡述，也是很多的。他們守其規矩，較比其他守規矩都好，也值得人欽佩的。第一是生意人不管認識不認識，也不拘在什麼地方見着，一見面就得道「辛苦」！如若煙台的老合離開了煙台，要往青島去做生意，搭輪前往，到了青島不能立刻做買賣，得先到各處拜會。其實在青島的老合也不是青島的人，也都是別處的人，他們不過早去些日子。先到青島的為主，後到青島的為賓，行客拜坐客，賓拜主，是江湖人最重要的規矩，名曰「拜相」。拜會同道的人也有許多的好處，譬如變戲法的人由別處到了青島，要做生意，趕巧了各雜技場兒沒有閒地，要做買賣沒有地，焉能掙錢？如若按着江湖的規

矩，不做買賣，先拜會同道，與同道取了合啦，能夠有人讓給他塊地，讓給他個場兒，叫他們掙錢吃飯，還能把當地的風土人情一一詳告，到了掙錢的時候，能夠又容易，又多掙。譬如，要是到了青島，他自尊自貴不按着江湖的規矩拜會同道，若趕上雜技場兒沒有空閒的場兒，不惟沒有人讓給他場兒做買賣，要和誰打聽當地的風土人情，也休想有人能告訴他。

江湖藝人是最有義氣的，拜會同道還有一種大好處，如若不願意在青島做買賣，當地老合們能夠給他湊盤費，叫他另往別處去做生意。大家湊路費的事兒是司空見慣，並不出奇。江湖人做生意，在各省市的雜技場撂地兒，也有一定的規矩。譬如一個市場之內有兩檔變戲法兒的，若是拉場子做生意，必須兩檔子戲法隔開了，離着三兩個場子才行，絕不能挨着上地（做生意）。市場的地方很寬大，能容得開多少檔子玩藝兒是那樣的；如若市場地方狹窄，容納不了兩檔子玩藝兒，沒法子辦了，亦許打把式賣藝的挨着打把式賣藝的，說書挨着說書的，賣藥挨着賣藥的，可是挨着做買賣，也最少要相隔一丈地才成。江湖人管江湖人尊敬的稱呼都稱「××相法」，挨着做生意，也得「相挨相，隔一丈」。

江湖人的玩藝兒是各有專門，不論研究出什麼玩藝兒，都能久看不煩，百聽不厭。它還有興隆地方繁華市面的好處。想當初東安市場剛開辦的時候，並不是盡做買賣的商家，在那時候，東安市場的雜技場兒較比如今的天橋兒還齊全、還熱鬧哪。近年來東安市場成了大商場啦，那東跨院裏的雜技場兒還要保存哪。設若那個雜技場兒取消了，那東跨院裏就沒有人去了。生意場兒，吸引觀眾的力量也是非常大的。

到了鄉間，不論是哪個地方，要是有人提倡在那裏創立個集場，或是在那裏創辦個廟會，為首開辦的人得先邀生意檔子吸引觀眾。興隆方面要是沒有生意檔子參加，任他辦理得多善，也吸引不住人兒。關外的岳州會，關裏的鄭州廟，可稱得起最有名兒的廟會吧，那「海（hāi）萬」（有名的）的「神湊子」（大廟會），也以生意檔為主體。各鄉鎮的會首都和生意人聯絡。如若要開廟、立會，都和生意人首領商議，請些生意檔子，才能開廟立會哪！

那麼，生意人的首領又是誰呢？據江湖人說，生意人的首領是賣梳篦

◇ 據江湖人說，生意人的首領是賣梳篦的，哪裏有新開辦會，和他商議好了，他就能把各樣的生意約來，他還得幫着會首們來指定文武地來。

（bi）的，哪裏有新開辦會，和他商議好了，他就能把各樣的生意約來，他還得幫着會首們來指定文武地來。什麼叫文呢？哪叫武呢？拉洋片的、變戲法的、耍狗熊的、打把式賣藝的，都是武買賣、武生意。唱大鼓書的、唱竹板書的、賣梳篦的、賣刀剪的、賣藥的、算卦的、相面的，都是文買賣、文生意。文檔子挨着文買賣，武買賣挨着武生意。譬如有四檔子文生意，當中間來檔子武生意，鑼鼓亂響，吵的那四檔文生意說話也不得說，聽什麼也不得聽，那就不用幹了。各廟會的文武地兒也有一定的秩序。譬如某處有個廟會是四月初一吧，到了三月的月底，各樣的生意、各樣的玩藝兒就都來齊了。會首與賣梳篦的事先把地均配好了，初一清晨早起，各種的生意、各樣的玩藝兒，就都按着秩序上地。各樣的玩藝兒都上了地啦，可是變戲法的還不能開鑼，打把式賣藝的也不能張嘴兒……各樣生意，都得等着會頭。如若那賣梳篦的一張嘴，你瞧吧，各樣的生意全都張嘴，打鑼的、敲鼓的、喊嚷的，八仙過海，各顯其能。誰有能耐誰掙錢。沒能耐的圓不上黏兒（招攬不來觀眾），跟海子（南苑圍場，此處藉指圈子）裏的鹿一樣愣着。倘若會首們向生意人故意為難，故意刁難，勒索銀錢，把錢要得離了範圍，生意人們商議好了，給他們「叩棚」，由賣梳篦的把攤子一收，挑着擔子，圍着各玩藝兒場兒一轉悠，您瞧吧，老鄉：變戲法的不變了，唱大鼓的不唱大鼓書了，文武兩檔的生意全都收拾起來不幹了。多咱把所爭的問題解決了，那賣梳篦的一上地，各樣的玩藝兒才能上地。如若賣梳篦的挑着擔兒離開會場遠走了，凡是玩藝兒也都一檔子跟着一檔子地全都「開穴」（即是另往他方）。任他會首有多大的本領，也留不住一檔子的。江湖人的團體是這樣團結的。都說「強龍不壓地頭蛇」（即是外鄉人難惹本地人），惟有江湖人是不怕的，可說是「遠來的和尚會唸經」。

江湖人放快者受罰的規矩

江湖藝人，早年在每一省市或一商埠碼頭，皆有生意人之公共住所，名曰「生意下處」。凡是算卦相面的、打把式賣藝的、拉洋片的、說書的、

賣藥的、賣梳篦（bì）的、賣刀剪的、變戲法兒的，都要住在生意下處。

開這生意下處如同開店一樣，字號也是××老店，門的兩旁也有「仕宦行（xíng）台，安寓客商」八個大字。可是絕不能在門前懸掛「生意下處」的招牌。店中經理人與管賬的先生、伺候客人的伙計，都得懂得江湖人的規矩。譬如店內住着賣藥的客人，來了買藥的人，到店內找賣藥的先生，那先生若是在店內哪，不准伙計說沒在店裏；否則，櫃上得認錯兒，還得賠償客人的損失。至於店內的伙計，將買藥之人帶到賣藥的先生屋內，得趕緊退出屋外，不能多說話，倘有一句話說錯了，買藥的人醒了攢（cuán）兒（明白過來了），不願上當，藥也不買啦，那賣藥的先生能答應嗎？故此，生意下處的伙計與普通的客店規範大不相同。也有一種特別的好處，客人屋裏有茶葉，得（děi）隨便沏着喝，有東西隨便地吃，倘若那生意人做了大買賣，或是「轉（zhuàn）了」（管買賣獲了厚利調 [diào] 侃兒叫轉了），伙計們還能得點油水，也是雨露均沾哪。

生意下處，不論是客人、先生、伙計，每日午前不准「放快」。閱者若問何謂放快？這快也是江湖的侃兒。快分八樣，名曰「八大快」。一是「團（tuǎn）黃粱子」，生意人管做夢調侃兒叫黃粱子；二是「懸梁子」，生意人管橋調侃兒叫懸梁子；三是「海（hāi）嘴子」，生意人管老虎調侃兒叫海嘴子；四是「海（hāi）條子」，生意人管龍調侃兒叫海條子；五是「土條子」，生意人管蛇調侃兒叫土條子；六是「月宮嘴子」，生意人管兔子調侃兒叫月宮嘴子；七是「土堆子」，生意人管塔調侃兒叫土堆子；八是「柴」，生意人管牙齒調侃兒叫柴。

每日午前，店內的人如有夜間做了夢的，不准向人說，昨天夜內我做了個夢。如若向誰說，誰是不依的。譬如向算卦的生意人說，夜裏做夢了，他今天就不出去擺卦掙錢了。他若有每天掙一塊大洋的能為，他就向和他說夢的人要大洋一塊，不給是不成的，至輕了，也得買些東西請客。不止於說夢，就是說龍、說虎、說蛇、說塔、說橋、說牙、說兔子，都是一樣地受罰。設若說夢的時候，要有二十個人聽見了，這個亂可就大了，這二十個人也不出去掙錢了，他們二十個人，每天能掙多少錢，誰說夢來的就是誰放快了，叫這放快的人包賠二十人一日的損失。如若夜間做了

夢，向大眾不說做夢，說我夜裏「團黃粱子」可不好啊，像這樣調着侃兒說，就沒事了。若是自己牙疼，在午前也不准說牙疼，得調侃兒說：我是「柴吊」（柴是牙齒，牙疼就說柴吊）；他人得問：「你怎麼直咧嘴呢？」可是過了晌午以後再放快就沒事了。這放快的事兒，江湖人看得很重要，就是誰放了快，賠償人的損失，人也不願意的。

敝人曾向江湖人探討過這放快有什麼壞處？為何看得這般嚴重？某江湖人說：我們生意人最迷信的。每天出來做買賣，就怕出「鼓」兒（江湖人，若是相面的給人相面之時錢沒掙下來，反倒被人大鬧，這種事生意人是最怕的。江湖人管這種事兒調侃兒叫出了鼓啦，即是生氣的意思），或曰鼓了點啦，或曰出了調角（diào jiǎo）啦（江湖人說，他們生意人若沒出去做買賣，有人衝他放了快，出去做買賣不是出鼓兒，就是遇見了調角〔有人出難題兒〕）。因為這層關係，生意人最忌有人放快。這種事情與梨園行人在沒開戲之前，忌外行人擊鑼敲鼓是一樣的。

江湖自嘲之暗語

江湖人管調（diào）侃兒用的行話叫做「春點」。老江湖人使用這春點是為了做買賣掙錢，離開了做買賣之外，皆惡（wù）團（tuǎn，說）春調侃兒。有些新上跳板（剛入這一行）的江湖人，學了幾句春點，到處調侃兒，江湖的老前輩很為不滿。一日，江湖的老前輩向新上跳板的人說道：「當初有兩個生意人，一個是算卦的，一個是賣藥的。兩個人走在外縣城內住了店，用完晚飯之後，算卦的到後院解手，他撒完了尿，忽然抬頭一看，陰雲四佈，並無星斗。大概是天要下雨，他進屋後向那賣藥的伙計調侃兒說：『媥（chā）了棚兒啦！要擺金吧。』他那個伙計懂得春點，聽他說『媥了棚兒啦』，就知道是陰了天了；『要擺金吧』，就知道是要下雨了。他們兩個人調起侃兒來，恰巧被店裏的伙計聽見，那伙計不懂江湖的春點，聽不懂這兩個人所說的話，心中暗道：『這兩個客人不是好東西，大概許是做賊的。』誰想事有湊巧，當日夜內，店裏丟了一匹驢，掌櫃、

先生、伙計們聚在一起討論這驢叫誰偷去了，伙計忽然想起那算卦的、賣藥的兩位客人。他說：『這驢叫六號的客人偷去啦！』掌櫃、先生問道：『你怎麼知道呢？』伙計說：『昨天夜內，我聽他們說賊話來的，一定是他們偷去了。』掌櫃、先生就把這算卦、賣藥的告下來了，說驢叫他們兩個人偷去了。這位縣官是位老江湖出身，他改了行，走了一步好運，得了縣官知事。這天他升了大堂，衙役三班喊喝堂威。店裏掌櫃的、算卦的、賣藥的三個人跪在堂上。縣官問道：『你們三個人因為什麼事打官司呀？』店裏掌櫃說：『老爺，他們兩個人住在我的店內，把我們櫃上的驢給偷去啦。求老爺做主！』縣官問道：『你們兩個人是幹什麼的？』這個說：『老爺，我是算卦的。』那個說：『老爺，我是賣藥的。』縣官又問道：『你們兩個人為什麼不務正業，偷他的驢呢？』這兩個人說：『老爺，我們沒偷他的東西，他們誣賴好人，求老爺做主。』縣官向店裏掌櫃問道：『你怎麼知道那驢是他們兩個人偷了去呢？』掌櫃回答說：『老爺，他們兩個人昨天在我店裏說賊話來着，叫我們伙計聽見了，我們料着他們把驢偷去啦！』縣官向他們兩個人問道：『你們兩個人怎麼說賊話呀？』那個算卦的說：『老爺，我們沒說賊話。我們是江湖人，因為昨天夜內陰了天啦，要下雨，我們兩個說行話來着。我說堋了棚了，是陰了天了。他說要擺金，是要下雨。這是我們江湖人的春點，不是賊話。』縣官這才明白，他雖做了官，因為他是老江湖，什麼樣的春點他都懂得。他也是最恨新上跳板的人是不是的就調侃兒，動不動就調侃兒。縣官立刻命令皂班打算卦的七十板，打賣藥的六十板。打完了這兩個人，縣官就和他二人調起侃兒來，用手指着他二人說道：『我也不管你是金（指算卦的金點而言），我也不管你是皮（指賣藥的而言），絕不該當着空（kòng）子（不懂江湖內幕的人）亂團春（團春即調侃）。一個打你申句（jū），一個打你行句（xíng jū）（申句是六十板子，行句是七十板子）。若不是冷子攢（cuán）兒亮（縣官管他自己叫冷子，攢兒亮即是明白江湖事兒），把你月頂碼兒（江湖人調侃一、二、三、四、五，是柳 [liū]、月、汪、載 [zhāi]、中，月頂碼兒是兩個人），還得鞭個申行掌愛句（還得鞭個申行掌愛句是還應當打你個六、七、八、九、十板子）。梁上（大道上）去找金扶柳兒，扯活（chě huo）了吧，從

◇ 知縣衝他二人說：「你們兩個人，趕緊往大道上追賊，把驢給人家找回來。」兩個人叩頭下堂去了。

此可別亂團春（梁上去找金扶柳是往大道上去找驢，扯活了吧是你們跑了吧，從此可別亂團春是叫他們不可在各處亂調侃兒，防備有人拿你們當賊辦了）。』縣官衝他們調的侃兒店掌櫃是聽不懂的，也不知他們說的是什麼。然後就見知縣衝他二人說：『你們兩個人，趕緊往大道上追賊，把驢給人家找回來。』兩個人叩頭下堂去了。」

那位老江湖把這段故事說給新上跳板的江湖人，這兩個新上跳板的人自從受了他這番訓教，可不敢沒有事兒亂團春，胡調侃兒了。這是江湖人自嘲的小故事。寫出來在江湖筆談裏添上點材料，也可以使諸君明白，這侃兒雖會了，但不可亂說。

江湖中之老合

社會裏的人士管矇騙人的方法叫生意，又叫賣當（dàng）的。凡是生意人都是老合。有些半開眼的人對於坤書館（女藝人說唱演出的書館）、雜耍（是曲藝雜耍形式的綜合叫法）館子男女藝人叫做老合。其實，老合不止他們。說老合的範圍是極其廣大，其系統派別最為複雜。在我老雲所說的金、皮、彩、掛等門，與風、馬（má）、雁、雀四門，窮家門（唱數來寶的），騙術門等等的門戶中的人都算老合。

老合們是跑腿的，天下各國、我國各省都能去到。越去的地方多，閱歷越深，知識越大，到處受人歡迎。像已故的幻術大王韓秉謙，他到過外洋各國。中國各省市、各商埠碼頭走闖江湖的朋友聊大天談起他時，都稱韓秉謙才是個「腿」哪！這樣的稱呼在江湖中為至尊至榮。故此，江湖人自稱「我們是跑腿的」。

我向江湖人探討過多少次，他們江湖人羣名詞的侃兒，是否叫老合？江湖中的老人說他們生意人，不論是金、皮、彩、掛、風、馬、雁、雀，窮家門，只要是江湖人，都叫「吃攔（gé）念的」。「攔念」兩字，是江湖人羣名詞的侃兒。與那國家、團體、學校、社會的名詞兒是一樣。

吃攔念的某甲與吃攔念的某乙，原不相識，兩個人在一處相見，談起

◇ 社會裏的人士管矇騙人的
方法叫生意，又叫賣當的。
凡是生意人都是老合。

話來，只要彼此說：「咱們都是老合，以後得多親近。」甲乙二人從此就能親近。老合兩個字，是攔念行裏公用名詞的侃兒，我向江湖人問過，老合這句侃兒是怎麼個意義？老江湖人說，這句侃兒很深奧，凡是江湖人，若能按着這句話去做事，事事都成，按着這句話去闖練，什麼地方都走得通。他說了個極小的故事叫我悟解。我老雲就由他一說這小故事而開了竅啦！還成為半個老合（還沒夠整個的哪）。

　　他說，有個茶館買賣不好，無人照顧，僱了個懂得江湖事的伙計。這個伙計姓王，他自稱傻王，可他不傻，亦不裝傻，他就在茶館裏運用老合的方法。譬如有個茶座由外邊走進茶館來，手裏拿着個鼻煙壺。伙計給他沏壺茶，瞧見他將鼻煙壺放在了桌上。傻王一看這煙壺的成色（shǎi），也就值個幾毛錢，他張嘴就問：「您這煙壺幾塊大洋買的？」這人說：「才六毛錢買的。」傻王就能失聲說：「真便宜，您真會買東西。李四爺前天花兩塊錢買了個煙壺還不如您這個哪！」這個茶座聽伙計這樣恭維他，心裏覺着痛快，也很喜愛傻王。天天不往別的茶館去了，就專在傻王這裏喝茶。其實，他喝茶給水錢，擦臉給毛巾錢，這裏並不便宜，只因傻王會使老合方法，見物增價捧人家，捧對了，將主顧拉住了，買賣就能日日見好。「死店活人開」，這句話誠然不假。我聽他說傻王能夠見物增價，感覺着心地豁朗。他會使老合的手段，見了什麼人說什麼話，迎合他人的心理，說話行事，碰着人的心眼，樣樣事辦出來叫人喜歡，句句話說出來叫人可心。可心與馬屁的意思不同，千人所喜，準保發財。

　　某江湖人還說個小故事。他說，有個茶館兒，買賣很為發達。天天茶座擁擁擠擠，走了一撥，又來一撥。掌櫃的與伙計鬧了意見，將伙計辭退了，另換個伙計。這個伙計不會說話，有個茶座兒，桌上放個鼻煙壺，他瞧着也就值個幾毛錢，他問人：「你這個鼻煙壺是多少錢買的？」人家說：「一塊大洋。」他把嘴一撇道：「一塊錢不值，你買貴了，簡直的上了當啦！你不會買東西。」這個茶座就瞪了他一眼。又有個茶座兒說：「伙計，你給拿個乾淨的茶壺。」他說：「都乾淨。不乾淨誰使呀！」人家問他：「水開嗎？」他說：「你不放心自己上茶爐看去！」有人說：「伙計，你很是忙啊！」他說：「不忙吃什麼！」他句句話說出來叫人不痛快，大家給他起

個外號叫「倔勞」。一樣花錢，哪個茶館不能喝茶，誰跟他慪氣？日子久了，是喝茶的都不來了。這個茶館掌櫃的覺悟了，將他辭退。他還說：「此處不養爺，還有養爺處！」

他說了這段小故事，我受了啟發，覺得哪裏的人都喜歡老合的順情說好話，又覺着話是開心的鑰匙。說話行事要研究不好啊，一生的事業絕不能發展。如若將這說話的本領學到了，投人所好行事，一生的事業何愁不發展。老合的一舉一動，不論遇見了什麼樣的人，也能說到一處，絕不會處處碰釘子。老合的意義有多麼偉大，非我一人所能道盡。我只知有官場中的老合，商家的老合，行伍中的老合，工匠中的老合，種莊稼的老合，讀書中的老合，社會裏處處都有老合，不過八仙過海各顯其能，生、旦、淨、末、丑，所扮的角兒不同就是了。

老合的手段很多很多的。只是一樣，要學很不易。因為他們的手段是可以意會不可以言傳的。有心領神會的聰明，管保樣樣能夠學到。就是我老雲五十多歲了，明白些江湖事兒，也有些人管我叫「江湖老合記者」呢！

北平平民化市場天橋之沿革與變遷

江湖中的藝人，無論練好了哪種藝術，都有百觀不厭的長處。他們在哪裏做藝，遊逛的閒散人們就追到哪裏遊逛。不怕某處是個極冷靜的地方，素日沒有人到的，只要將江湖中生意人約了去，在那個冷靜地方敲打鑼鼓表演藝術，管保幾天的工夫就能熱鬧起來。如若得罪了他們，或是由空地淨蓋房，蓋來蓋去將生意人擠走啦，管保不多日子，那個繁華熱鬧所在立刻就受影響，遊人日稀，各種的買賣就沒人照顧，日久就變成個大大的垃圾堆。江湖藝人有興隆地面的力量，有吸引遊人的力量，有繁華地方的力量。我國各大都市、各省市、各商埠、各碼頭有許多地方都是由他們的力量興旺起來的。江湖藝人在社會中是有偉大之力，豈可忽視耶？閱者如不相信，我老雲例舉一事，便能知曉江湖藝人的勢力如何。

在營口有個窪坑甸，算是營口最最繁華熱鬧的市場，較比天津的三不管（天津市南市的一個露天市場）、北平的天橋，不在以下。起初，窪坑甸是塊低窪之處，年年夏天積存些雨水，臭氣難聞。營口市的人都不到那裏去。自從這裏添了雜拌（zá bɑn）地（有各種露天雜耍兒、撂地賭錢的玩藝兒，江湖人稱為雜拌地，又叫雜巴地），漸漸有人去逛。在那時算是個發芽的時期，有個「晃（huàng）條」的（江湖人管蹲籤賭錢的調[diào]侃兒叫晃條的）劉鳳岐，他是河北省河間縣的人。對於江湖藝人有以藝術吸引遊人興隆地方的力量，他是知道的。搭了個財東（財主）就經營那窪坑甸。幾年光景，由他開荒邀請各處的江湖人到那裏做藝，居然就成功啦。劉鳳岐是窪坑甸的經理，數年的收穫，就由一個窮光蛋變成了一位資產階級中的人物了。我雲遊客是到處雲遊，隱士文人都去遊三山五嶽、古寺庵觀；我是專遊生意場兒。在民國九年我就雲遊到營口，大逛窪坑甸，那裏有賣梳篦（bì）的、賣刀剪的、賣估（gù）衣的，有各種貨攤兒，各樣吃食，大小飯館林立，叫賣攤兒叢雜，鑼鼓喧天，馬戲棚、走獸棚、魔術棚、拉洋片的、大鼓書場、評書場、相聲場、戲法場，賣藥的、算卦的、相面的、打把式賣藝的，比大連西崗子還格外熱鬧。我雲遊了一個星期，都沒過癮，因事回津。又過了幾年復至營口，乘車而往，及到了窪坑甸一看，冷冷清清，遊人稀少，各舖戶的伙計也都愣着，那種情況，將我老雲的高興一下子打沒了。我下了車向各處訪問，為什麼那樣繁華熱鬧的所在落到這樣冷清？有人告訴我是劉鳳岐財產有了，漸漸地驕傲，眼空四海，目中無人，對於江湖藝人待遇太苛，將江湖人得罪了。那些生意人，都挪到東街火神廟搭場子，將遊逛的人們帶走啦。這裏沒了玩藝兒，誰也不來逛了，這個窪坑甸算沒了風水。我老雲也掃興而歸。沒想到劉鳳岐那個人能夠有了覺悟，痛改前非，託朋友向江湖藝人疏通，居然運動成功，江湖藝人又都挪回窪坑甸。真也奇怪，遊逛的人們又都天天遊逛窪坑甸，那個地方又成了繁華熱鬧之所。我老雲問過劉鳳岐：江湖藝人對於興隆地面如何？他鄭重地和我說是偉大的，生意人的勢力他是知道了。到如今只要往營口去過的江湖人，對於劉鳳岐是有口皆碑，無不欽佩。他聯絡江湖中的生意人，種種手段，樣樣方法，是很有門道值得欽佩的。據我所知道

◇ 老北京的天橋，有許多江湖人做生意拉場子，遊人眾多。

的情形，營口窪坑甸因有劉鳳岐而興，有江湖藝人而繁華起來的。江湖藝人能興隆市面，不僅營口是那樣，哪省哪縣也是一樣的。

從前天橋那裏的地皮每畝地才值二三百元。自從天橋市場漸漸發達以來，那地皮的價兒也隨着往上增長，最近要在天橋買一畝田種地必須三千元大洋才買得到哪。天橋地方是江湖藝人給振興起來的，到了如今，成為北平平民化的市場，功勞是他們的。地價漲到三千元一畝，恐怕沒有人酬謝他們吧。現在全國各地，因為經濟的狀況不佳，連上海那個地方，都嚷不景氣，北平的天橋，各種的商業，各種的玩藝兒場，還能支持得住，實是不易呀。

閒話休提，書歸正傳。我老雲將這些年調查得來的天橋沿革、變遷、狀況、藝人、藝術種種裏面的材料，書出來貢獻於閱者。

據北平市老人所談，當初的天橋是最高無比。在天橋南邊往北看不見前門，在天橋北邊往南看，看不見永定門，可見那座橋是不矮的。橋底下走水，橋東叫東溝沿，橋西就叫西溝沿，那道溝最長叫做龍鬚溝。永定門內，東天壇，西先農壇，兩壇之北，天橋之南，地勢很低，盡是水坑。清季鼎盛時期，天橋附近有些販夫走卒、勞動的人們在那裏求生活，無事就在那裏散逛，未有今日之盛也。

天橋的茶館，據我老雲所知道的，最早是西溝沿南邊有個大野茶館，字號福海居，主人姓王行（háng）八。他那野茶館所去的茶座，都不注意字號，全都呼為「王八茶館」。每逢春末夏初之際，一些個閒散階級人，提籠架鳥，喝個野茶，都到那裏去的。在清末時候，提起王八茶館幾乎無人不知，每日高朋滿座，主人王某，對於應酬茶座，周全事兒是能手，克勤克儉，買賣發達，頗獲厚利，十數年的好買賣，很置了些產業。

圍着他那茶館，有許多江湖人做生意。拉場子，摽明地（露天演出場所），人眾多。人能興地，地能興人。那附近的水坑，隨墊隨寬。地勢越寬闊，支棚架帳，攤販雲集，遊逛的愈多。夏季興旺，每入冬令，遊人稀少，不如夏令百分之一。野茶館最多之時，係先農壇東北部開辦臨時市場，水心亭、雜耍（曲藝雜耍形式的綜合叫法）館子，茶館林立，盛極一時，天橋發達第一期也。

有清室某王祭壇，在壇門往北望見棚帷杆幌（huàng），鑼鼓喧天。只

向當局問了問是何所在，當局疑其見怪，立即驅逐。天橋的玩藝兒遷於金魚池，未幾，天橋仍然恢復原狀。

庚子年後，前門至永定門翻修馬路，天橋拆改為小石橋矣。馬路東有歌舞台、樂舞台、燕舞台，梆子名角崔靈芝、一千紅等與名武丑張黑，均在三台獻藝，每日三台均上滿座。天橋以前盡是浮攤，即估衣攤、銅鐵破爛攤、叫賣商攤銷貨之所在。城南遊藝園，前後開辦，雖為闊人遊藝園，與天橋大有益處，藉壯聲勢，長袍短褂上等人也有。天橋的各種生意十分興旺，為天橋發達的第二期也。

是時警察廳對於平民娛樂極為注意，為繁華市面計，將天橋立為東西市場，組織東西市場聯合會。為永久事業，各攤販商人集款收買官地，從那時起，大興土木，漸漸建房築屋，經十數年之久，便成為今日平民模範之市場也。

天津南市三不管露天市場

凡是到過天津的人，都知道有個三不管。外省人沒到過天津的，聽人說得三不管可逛，那裏最熱鬧，說得天花亂墜，叫那沒到過的人聞香不到口，不知這三不管是怎樣熱鬧哪！

我老雲每逢路過天津時，必到三不管兜個圈兒，把我所聞所見寫出來，將那天津平民娛樂場——江湖人的根據地，介紹給閱者。

三不管那個地方，說起發達來，為我華北第一，可不是熱鬧第一，也不是好的第一，是發展得最快數它第一。在我幼年的時候（時在清末）到過天津一次，那三不管一帶淨是水坑，又深又大，較比北平的什刹海還大些，可是不如什刹海清潔。坑的西邊有一片熱鬧場，北邊有一片熱鬧場。坑內淨是小船，供遊人往來乘坐。每至夜內，船上有乘客，或三或五，一人彈弦，一人敲打茶杯，二人對唱靠山調的小曲。什麼《從良後悔》、《報杆打忘八》，使人聽了能感覺那真是天津的土產，地道的天津味兒。我向本地人問過，那個地方為什麼叫三不管？據他們說，那地方離外國租界很

近，外國人對那裏是不管；市政當局知道那裏是臭水坑子，是垃圾堆，不大注意，也不管；縣署因為那地方的界限屬市政所轄，他們也不管，故此叫做「三不管」。是與不是，也不敢斷定。不過他是那麼說，我是這麼講。這個三不管究屬在什麼地方哪？以天津的四馬路說吧。在清朝時代，馬路是天津縣的城牆拆去了之後，才修成了四大馬路，那四大馬路之內算是中心地。三不管在南馬路之南，所隔的不到半里路，有清室某大官員在那裏用土墊坑，修馬路、建民房，設立房產公司。直到民初時代，算是三不管剛發達的時期。那大空場兒之大，為歷來所未有，往西至南關下頭，往南到海光寺，往東到日租界西邊，往北到南馬路以南，較比北平的天橋大有三分之一。

最多的玩藝兒是小戲棚子，或用席搭，或用布圈，裏面唱的是《算糧登殿》、《殺狗勸妻》、《翠屏山》、《金水橋》。山西梆子，破鑼破鼓破行（xíng）頭。坎子（收門票的人）上的朋友在外邊把門要錢，威威武武，連叫帶嚷，很是怕人。可是個小戲棚內都擁擠不動。雖然零打錢、不賣票，較比到大戲園子買票花的錢更多，貪賤吃窮人，是其實也。

挨賣碎布頭的攤子一家挨一家，以白傻子吆喝的最出奇，連說帶唱賣布饒布頭，為歷來所未有，都說他賣的是布舖裏剩下的碎布頭兒，我可看見了他將整疋的布一塊一塊扯碎了，冤那老趄（北平管那鄉下人叫怯杓[sháo]，又叫做白帽子，天津叫老趄）。其實買到家裏一算計，買得更貴。到了他攤前一站，聽他的「鋼口」（說話的技巧和分量）一賣弄，全都瞧着便宜。賣布的使老合（江湖藝人）的圓黏子（招徠觀眾）、賣鋼口、亮托（亮出做生意的貨）、迷魂掌，就是在那地方。趕上了那年月，如今，可就不成了。

到了民國十年前後，我老雲逛起三不管來，能夠天天去，逛個一個多月也不膩。各種雜技，各樣生意，各大戲棚，應有盡有，無一不全。那坑可墊的都沒了，完全是平川地，翠柏村，德美後，土娼樂戶無不利市十倍。由南馬路往南，有地皮就蓋房，直蓋出好幾里去，成了好幾道繁華熱鬧的街道，由南門往東，第一是榮業大街，第二是東興大街，第三是廣興大街，電影院、戲園子、醫院、澡堂子、照相館、落（lào）子館（坤

書館），是一家挨着一家。北平的天橋是白天熱鬧，夜內沒有人；天津的三不管是晝如夜，夜如晝，各有不同的熱鬧。在那個時候，江湖藝人不論是做什麼生意的，也都發達，個個得意洋洋。金、皮、彩、掛、平、團（tuǎn）、調、柳，跑馬戲的、玩腥棚的（演假馬戲的）、弄戲頭棚的（玩走歌棚的）、挑（tiǎo）拱頁子的（賣當票的）、挑（tiǎo）轉（zhuàn）枝子的（賣錶的）、賣大堆的（賣劣質大件皮襖毯子的）、挑（tiǎo）裏腥嘴子的（lǐ xing）（野妓攬客的）、晃（huàng）條兒的（蹲籤賭錢的）、搖會的（籌集款項的）、挑裏腥衫的（賣劣質衣服的）、挑（tiǎo）水滾子的（賣胰子的）、挑裏腥光子的（拉假洋片的）、做四平黏子的（賣丸散膏丹各種藥的）、做騎磨的（不詳）、撒（sǎ）小帖（tiē）子的（撒傳單騙人看病的）、做大票的（施藥治病冤人騙錢的）、搬柴的（拔牙的）、鑲柴的（鑲牙的）……真是一支禿筆寫之不盡，說之不完。這樣說閱者可有不能了解的，請諸君別忙，容我把這些江湖事，一樣樣、一樁樁地都說出來，管保諸君瞧着有茶餘飯後談天的話料。

天橋市場擺地的人物

我說這個擺地的人物，凡是久逛天橋的人差不多都知道的。不知道的人也是不少。閱者諸君如若問什麼叫擺地的？說起來也是一種職業。幹這行的都得胳臂粗，腦袋大，有點竇爾墩的派頭，才能吃得了這碗飯哪！本錢不大，有個幾十塊錢就能成的，買些桌子、凳子、竹竿、杉篙、布棚兒，弄幾個生意場，再有幾塊地兒，就有江湖藝人找他們臨時上地（做生意），掙了錢是二八下賬。如若掙一元錢，做藝的八角，擺地的兩角。上地的行當是：說相聲的、唱大鼓的、說竹板書的、摔跤的、變戲法的、打把式賣藝的、唱墜子的、抖空竹的，種種的玩藝兒。

此外還有賣藥、算卦、相面的、點痣的，這幾種生意用不了許多的桌凳，只要有張桌子，一個凳兒就成，可不能二八下賬，由上地的藝人掙了錢隨便分給他們，數目多寡沒有一定的。

◇ 天橋市場擺地的人物之一
——點痣的。

天橋擺地的人物也各有地盤，最早是李六一、趙鳳桐、老馮。

李六一所擺場子在天橋西北一帶，魁華舞台西北，他所佔的地皮先是官地，後由商人購買改為民地。在民國元年至十年之間，他的地勢最好，凡是藝人都願上他的地兒，他每天的收入也有幾元錢。近年來地勢變了，遊逛的人們都不走那一帶了，也由地主建築了許多的房子。李六一的場子十落一二，他這個擺地的已然半守舊業半改行了。

老馮所擺的場子在王八茶館以南，魁華舞台東北一帶，在民國十年前，遊逛的人們都在那裏盤桓，上地（做生意）的玩藝兒也很齊全，所分的利錢哪天也有兩三元。至今他那些場子全蓋了房子，老馮這個人也不知哪裏去了。

趙鳳桐所擺的場子在電車道兩邊，公平市場北半部，所有的地皮都是公平市場的。上他地的藝人淨是武買賣（江湖人管賣藝裏變戲法的、摔跤的、拉洋片的等等生意叫做武買賣。因為這些玩藝兒有鑼鼓敲敲打打，吵吵嚷嚷，擾亂其他生意不得做生意，都叫他們為武檔子），沒有文買賣。一些個算卦相面的、賣藥的文生意，都怕武生意，若是上地做買賣，文生意離着武生意越遠越好，清清靜靜，得說得道，掙錢為妙。絕不肯以肉嘴肉嗓子和鑼鼓兒反抗。有了這種原因，趙鳳桐的場子成了武玩藝兒的地盤，文生意一份也沒有了。

天橋擺地的人物能夠發達的，只有兩個人。一個叫吳老公，一個叫老魏。

吳老公是個太監。因為時代變遷，太監的權威沒有了，受了時代變遷的淘汰，當太監不能維持生活，要當也怕沒處當去。他有些錢財，置買桌凳，棚兒帳兒，佔幾個場子，做擺地買賣。他擺的場子在公平市場西邊，魁華舞台以南，在民國十年以後，他那一帶的地勢，為遊逛的人們必經之路，上他那地的藝人都是有本領的，每日也收入幾元錢，克勤克儉，積蓄款項，蓋了兩三所房子，由擺地改吃瓦片兒，是個有眼光的人，所以生活無憂，很為得意。只是他人緣有限，因為他沒有兒子，天橋的人們都說他苦奔而已。看起來為人窮富事小，沒有人緣也是不好啊！

老魏是河間人氏，與名伶魏蓮芳是同宗弟兄，先在天橋魁華舞台後邊

擺茶攤兒，他在天橋瞧着擺地的營生可幹，就置買桌凳棚帳，招攬生意。我老雲還記得上他地的是兩檔子生意，一文一武。文生意是做「八岔」（江湖人管算奇門的調 [diào] 侃兒叫八岔）的連仲三，武生意是「挑 (tiǎo) 厨供 (gòng)」的（挑厨供的是賣戲法的）孫寶善。他由給這兩個人擺地幹着得意，又在先農壇東面，舊壇坡下邊弄了一個場子，在他這三個場子初立之時，邀了三檔硬生意（江湖人管能掙錢的玩藝兒調侃兒叫硬生意）。頭個場子是摔跤的寶善林（寶三），二個場子是張壽臣、劉德志相聲，三個場子是關順鵬的竹板書，這三檔玩藝兒掙了錢和他二八分錢，哪天他也能收兩元至三元。又在三個場子後邊弄了個野茶館，字號爽心園。高搭天棚，每年的夏季的茶座很多，買賣很是發達，由野茶館又改為雜耍（是曲藝雜耍形式的綜合叫法）館子。爽心園分為南北賣座。北邊賣清茶，南邊唱大鼓。山東的坤角李雪芳在他那館子唱了二年半，天天上滿堂座兒。一者是李雪芳的藝術好，有叫座的魔力；二者是地勢寬闊，處於流水黏子（江湖人管遊逛人必由之路調侃兒叫流水地，管一要錢遊逛的一散的玩藝兒叫流水黏子，別的生意能在他們要錢的時候吸收遊人，調侃兒叫借得了黏子），遊人容易入步。爽心園茶館為天橋借黏子第一好地方，凡是做藝的人們都願上他的館子。

老魏近些年積蓄了不少錢，將爽心園前邊的官地買到手中，改為六個生意場，蓋了些房子，由擺地起手，勤苦耐勞，事業發達，十年有餘，變為資產階級中的人物，也是福祿加於勤儉人也。天橋的人們對於他是貶多褒少，或許是一家飽暖千家怨。現在爽心園的台柱子李雪芳已回歸濟南，另邀李豔芬、李豔樓演唱山東大鼓，上的座兒也還不錯。場子的生意能夠掙錢久佔的是寶三摔跤，于俊波、郭起如、尹麻子相聲，其餘的場子都是隨來隨走，流水似的生意。

擺地人物，最近有豆汁舒家、天華園王家，較比以上的幾個人差得太多，他們的場子只有一兩塊，也不見發展，僅落扎掙勁兒（勉強支撐）。因為這些年天橋市場蓋的房子太多，將生意場擠得剩了一半，擺地的行當也要排擠沒了。

天橋東市場賣估衣的

天橋市場地勢寬闊，面積之大，在北平算是第一，各省市的市場也沒有比他大的。東至金魚池，西至城南遊藝園，南至先農壇、天壇兩門，北至東西溝沿，這些地方糊裏糊塗地都叫天橋市場。在這裏面又分出多少個市場：天橋東邊叫東市場，又分為第一、第二、第三巷子。天橋西邊最為複雜，馬路以西叫西市場，由吉祥舞台往南，壇門往北叫公平市場，由電車總站往西，為公平市場南北之界限，南為南公平市場，北為北公平市場。在魁華舞台西邊內市場叫先農市場，往南叫華安市場，現在都蓋成民房，這個市場名稱雖在，玩藝兒是沒有了。西邊有片紅樓，叫城南商場，遊藝園東邊叫天農市場。

天橋東市場沒有雜技場、玩藝兒場，全都是做買賣的，可稱為商業區，而最多的買賣是賣估（gù）衣的。估衣行雖有估衣舖、估衣攤的分別，可是舖子也不在屋內做買賣，而在門前支棚設帳，和估衣攤是一樣的。

我老雲是個窮光蛋，有了錢不懂得做做衣裳，向來是買估衣穿，我和估衣行是經常交買賣，他們估衣行的內幕情形，我曾調查過幾次。他們這行的買賣情形最複雜，規矩也與普通的商業不同。

我有個估衣行的朋友張君，我問過他：「你們估衣行為什麼舖面弄得屋子挺黑呀？」

張君說：「我們賣的衣裳都是由當舖裏躉（dǔn，整批地買進）來的，無論是皮、棉、單、夾、紗，難免衣裳上有殘壞的地方，什麼大襟上有塊油啦，袖子上有個洋煙捲燒的小窟窿啦，胳肢窩蟲子咬啦。我們來了買主，挑選了半天，好容易挑合適了一件衣服，要叫他瞧出點小毛病，他能要嗎？如若屋子黑，不亮堂，叫他在屋子裏瞧看，稍微大意就能看不見，講好了價錢，將衣服買回家去再看出毛病來呀，向來估衣行的規矩是出門不管換，最膩「抖德（dè）」。」

我問張君：「什麼叫抖德？」

張君說：「我們估衣行管買走的東西又拿回來換錢，調（diào）侃兒叫抖德。」

◇ 估衣行雖有估衣舖、估衣攤的分別，可是舖子也不在屋內做買賣，而在門前支棚設帳，和估衣攤是一樣的。這行的買賣情形最複雜，規矩亦與普通的商業不同。

我問道：「各商家的買賣貨物，除了藥品是出門不換，別的東西都可以換的，怎麼估衣不能退貨哪？」

張君說：「七十二行手藝買賣，行行不同。就以我們估衣行說吧，雖是講本圖利，與各行買賣全都不同。我們這行用伙計是分為掙工錢與不掙工錢。掙工錢每月至多不過六元，少者三元，櫃上管頓飯，到了三節算賬有零錢，零錢也少。如若不掙工錢的伙計，櫃上不給工錢並且是不管飯，他分的零錢可就是大股兒。我們估衣行的伙計掙錢多少，全由零錢多寡而定。」

我問道：「你們這行的零錢是怎樣掙法，如何分錢？」

張君說：「我們的貨物上都有暗碼。譬如，來位客人要買大氅（chǎng）（大衣），伙計一看大氅上畫的號碼，是應賣十三元大洋，他敢向買主要二十四元的。如若買主給了十五元，他應當賣了吧？他不惟不賣，還向買主花說柳說，叫買主添錢。如若買主多添錢，他們伙計就多分錢；買主一定不添了，他也得賣給人家。賣下這十五元錢來是大賬寫十三元，小賬寫兩元，大賬的十三元算掌櫃的本利，小賬的兩元就是伙計的零錢。到了晚上，收攤算賬，這兩元小賬是掌櫃的分一元，伙計分一元，每天伙計們誰分多少零錢，由他們個人賣貨能力而定。越是有能為的伙計，越能在碼的價外多多地賣錢。」我問張君：「如若是掙工錢的伙計，分零錢如何分法？」

張君說：「那要是十三元的貨物他們賣了十五元，大賬上收十三元，小賬上收兩元，當天這兩元不能分，得了零錢，天天往小賬上記數，到了五月節、八月節、年關，才按着小賬上的數目，按股兒分錢。」

我又問張君：「我常聽貴行人說，大賬好，小賬好，大賬不好小賬也不好，那是怎麼回事？」

張君說：「譬如，今天來的買貨之人，件件東西都多給錢，賣項也好，大賬上能落筆在百數多元，有人要問今天買賣怎樣？就說：大賬很好。如若賣出去的東西件件都有伙計的零錢，小賬上一筆一筆寫不少，有人若問今天買賣怎樣？就說：小賬不錯。如若恰巧嘍，買東西的都不出大價錢，件件東西都按碼賣出去的，大賬上落了好幾筆，小賬不落筆，有人若問今天買賣怎樣？就說：大賬不錯，小賬不好，還沒落筆呢。如若今天一個買主都沒有，有人若問今天買賣怎麼樣？就說大小賬都沒落筆。」

張君說到這裏，向我老雲說道：「你想我們估衣行好容易來個買主，費了九牛二虎之力將貨賣出去了，大小賬都落了筆啦。買東西的人又回來說，東西不要了，將錢退給他。我們伙計、掌櫃的能願意嗎？故此我們估衣行無論是伙計、掌櫃的，都怕有抖德的事兒，遇見這路事都是膩的。」

我問張君：「你們估衣行兒是講本圖利，與江湖的生意不同，為什麼也講究調侃兒哪？」

張君說：「譬如，我們估衣攤上掛着一件綢子大褂，尺碼才三尺二長。來到個買主，掌櫃的看着他奔了這件大褂，瞧他身高夠四尺多，那大褂往他身上穿，一定是尺寸短。伙計沒料開這個情形，掌櫃的料開了，無論如何也是白費話多勞神，這號買賣做不好。與其多費話，歇會兒好不好？掌櫃的衝伙計調個侃兒說：『喜。』伙計聽見了就向買主說：『你不用看，也不用買，這件大褂你穿着小。』那買主也就走了。這是調侃兒最小的用處。往大了說，能夠一句侃兒多掙兩塊洋。譬如來個買主，正趕上買賣忙，伙計、掌櫃的都伺候買主兒，瞧貨講價錢之際又來了個買主，學徒的過去張羅。人家買的馬褂，上頭號的碼子是三元五角，學徒的向人家要七元錢，人家給了三元五角。那學徒的能力有限，就要賣給人家。大伙計有本領，看出這買主兒是還能多添錢的樣子，不能看着錢不掙，將買賣做屈了，衝學徒的說：『外庫外。』學徒的懂得侃兒是要賣五元五角，他向買主說：『我們這馬褂少了五元五角不賣。』那個買主愛上了這件東西，真給了五元五角錢。老雲你想，這不是多來兩元嗎？記在小賬上又是筆零錢吧？調侃兒是有用的，不是瞎胡鬧的。」

我問張君：「我走在估衣攤旁邊，有時候聽你們行的人調侃兒說：『砸砸漿。』那是什麼侃兒？」

張君說：「譬如行對行要買件大褂，賣主不能多要錢，要了三元五角。買主的意思是還要少給錢，他不說再少給幾角，和賣主調侃兒說，『砸砸漿吧』。如若賣主說『砸漿可不成了』，即是少了不賣；如若賣主說『砸砸漿還成』，即是再少給個幾角錢還成哪，買主又可以便宜些錢。」

我問張君：「都說你們估衣行所賣的貨物，應賣多少錢，衣裳上有暗碼兒，碼上多寫錢數，叫買主看不明白，好向買主提高賣價。有些人說，那

碼是虛五對折二八扣，是不是哪？」

張君說：「我們估衣行的暗碼不是那樣。你想，虛五對折二八扣，那不是太麻煩了嗎？譬如一百元吧，虛五就剩五十元，對折又去二十五元，還剩二十五元，二八扣哪，又去五元，還剩二十元。若是值二十元的東西號一百元的碼子，那不是離着太遠啦！我們的暗碼是不叫買主懂得，也不能像那麼麻煩哪！」

我問張君：「究竟貴行的碼子是怎麼折扣哪？」

張君說：「我們估衣行的碼子是有：大下一、小下一、三三碼。共有這三樣碼子。」

我問張君：「什麼叫大下一哪？」

張君說：「譬如，衣服上寫着十二元，大對折下一，是對折剩六元，再下去一元哪，應剩五元。這就是對折大下一。若是應賣五元的東西，按大下一的碼子寫十二元。」

我問張君：「什麼叫小下一哪？」

張君說：「譬如，衣服上寫十元，對折五元，還剩五元，再下去一角，是落成四元九角。凡是賣四元九角的東西都號十元錢。」

我問張君：「什麼叫三三碼哪？」

張君說：「譬如，衣服上寫三十九元，按三折計算應落十三元。凡是賣十三元的東西，若按三三碼子就號三十九元。」

我問張君：「外行人看了貴行的碼子能夠明白不能哪？」

張君說：「這寫暗碼是我們自己人做買賣手續上便利，易於記載錢數，外行看了也是不懂的。並且一家一個規矩，這家使大下一的碼子，那家就許用三三碼子。除了本櫃的人知道櫃上使的是什麼碼子，別家的伙計也是不明白。」

我問張君：「貴行的侃兒與江湖的侃兒是否一樣？」

張君說：「不一樣。江湖人管小孩調侃兒叫怎科子；我們估衣行叫喜合子。江湖人管大調侃兒叫海（hāi）；我們叫德（dè）。江湖人管吃調侃兒叫上啃（kèn）；我們叫抄。江湖人的錢數，一叫柳（liū），二叫月，三叫汪，四叫載（zhāi），五叫中，六叫申，七叫行（xíng），八叫掌，九

叫愛，十叫句（jū）；我們估衣行是一叫搖，二叫柳（liū），三叫搜，四叫臊，五叫外，六叫撂，七叫撬，八叫奔，九叫巧，十叫杓（sháo）。江湖人管一元錢叫柳（liū）丁拘迷把（jū mi bǎ），我們叫搖個其；江湖人管五元五角叫中丁拘迷中，我們叫分外庫。江湖人管好叫撮啃（kèn），我們叫賀。江湖人管喝茶叫啃牙淋（kèn yá lin），我們叫悍遲。江湖的侃兒與我們估衣行是不一樣的。」

我問張君：「外行人若是懂得你們的侃兒，能有好處沒有哪？」張君說：「有好處。如若外行人懂得估衣行的侃兒，買東西時候和我們行人只要一調侃兒，就知道買主是本行人，不能要大謊，買東西多少也有點便宜。」

我問張君：「貴行的貨物來源是由什麼地方買來呢？」

張君說：「我們行裏的貨物，大多數是當舖裏買來的。各家當舖有過了期限贖不了的貨物，按着他們的本利湊成大堆兒賣給我們。我們估衣行營業狀況如何，須由當行的買賣興衰而定。現在社會裏人人喊窮，當舖的買賣都賠錢，我們估衣行也是一樣地受影響啊。」

我問張君：「都說你們估衣行賣騙人的貨物，究竟有無其事哪？」

張君說：「我們賣中國的衣服是不冤人的。有些個賣西服估衣的都用舊大衣翻個兒，呢子的東西難分裏面，賣翻個貨的只算以舊當新，還不算冤人；惟有賣拼貨的是真冤人的。」

我問：「什麼叫賣拼貨的？」

張君說：「用小塊的碎呢子拼湊着做個大氅，做得了，叫人瞧不出縫兒來，和好東西一樣。如若買了去，穿到幾個月，那縫兒全都露出來，若是露了縫那就不能穿了。有些個買東西的人眼力不好，買着這樣東西便是上當。估衣攤子上買東西不是都上當，只要有眼力，一樣能買着便宜東西。若是成年價淨冤人，誰還照顧我們？買估衣上了當的人，買別的東西也是一樣上當的。最好是別貪大便宜，管保幹什麼都少吃虧，少上當的。」

我老雲聽了他的話，不拘走在哪裏也不愛便宜，倒是不能上當，不能受冤。

天橋東市場也有些個桌椅舖。桌椅舖是分為新、舊、粗、細。如若買硬木桌椅得到東市場的東北，金魚池以北，那賣細活的舖子不大冤人，賣

的價錢有高有低，就是不便宜，也不過是價錢大些，東西全是地道的。天橋東市的桌椅木器，都是舊桌椅燙蠟上色（shǎi），說北平話，瞧就瞧着有一眼，也是刀尺（dáo chi）貨兒（修整、整理過的古舊東西）。買那個東西的人都是我們那裏的老鄉，花錢不在乎多少，買回家去擺不上幾天，用手一摸，管保弄一手顏色。他們是成天價專蒙老鄉。

閱者如不相信，只管前去調查，我老雲是絕不「胡云」的。那賣碎銅爛鐵、五金電料的攤子，所有他們賣的零碎東西，也是和估衣行的貨物一樣，有眼力的人就真買得着便宜東西，沒有眼力的人也是一樣的上當。

最近天橋的風水搬了家啦，天橋東歌舞台、樂舞台、燕舞台已然拆去，改為估衣棚子。那棚子底下天天有些個賣綢片估衣的做買賣。他們那一帶買賣不同，都是山東萊州府的人，買賣誠實。我曾考查幾次，他們賣東西是不大蒙人的。最奇怪的是這些山東老哥們賣估衣不吆喝，將貨物掛起來等主道候客，做的是實在勁兒。可惜就是天橋東邊沒有風水，去的人們很少。社會的經濟恐慌，都透着不景氣。個個攤子不賣錢，都到了掙扎着的狀況，莫不叫苦連天。唉！

戲園子的坎子

各戲園子都有些把守戲館子門的人（同時還兼收門票），江湖人調（diào）侃兒管他們叫「坎子」。吃這碗飯也頗不易，身材必須個個長得雄壯，虎頭虎腦的能鎮得住人才成哪！小戲園子三四個人，大戲園子七八個人，人多了都有個頭兒，到了開戲的時候，鑼鼓一響，他們的頭兒帶着伙計往門內或坐或立，來了聽戲的人，有官有私，他們招兒裏會把簧兒（招兒是眼，把是看，就是眼裏能看出聽戲的是什麼人），來的人應當買票不買票，一望而知。如若遇見冒充官人的與假充字號的不買票，他們就能攔住。說搳（chǎ）了，個個都會打架。如今社會裏的人士文明多了，聽蹭戲的人較比早年少了，「坎子」們「鞭托」（打人）的事見不着啦，戲園子的「坎子」也好幹了。

◇ 各戲園子都有些把守戲館子門的人，江湖人調侃兒管他們叫「坎子」。吃這碗飯也頗不易，身材必須個個長得雄壯，虎頭虎腦的能鎮得住人才成哪！

跑馬戲的班子裏男女角色無不齊備，可就是沒有坎子。他們馬戲班子不論開到哪個地方也得先找本地的「坎子」，和他將手續商議好了，然後才能租賃地皮，支搭棚帳，豎立高杆，鳴鑼響鼓地開棚，馬戲棚外掌櫃的往門裏一坐，遊逛的人來看馬戲是進門買票。如不買票，那「坎子」們得認識才成哪，如若把出簧來（看出來），不買票的人是官界人，或是本地的人物字號，或是本地的泥腿光棍，點頭打個招呼就進去了。江湖的生意人要看馬戲是不用花錢的，到了門上得向他們坎子們調個侃兒，雖不認識也能不攔擋，放進去白瞧白看。據我調查得來的情形，有江湖人要看馬戲，與「坎子」們都不認識，走到門前衝他們先說：「辛苦！」倘若遇見好說話的「坎子」成了，就能進去白瞧；如若遇見難說話的坎子們，淨說辛苦是不成的，必須得按着規矩向他們坎子說：「辛苦了，我敲一托（我白看一回）。」才能不買票白瞧白看。按着面子道個辛苦，那是江湖人普遍的禮節。如若拉洋片敲打鑼鼓唱了一大套曲兒，圍了許多的人，他往凳上讓座，趕巧了都僵住了沒有一個人坐的時候，他必說：「人無頭不走，鳥無翅不飛。千人走路，一人領頭。哪位做個人中的領袖，將中的魁元？」他嘴說着，手指着，讓誰誰搖頭，讓不下瞧主，沒法子啦，向附近的江湖人調個侃兒（說行話）說：「我的口兒說搬了（管說完了掙不下錢來調侃兒叫搬了），你來給敲一托（白看一回，當觀眾）吧。」那附近江湖人按着江湖的義氣，就得裝着看洋片的，到了洋片箱子的前邊凳上一坐，給他當敲托的（即是貼靴［同伙］的意思）。社會裏的事兒也真奇怪，只要有一個人看，都坐下來看；如若沒有人給他敲這一托，真就沒有人看。故此老合（江湖藝人）們對於敲一托是歡迎的。馬戲棚買賣雖用不着敲托的，老合們要向他們說「辛苦了，敲一托」，也是歡迎的。

　　各省市各商埠碼頭的坎子，都是本地的人們才幹這行哪，如若馬戲班子不肯犧牲這種利益，本班自帶坎子，人生地生（本地人物字號、泥腿光棍、當地官人，全都不對盤兒，不認識，看不出來），淨打架爭吵，就不用掙錢了。外來的人任你有多大的本領也是幹不了這行的。俗談「強龍不壓地頭蛇」，細考查起來，那句話誠然不假，並不是瞎說的；「遠來的和尚會唸經」，本鄉本土的人，要想唬本地的鄉親也是不成啊。如若遇見了外

鄉人，長得再有個人樣，穿得再闊綽，真能唬得住人。可是外來的坎子要唬事是不成的。

　　我說這話諸君不信，可往各馬戲棚去看，坎子上的人準是本地人。還有那戲頭棚（江湖中管玩猴、大蟒、大象的走獸棚調侃兒叫戲頭棚）、腥棚（江湖人管弄那三條腿的大狼、六條腿的牛調侃兒叫腥棚），到了各省市商埠碼頭，也都得用當地的坎子給他們把門兒。那種情形與馬戲棚相同，不用贅言。只是那二八成兒均杵（管二八下賬，坎子拿二成，馬戲團拿八成，叫二八下賬。分錢調侃兒叫均杵）仍是一樣的。靠河的吃水，靠山的打柴，一方水土養一方人，江湖的事兒也是如此呀。

第二章

江湖之點掛子

在各市場廟會有練把式賣藝的，江湖人調（diào）侃兒叫他們為「掛子行」。有一種練武術的人到了無事可做的時候，就要撂場子賣藝，雖說是「人窮了當街賣藝，虎瘦了攔路傷人」，這種人到了玩藝兒場練把式，臉上還帶着一種羞慚的樣子，練的時候還是真賣力氣，練的時候真有人看，練完了要錢，看主都走啦。這叫，淨練不說傻把式。看起來平地摳餅（沒有本兒要憑真本事掙出錢來），素手求財，是不容易呀。以上這種情形，閱者在這生計艱難的時代是時常看見的。敝人曾經調查，凡人要是幹這打把式賣藝營生的，按着江湖的規矩，得拜個老帥（即是拜師），受老帥的夾磨（jiá mo，受訓練調侃兒叫受夾磨），等到夾磨成了，才能餶得下杵來哪（即是能掙錢哪）！

凡是有夾磨的掛子，若是到了各省縣市、商埠碼頭，一到市場上打地，得打得出地來。按各省市的雜技場都有一種擺地之人，他們先將地皮租好，做些桌凳，若有江湖藝人要撂地做生意，得先找擺地的和他商議好了，每天在他的場子做生意，要用多少桌凳。江湖人管找這種擺地的人叫打地。將地打好，每日做生意所掙的錢，是和擺地之人二八下賬。譬如掙一元錢，得給他擺地的兩毛錢。這擺地的人吃這碗飯也不容易，他得懂得江湖的規矩，生意人誰有掙錢的能耐，誰的能耐軟弱不能掙錢，素日得有個耳聞。要不明白這些事，有幾個場子，都打給沒能耐的了，雖然二八下賬，也下不了多少錢哪！在吃江湖飯的老合（江湖藝人），第一的能耐是先學打地。如若打着好地，圓黏子（招徠觀眾）也容易，掙錢也容易；若是打不着好地，圓黏子也不容易，掙錢也難。江湖人常說：「生意不得地，當時就受氣。」無論多大的能耐，如若不得地，也是枉然。可是生意人要到了打地的時候，眼睛得管事，瞧得出地勢如何才成哪！

吃掛子行兒，江湖管他叫武生意，得離沒有鑼鼓的文生意遠些，才能做買賣哪。傻練把式的連這種情形都不懂得，哪能平地摳出餅來呀？掛子行的人將地打好了，到了遊人最多的時候，師徒們扛着刀槍靶子到了地內，將刀槍架子支好嘍，不能淨說不練，得先大嚷大鬧的招來人看，調侃

◇ 在各市場廟會有練把式賣
藝的,江湖人調侃兒叫他們
為「掛子行」。他們得嘴裏
有把式、身上有把式才能掙
錢哪。

兒叫詐黏子。等到有人圍着瞧啦，才能練點小套子活兒，把人吸住了，四面圍得裏三層外三層，才算黏子圓好了。圓好黏子，就得使拴馬樁兒（用話留你，讓你走不了），用話將圍着瞧的人們全都拴住了，沒有走的人啦，才能練可看的把式哪！什麼空手奪槍啊，單刀破花槍，拐子破棍，練完了要錢，才有人往場內扔錢哪。

他們得嘴裏有把式、身上有把式，才能掙錢哪。身上有把式是掙錢的真功夫；嘴裏有把式是能說會道好圓黏子，使拴馬樁兒，往下饋杆（要錢）。他們嘴把式調侃兒叫鋼口（說話的技巧和分量），他的鋼口差不多都是那套老詞，作者錄下套來貢獻閱者參考。錄之如下：「淨說不練那叫嘴把式，盡練不說那叫傻把式，若要是連說帶練，練到了，說明了，好叫人愛看。我們可不敢說練得好，是才學乍練，練得好，練不好，眾位包涵着瞧。我們爺幾個是才來到此地，實在眼拙，不知道哪位是子弟師傅。如若知道了子弟老師們住在哪裏，必然登門拜望。今天我們倆人要練一套單刀破花槍，眾位看他那條槍怎麼扎，我怎麼冒險進招。常言說得好，大刀為百般兵刃之祖，花槍是百般軍刃之鬼，大刀為帥，棍棒為王。救命的槍，又好贏人，又好護身；捨命的刀，練的時候，我得捨出命去，練得叫眾位瞧着得拍巴掌叫好！好！好完了怎麼樣？得跟眾位要幾個錢。住店要店錢，吃飯要飯錢。上有天棚下有板凳，官私兩面的花銷。我們練完了，眾位大把地往場內拽（zhuāi）錢，你明理，我沾光。我們不惱別的（要使拴馬樁了），就惱一種人，他早也不走，晚也不走，到了我們練完了，一腔子力氣賣在這裏，他轉身一走，饒着不給我們錢，還把花錢的擠走了。這種人好有一比。」說到這裏，他那伙計必問：「比作什麼？」他接着說：「就比作我們弄熟了一鍋飯，眼瞧着飯到口啦，他走如同往飯鍋裏給我們扔一把沙土，簡直得缺了德啦！我們也不說什麼，挑刺礙好肉，說他們叫好人難受。我們可不是都要錢，也不惱人白瞧白看。家有萬貫，有一時不便。趕巧碰着沒帶錢，你只管放心，腳底下留德，給我們多站一會兒，給我們站腳助威，我們要多看你一眼，如同看我們的家堂佛，瞧他祖宗哪！話，我們是交代完了，再託付託付。我們練完了，大把往裏扔錢的，我作個揖！我們練完了，沒帶錢的，給我們站腳助威的先生們，我給作個揖！

那早不走晚不走，我們要錢他才走，腳底下不留德的人（說到這裏愣一愣，用眼睛往四外看一過兒，接着又說），我也給他作個揖！我也不說什麼，叫他養兒養女往上長。話是說完了，拿起來就練。」

兩個人練的功夫嫻熟，這套功夫，能夠人人叫好。練完了，按着規矩將刀槍往場內一橫，說：「我們要錢了！」這時候便有些看熱鬧的人紛紛往場內扔錢，他們掙錢多寡，那就看他們杵門子如何了，他們江湖人管練玩藝兒的人練完了要錢調侃兒叫杵門子。這杵門子硬勝似好功夫，功夫雖好，杵門子軟也是白費力氣。他們管頭一回有些看熱鬧的人給錢調侃兒叫「頭道杵」。要完了頭道杵，又叫小孩拿着小笸籮，或是拿着小茶碗，圍着場子向觀眾要錢，調侃兒叫「托邊杵」。閱者常見他們把式場內有個小孩子，賣藝的人用一根木棍兒往小孩脖子後邊一橫，把小孩的胳膊腿兒往棍上一別，別好了之後，賣藝的人用腳踏着小孩，那種狀態使人看了怪可憐的。賣藝的人踏着小孩，乘着人可憐小孩的時候要錢，這回要的錢，調侃兒叫「絕後杵」（最後一筆錢）。要完了這回錢，看的人全都走啦，再要錢也沒有人啦。在他們賣藝的人要錢的時候，嘴裏直說：「我們要錢啦！還有哪位！」江湖人管他們不住間地要錢調侃兒叫「逼杵」。最有能耐的人逼杵的時候，能夠說幾句話就有人往下扔錢，調侃兒叫「使鋼口」。鋼口也有軟硬之分，與杵門子軟硬相同也。賣藝的使小孩子做出一種可憐樣子，是要錢的門子，不知者都替小孩難過，其實那小孩並不難過，那孩子故意做出可憐樣子，叫人看着可憐，好往他們場內扔錢。那個小孩在家中是受了夾磨的。

賣藝也有練過尖掛子（管真把式叫尖掛子）的，不過是少有，還是腥掛子（假把式叫腥掛子）居多。有些個成了名的江湖藝人，據我調查得來，凡是成了名的賣藝之人，論把式全是尖腥兩樣都會。所以老江湖人常說：「腥加尖（假的加真的），賽神仙。」那話是不假的。不僅於賣藝的是腥加尖，許多的生意行當都是有真有假。社會裏的事兒，也未嘗不是真真假假呀！

掛

「掛」是掛子（受過訓練的練把式賣藝的人）行，在早年都稱為「武術」，俗稱為「把式」，又稱為「夜叉」行。現今提倡保存國粹，各省市都設立國術館，喚醒國人，共倡武術，改為「國術」矣。國術的範圍是很闊大的。國術的傳流，門戶的支派，也是複雜的。好在敝人不是談國術，是談江湖藝人的「掛子」行兒。

掛子行兒分為幾種：有「支」、「拉」、「戳」、「點」、「尖」、「腥」等等的掛子。管護院的調（diào）侃兒叫「支」，管保鏢的叫「拉」，管教場子叫「戳」，管拉場子摽地兒賣藝的叫「點」；又有「尖掛子」、「裏腥（lǐ xìng）掛子」兩支分別。

什麼是「尖掛子」呢？據江湖藝人談，真下過些年的功夫與得着名人真傳的把式調侃兒叫「尖掛子」。像那打幾趟熱鬧拳的把式，刀槍對戰叮噹亂響熟套子的把式，只能蒙外行的把式，調侃兒叫做「裏腥掛子」。

又有打「清掛子」的與「挑將（tiǎo jiàng）漢兒」的分別。什麼叫打「清掛子」呢？凡是江湖藝人在各市場裏、各廟會裏拉場子摽地兒，淨指着打把式賣藝掙錢，叫做「清掛子」。如若打把式賣藝的還帶賣膏藥、賣大力丸的生意，不能算是清掛子，那算是「挑將漢兒」的。在掛子行裏的各種生意，就以挑將漢兒的這種買賣難做。第一是幹這行生意得「人兒壓住點兒」（凡是打把式賣藥的人，必須長得身軀高大，相貌魁梧。哪怕武藝不好哪，憑他那個威武雄壯的人樣子往場內一站，讓人瞧着他好像是有點真功夫似的。管他這人樣子能鎮得住人調侃兒說叫真壓點兒），第二得練過些年「尖掛子」（受過訓練的練把式賣藝的人），或是會使幾樣兒「樣色（yàng shǎi）」（能掙下錢的物件），然後才能做得了這種生意呢！

敝人常見玩藝兒場裏有些打把式賣藥的生意人，把藥案子在場內支好，上邊陳列好所賣的藥品，什麼大力丸哪，百補增力丸哪，海馬萬應膏啊，虎骨熊油膏啊，擺滿了案子，到了遊人多的時候，先在場內練幾趟拳腳，活動活動腰腿，練到他的場子站滿了人啦，算是「圓好了黏兒啦」。在這個時候，若是練過「尖掛子」的，就在場內好好練趟驚人玩藝兒，叫

觀眾瞧得人人佩服。練完了這套功夫之後，得先用拴馬椿兒把人拴住了，全都不走了，才能做買賣哪！他們使的拴馬椿兒是用彈弓子打幾手彈子，不論是立着打，躺着打，蹲着打，叫人瞧着不錯啦，他向觀眾說：「我今天練一手兒特別的功夫。」說着，他在案子上擺一把瓷茶壺，在茶壺嘴兒上放一個大銅子，銅子上放個泥球蛋兒，在茶壺前邊放個茶碗，要底兒衝天，然後在茶碗上放一個泥球蛋兒。他用手指着這東西說：「今天我練這手功夫，是用我這彈弓子把彈弓上的球兒打出去，如同一條線兒似的，先打在茶碗底上，打不壞茶碗。把茶碗上的泥球打飛了，飛起來的球兒，能把茶壺嘴上的球兒打掉了，不惟茶壺嘴兒打不壞，茶壺嘴上的大銅子兒還不能打下來。這手功夫有個名兒，叫『彈打彈兒』，又叫『球打球兒』，平常日子還不練這手功夫。今天眾位來着啦，我練練這手兒，叫眾位給我傳個名。回到家去，你就說 ××× 的彈弓兒打得最好。」說着把彈弓拿在左手，右手拿起泥球兒，往弓弦上一填，拉開了弓，作出欲打的姿勢。圍着瞧着的人還以為他要練這手功夫，其實他不練了，不過引人的好奇心勝。要瞧他真練哪，那輩子見吧！他用這手功夫把人攏住了好買他的藥哪，這叫使「拴馬椿兒」。說着，他又不打啦，向觀眾說：「我要練好嘍，彈打彈兒，球打球兒，茶碗不碎，茶壺嘴兒不壞，使眾位拍巴掌，給我叫幾聲好兒，使大勁拍巴掌，大着點勁叫好兒。說好……好完了怎麼樣？大概你許是要幾個錢吧？眾位放心，我若一要錢，是跟我祖宗要錢哪！咱們是分文不取，毫厘不要。眾練好了，眾位給我傳名，眾位可別給我傳這彈打彈兒的名兒，要傳名你給傳這個名。」說着把彈弓子往身上一背，伸手從他的案子上拿起一大包膏藥來說：「眾位要傳名，您就說 ××× 的膏藥最好。咱們這膏藥可不賣，當初這是我們練功夫的人要有個磕着、碰着、閃腰、岔氣的時候，練不了把式啦，只好貼上這膏藥。不論是腰疼、腿疼、筋骨麻木、跌打損傷，貼上咱們這海馬萬應膏，能夠順着周身毛孔舒筋活血，立時止住了疼痛！那位說，你這膏藥賣多少錢一張啊？您要買我可不賣，少時間我把這手功夫練好嘍，每人我送給一張，自己有病自己貼，沒病送給別人。那位說，你這膏藥裏都有什麼藥材呀？這裏頭沒有珍珠、瑪瑙，沒有麝香麵子，老虎 ×，就有幾十味草藥，有麻黃、乳香、沒藥、千年

健、入地風、木瓜、地骨皮、防風、透骨草、川牛膝、杜仲、廣木香、羌活、當歸、川芎、沉香，值錢的東西就一味海馬。這十幾味藥，用香油、樟丹文武火熬成了，效力最大。光是我自己說好不算，賣瓜的不說瓜苦，賣酒的不說酒薄。眾位如其不信，咱們當面試驗。」說着話把膏藥放下，又從案子上拿起一個大銅子來，向觀眾說：「咱們這藥不只能治腰腿疼痛，還能治食積、奶積、大肚子痞積、跑肚子拉稀、紅白痢疾。這藥能化痞積。眾位如不信，咱們試驗試驗。把這個大銅子兒放在膏藥內，用不了一袋煙的工夫，能夠憑膏藥的力量化成末兒。」說着，他由案子上又把一沓兒膏藥拿起，約有二十多張吧，他嘴裏說着眾向觀眾張羅，說：「真金不怕火煉，好貨不怕試驗。哪位伸把手兒，從這膏藥裏給我挑出一貼膏藥來，我要自己拿出一貼來不算。哪位拿吧？」說着把膏藥送在眾人面前。有那愛管閒事的人給他拿出一貼膏藥來，他左手拿着那一沓子膏藥，右手接過這一貼膏藥，走至他的案子，把一沓膏藥放下，拿起火紙點着了，把這張膏藥烤開了，當着眾人把銅子兒放在膏藥油內，然後把膏藥併上，放在案上，他又向觀眾說了不到幾句話的工夫，再把膏藥打開了。舉着膏藥在場內繞一匝兒，叫眾人上眼。大眾一看那銅子沒有啦，膏藥裏有不少銅末子。當場試驗，誰也得佩服這膏藥的力量。

在數年前，敝人還很信以為真，想他那膏藥很有力量。到了如今，我可不相信了。原來他們用膏藥化銅子兒的方法，也是江湖術中的「樣色」。使這「樣色」，必須先在藥舖裏買點自然銅（這種自然銅的性質如同銅一樣的，買來的時候淨是小塊兒，這種東西用手一捏便成銅末）來，事先把那自然銅放在膏藥之內，把這張膏藥弄好，放在案上。等到有人再給他由一沓膏藥裏拿出一張來，當着眾人把銅子兒放在膏藥內。挑將漢兒的在這時候如同變戲法兒似的，將有銅子的膏藥與有自然銅的膏藥弄在一處，一翻個兒，把那有銅子的膏藥掩藏起來，把有自然銅的膏藥打開了，叫人瞧看銅末子。江湖人管這偷梁換柱的法子調侃兒叫「翻天印」，管這種「樣色」叫「丁把（bǎ）兒」。還有一種用膏藥化瓷的，也是在藥舖裏去買「海螵蛸（piāo xiāo）」（烏賊魚骨）。海螵蛸這種東西，要弄碎了，其質色白，真像破瓷器一樣。事先把它做好了，放在一包破瓷之內，由包內取出來，

◇ 把彈弓上的球兒打出去，如同一條線兒
似的，先打在茶碗底上，打不壞茶碗。把茶
碗上的泥球打飛了，飛起來的球兒，能把茶
壺嘴兒上的球兒打掉了，不惟茶壺嘴兒打不
壞，茶壺嘴兒上的大銅子兒還不能打下來。
這手功夫有個名兒，叫「彈打彈兒」，又叫
「球打球兒」。

誰也瞧不出破綻來，放在膏藥內，用手指頭微須一捐便成末兒，這種「樣色」調侃兒叫「丁老骨兒」。當他們把「樣色」使完了的時候，向觀眾說：「今天試驗完了，不白試驗，每人我送一張。」說着他從案子上拿起他的門票說：「哪位若是要我的膏藥，哪位伸手先接我一張門票。我可先交代明白，小孩子不送，聾子、啞巴不送，因為他們不能給我傳名，多了不送，就送二十份。今天的人可是太多。有接着的，有接不着的，接着的也別歡喜，接不着的也別煩，哪位要哪位伸手。」說着他就散他那門票。世上的人都是貪便宜，白給一貼膏藥誰不伸手？當他散發門票的時候，人人都搶着接，眨眼之間二十張門票散完了，他又有一遍說詞：「先向大眾說，我這人也不是傻子，有膏藥白送，這是為的傳名。常言道：小不去，大不來，名不去，利不來。今天我送膏藥，可有個攔避（bǎn）牆兒（前提），要不然他拿這藥不當回事。要買我這膏藥，是兩毛錢一張，今天我就賣二十張。賣多少錢哪？兩毛錢改為一毛，一毛改為半毛，半毛錢是我的本兒。哪位說，你不是白送嗎？送是一定送，可不能白送，哪位要買我一張膏藥……」說着話一踩腳，狠狠地道：「我再白送一張。我這叫買一張饒一張，可是沒接這門票的不賣，要買也成，你掏兩毛錢。不論腿疼腰痛，筋骨麻木，閃腰岔氣，紅白痢疾，貼上這個膏藥就好；貼不好來找我，管保退錢。貼不好你不來找我退錢，那算您怕我。半毛錢一張，我要賺了你的錢，叫我抛山在外死不歸家。」他這是和沒起誓一樣，他們江湖人管「拉屎」調侃兒叫「抛山兒」。他說抛山兒在外，屎不歸家；觀眾聽着是死在外頭他回不了家啦！沒聽清他說死咬成了屎字的音兒，拉出來的屎哪能回家呀！他們管起誓調侃兒叫「劈雷子」。挑將漢兒的劈完了「雷子」，那買主便相信不疑的，每人掏半毛錢買兩張膏藥而去。據他們江湖人講，先說白捨後要錢的手段，調侃兒叫「鬼插腿兒」。先給一張門票後說賣，調侃兒叫「倒插幅子」，合計起來二十張膏藥賣了一塊大洋，論「笨頭」也不過一毛多錢。他們管本錢調侃兒叫「笨頭」。一天賣這麼幾回，吃喝不用愁了。

　　敝人曾調查過，他們這膏藥不是香油煎熬的，是桐油熬的，他們管使桐油熬的膏藥調侃兒叫「南底」。這種「南底」的膏藥，要貼寒症，還是

真有效力的。不過，熬不好的就貼不住，會弄得渾身是膏藥油子，叫人疑為無用的了。

挑將漢兒的人們所練的，都是半尖半腥（半真半假）的掛子。惟有鏢行的人練的把式，都是尖掛子（真會武術的人）。凡是練武的人將武藝練成了，無論是保鏢去，護院去，得重新另學走闖江湖的行話，把行話學好了，才能出去做事呢！遇見事的時候，一半仗着武功，一半仗着江湖的暗話，才能走遍天下呢。

在昔時，水旱交通極不便利，買賣客商往來販賣貨物的，離不了鏢行。就是國家解送餉銀的時候，也是花錢在鏢局子僱用鏢師護送的。在那個時代開個鏢局子也很不容易。頭一樣，鏢局子立在哪省，開鏢局子的人得在這省內官私兩面叫得響；花錢僱傭真有能耐的教師充作鏢頭；沒做買賣之先得先下帖請客，把官私兩面的朋友請了來，先亮亮鏢。憑開鏢局的人那個名姓兒就有人捧場才成哪。若是沒有個名姓，再沒有真能耐，不用說保鏢，就是亮鏢都亮不了。自己要逞強，亮鏢的日子非叫人給踢了不可。立住了萬兒（名兒）的鏢局買賣也多，道路也都走熟了，自然是無事的。最難不過的是新開個鏢局子，亮鏢的日子沒出什麼錯兒，算是把買賣立住了。頭一號買賣走出鏢去，買賣客商全都聽見聲兒，要是頭趟鏢就被人截住，把貨丟了，從此再也攬不着買賣了，及早關門別幹了。這頭趟鏢出去，鏢師帶着多少伙計出去，把客人財物放在鏢車之上，插好鏢局子的旗號，一出省會地方，鏢車一入「梁子」（即是入了大道）伙計們就得喊號兒，伙計們扯開了嗓子，抖起丹田氣來喊「合吾」！這合吾兩個字，是自己昇點兒（有了響動），叫天下江湖人聽。「合吾」，合是「老合」，凡是天下的江湖人，都稱為「老合」，喊這兩個字兒，是告訴路上所遇的江湖人哪：吾們是「老合」！喊這兩個字喊到吾字，必須拉着長聲。走在路上凡是拐彎抹角也得喊，遇見村莊鎮市也得喊。尤其是遇見了孤墳孤廟或是離着村鎮不遠有座店，或是有家住戶，更得喊號。因為孤墳裏埋的不是棺材，十有八九都是賊人走的道兒。孤廟裏的僧道雖出家，也未必都是真正的出家人，十有八九，都是「裏腥（lǐ xing）化把（bǎ）」（即假和尚）。離着村鎮附近有孤店，有獨一家的住戶，那也是「三（sǎ）應（散落的意

思）跺齒窰」兒，跺齒窰兒就是匪人潛伏的下處。

　　鏢局子伙計走鏢的時候，都得喊鏢號，惟獨到直隸滄州不敢喊鏢趟子。若是不喊就許安然過去，如若一昇點兒，任你有多大的能耐也得出點舛錯的。在我國清末時候鏢車過滄州還是那樣呢！因為滄州那個地方，不論村莊鎮市住的人，老少三輩沒有不會把式的。到了如今，新科學武器發明了，滄州練武的人是日見稀少了。

　　當鏢師的帶着一撥伙計出去走鏢，每逢出了鏢局，拉着馬匹不能乘坐，遇見了熟人都得打個招呼。鏢車走出了省會地方，他才能上馬呢！鏢車走在別的省會地方，要有鏢局子，鏢師也得下馬，伙計也得跳下車來，和人家打過了招呼，然後過去，才能上車上馬。鏢車上的大伙計走在路上雖然是耀武揚威，兩個「招路」得會「把（bǎ）簧」。招路是眼睛，把簧是用眼瞧事兒。鏢行人常說當大伙計不容易。騎着馬拿着家乡槍，走遍天下是家乡。春點（江湖藝人所用的術語）術語也得講，跨着風子（即是騎馬）得把簧。鏢車走在路上瞧見了孤樹，大伙計得喊「把（bǎ）合着，合吾」。如若遇見了橋，得喊「懸梁子，麻（mā）撒着，合吾」。如若遇見路旁有個死人躺着，得喊嚷「梁子土（死）了點的裏腥（lǐ xíng）啵把合着，合吾」。如見對面來人眾多，得喊「滑梁子人氏海（hāi）了，把合着，合吾」。如若走在村內，得喊「窰裏海（hāi）梁子，把合着，合吾」。如若瞧見有山，得喊「光子，把合着，合吾」。如若過河登船時，得喊「兩邊坡兒，當中漂兒，龍宮把合着，合吾」。如若遇村鎮有集場，得喊「頂凑子（集市）掘梁子，把合着，合吾」。如若遇見廟會有香火場兒，人太多了，得喊「神凑子（大廟會）掘梁子，把合着，合吾」。

　　這初次走鏢，有那江湖綠林人知道了，他們要試試這走鏢的人是行家子不是。他們知道鏢車從哪裏走，在哪裏截車。兩下裏對着一把簧，彼此昇點兒（互相捧），一問一答對難為。大伙計把問答的話說完了，必須問他們：「祖師爺留下了飯，朋友你能吃遍？兄弟我才吃一線（即是指着天下一股往來大道而言），請朋友留下這一線兒兄弟走吧！」等到了這樣話說出來，他還不閃開，講不了就得動手啦。若是久幹江湖綠林的人，無論如何也不能翻臉動手的。可是初出茅廬、才進蘆葦的人，他可不聽這套，非

得鏢師尖掛子（真有本事的人）把他贏了才能算完。要不然當鏢師的沒有尖掛子幹不了這行呢。倘若是鏢車走在路上遇見了劫鏢者，以江湖術語打不動他，講外面的朋友話也不成，鏢師就喊嚷一聲：「輪子盤頭，各抄家伙，一齊鞭托，鞭虎擋風！」伙計們聽鏢師喊嚷「輪子盤頭」，他們趕緊把所有的鏢車往一處盤個大圈兒，有抄家伙保住鏢車的，有抄家伙準備打人的，鏢師喊嚷「一齊鞭托」，就是大家打他吧！「鞭虎擋風」，是動手把賊人打跑嘍，只可驚動走啦，擋過風去就得了，不可真把賊人「青了」（即是別殺了他們），也別「鞭土嘍」（即是別打死他們）。若是鏢師仗着尖掛子把賊人驚動走了，大伙計就得喊嚷一聲：「輪子順溜了，合吾！」鏢車走開了，鏢師一上馬，押着鏢又走下去啦。

　　若是鏢車進了店，店門外插着鏢旗，院內放張桌子，一個凳子。大伙計在凳上一坐，指揮着伙計，把鏢車都安排好啦。然後，大夥兒淨面撣塵，喝茶吃飯，喂完了牲口，前後夜伙計上了班啦，大伙計才能歇着去，值更的把店門外的鏢旗撤下，另換鏢燈，鏢車上也都插上小燈籠。然後按着更次，一人喊號大家輪流着喊，如同古時候軍營裏喊籌一樣。值更的伙計也有頭兒，到了夜間也得眼觀六路耳聽八方。凡是賊道能出入的地方，更得格外留神。這是住了熟店，準知道這店是乾淨窯兒。如若住在生店，不知道窯裏乾淨不乾淨，鏢局子的伙計得把屋內桌底下，牀榻底下，假裝打掃，瞧瞧有地道沒有。如有地道，便是賊店，趕緊得回稟鏢師，請示他的辦法。院內有井，或是有鍋灶、柴禾垛，都得「把」合到了。關於這些事，都是鏢師訓練他們的。譬如房上來了人啦，打更的就得衝着房上說：「塌籠（江湖人管房子調侃兒叫塌籠）上的朋友，請你下來搬會兒山兒（即是來呀，咱們喝點酒啊），唁（kèn）個牙淋（yá lin）哪（即是叫他喝碗茶呀）！」房上的人如不聽這些事兒，一語不出，值更的就得喊嚷一聲：「塌籠上的朋友，走遍了天下路，交遍了天下友，祖師爺留下這碗飯，天下你都吃遍？我們吃一線的路兒，你去吃一片，留下這一條線的飯我們用吧！」如若賊人在房上還是不走，或是越來越多，值更的就得喊：「倒（dǎo，東）、切（qiē，西）、陽（南）、密（北）四墊（方位）的伙計都出來，亮青子擋風！」他們在店內住下沒事便罷，此若有事，應當東西南

北各佔各方，準備着動手。東邊的伙計，得知他們是「倒墊」的差事；西邊的伙計，得知他們是「切墊」的差事；南邊的伙計，得知他們是「陽墊」的差事；北邊的伙計，得知他們是「密墊」的差事。如若值更的喊「倒、切、陽、密四墊的伙計都出來，亮青子擋風」，他們四面保護，動手的伙計就得抄起刀槍來，由屋裏出來把東西南北的地方都佔好嘍。鏢師從屋裏出來，他再向房上的人說什麼「人不親藝親，一碗飯大家吃」等等的情面話，這叫使「貼身靠兒」。倘若再不成，鏢師就得問：「塌籠上的朋友，是一定破盤嗎（即是非要抓破臉嗎）？」房上人再不答言，鏢師就得往當中一縱說：「既要『破盤』兒，請下來開鞭吧（即是下來打吧）！」房上的人如若跳下來，四面的伙計就嚷：「上有天羅，下有地網！條子戳（用槍扎），青子青（刀對刀），要想扯活（chě huo，跑）呀，休生妄想啦！」

這時候，無論來了多少綠林人，全瞧鏢師的「尖掛子」「鞭上」如何了。若是鏢師憑「尖掛子」把綠林人驚得扯活啦，然後，還得叫伙計各處「把合（看）」到了，防備賊人藏起來。要防備不周全就許「竄了轟子」（管有賊人放火調侃兒叫竄轟子）。各處都搜查完了，一齊喊嚷：「掃淨了，合吾！」這才算化險為夷。

至於真要在路上被綠林人把鏢車劫了，鏢師得瞧得出事來。真要鞭不過人家，得藏起來保全性命；賊人扯活嘍，暗中再跟下賊人去，認着了他們的窯兒（住的地方），好想主意把拋了的東西找回來。若是回到了店裏，再有綠林人來呀，鏢師鞭不扯活（打不跑）賊人，必被賊人弄得「掛了彩」（即是受了傷），或是「土了點兒」（即是弄死）算完。若是把賊人鞭扯活啦，還得留神，鏢師得有走、不走的見解。如若得走，到了時刻，鏢師喊嚷：「扯輪子」（即是套車）「趟（tāng）梁子」了（即是出店奔道走啦），「合吾」！於是伙計們套好了車，天亮了撤燈籠，撤店門的鏢旗，收拾完畢，鏢師出店前後一把合，東西和人俱都齊了，他就嚷聲：「請客人迫（pǎi）輪子（管請客人坐車叫迫輪子）了，合吾！」車把式一響鞭子，喊起鏢號，往外就走啦。走在路口的時候，大伙計得喊：「輪子調順了，入梁子了（即是把車排順了，進了道啦），合吾！」這路上可得留神那渾天入窯兒的（即是夜裏進店搶鏢的人）沒得了手，難免他再蠱惑別人在路上劫鏢。這要在

路上見了人要劫鏢，就不用跟他們客氣。大夥就衝着眼岔（要劫鏢的人）的喊嚷：「水淺了不了嗣，是肉有骨頭，是魚可有刺，是朋友躲開了，免得折（shé）鞭（管捱揍調侃兒叫折鞭）。」如若簧點清（見事則明與達時務的人調侃兒叫簧點清）的人，就不找麻煩嘍。倘若遇見說什麼也不成劫定了鏢啦的人，免不得喊「輪子盤頭（把所有鏢車往一處盤個大圈兒），亮青子（刀）鞭托（打人）擋風（把人驚走）」，真得幹兩下子。新亮鏢的鏢局子、頭趟鏢走出去沒出什麼舛錯，從此買賣上門，就算立住了「萬兒」啦。

鏢師走完了這頭趟鏢，一路之上，沒準交多少朋友，其中好歹賢愚都有，還得應付得法，事事周全到嘍，提起話來說，「某鏢局子的鏢師誰誰是朋友」，立住了萬兒，如同創下了江山一樣，能吃長久了這碗飯，也實非容易的。

天橋內把式場

天橋是個五方雜處之地，藏龍臥虎之所。那裏的人物最為繁雜，什麼樣的都有。掛子（練武術的）行的人也是好歹賢愚都有。

在早年有個花槍劉，帶着兩個姑娘在天橋賣藝。說江湖的行話，他們父女是「火穴大轉（zhuàn）」（在這個場子掙了大錢了），很有個「萬兒」（名兒）。如今可不知他父女都到哪裏去了。

在天橋久佔的把式場是彈弓子張，他叫玉山，在前清當過官差，後入江湖。據江湖人傳言，他雖是做掛子行買賣，可是柳枝（隨着野台子戲班賣膏藥）的門戶，與柳枝大將袁桂林是師兄弟。他在中年的時候身體靈，精神足，口齒伶俐，長於言談。不止會打彈弓子、會武藝、拳腳好，他還得過正骨科的真傳，凡是閃腰岔氣，錯了骨縫，經他手一捏就好，管保手到病除。江湖人都說他有幾把「尖托」（管會接骨的妙法調 [diào] 侃兒叫托門，瞎捏不見效叫裏腥 [lǐ xing] 托，管手到病除叫有幾把尖托）。

他在天橋年代最久，我老雲每逢到他那場子，必站住了把（bǎ）合把

合（看看）。他的場內立根竹竿，上邊懸着個小鑼，能手持彈弓，扣上彈兒，橫打、豎打、正打、反打、蹲着打、臥着打、仰面朝天躺着打，打出去的彈兒都能打在小銅鑼上。在早年他做買賣的時候，每逢上托圓黏子（用手法招徠觀眾）引人，都是用彈兒打小銅鑼。逛天橋的人們，聽見了小銅鑼兒噹噹的響，先掉瓢兒（先回頭兒），招路把合（眼睛看），後過去觀瞧。他瞧着場子人圍嚴啦，就練好功夫。往案子上放把茶壺，嘴上放個銅錢，在上放個泥彈，用彈弓子打出去的彈兒，講究能打落茶壺嘴上的彈兒，銅錢不掉，茶壺嘴不傷。每逢要歸買賣掙錢啦，他就向觀眾說：「我今天練回彈打彈。什麼叫彈打彈哪？眾位瞧着，我用弓兒往天空上打出個彈兒，那彈往起去，我不等他落下來，跟着再用弓兒打出個彈去，後打出去的彈兒，追上先出去的彈兒，兩個彈碰在一處，啪的一聲，能叫後出的彈，將先出的彈打碎了！我要打好了，請大家給我喊個好兒。說練就練，淨練這手不算功夫，我還練……」他說到這裏，可不練彈打彈，叫圍着的人們聽着都不走，淨等着瞧他練彈打彈。他用這個方法，將人吸住了不走，做他掙錢的買賣，等着將錢掙到手啦，然後再練彈打彈。我老雲還瞧過幾次，他那彈打彈的功夫，還是真準，百發百中。久逛天橋的人們，雖然知道他用彈打彈吸住了人使拴馬樁兒（用話把人扣住），因為這類功夫頗有可觀，都傾心願意的不走，等很大工夫瞧他的彈打彈兒。他早晚準夠打，從不謊人，故此能夠吸得住人。有些個練武藝的人常向觀眾誇說，他要練什麼特別的功夫。招惹得觀眾不走，將腿也站痿了，錢他也掙足了，所說的功夫沒練。那種情形，江湖人調侃兒叫「扣腥」，可是他們天天扣腥，叫久逛的人們都明白了，再扣腥就不成了，失去了信用。每到要錢的時候，觀眾就呼啦一散。受了會子累也掙不了錢，豈不是冤人自冤呢？我對於張玉山的彈打彈，臨完了打一回叫人看看，不是淨說不練，那才是地道的拴馬樁兒。我們這話對不對？老合（江湖上各行業的人們）們閉目自思，自然明白。

張玉山生有二子，大的叫張寶臣，二的叫張寶忠。哥倆從小練的把式，在民初的那幾年，他父子上地（做生意）摞場子，兩個人打對子。單刀破花槍、花槍破三節棍、空手奪刀，功夫爛熟，打得火熾，哪場玩藝兒

◇ 張玉山生有二子，大的
叫張寶慶，二的叫張寶忠。
哥倆從小練的把式，以大刀
為最高。據說那趟大刀是東
城某有名武術家所傳。

也不少下錢。最美是他們哥倆練的大刀為最高，聽說那趟大刀是東城某有名武術家所傳。若練大刀，比練別的武藝格外多掙錢。他們爺仨的杵門子（到要錢的時候叫杵門子）很硬，是檔子地道玩藝兒。

自從民國十年後，張玉山一個人在天橋做買賣，張寶忠弟兄就開了外穴（到外地去掙錢），往各處跑腿，到了張家口，他們響了萬兒（名聲大），「火穴大轉」。至今張寶忠的哥哥還在張家口安座子（開藥舖說行話叫安座子）哪！他的媳婦是唱竹板書關順鵬的胞姐，夫妻和美，治家有道，在口上生活很是不錯，我前年雲遊到張家口，還瞧見那買賣十分興旺呢！

張寶忠在民國十五年後，才由張回平。他在早年是掛子行，如今是專門賣大力丸，他的場子在公平市場丹桂茶園後邊。每天他在場內打拳、練鞭、彈弓、摔跤，足練一氣。靠着他場兒的南邊就是他的藥舖，字號是金鑒堂，彈弓為記。據天橋的人們所說，他們賣的那藥能有「回頭點兒」（即是買過東西再來買），實在不易。張寶忠練的不是「腥掛子」（假把式調侃兒叫腥掛子），他還比別人多樣本領，會摔跤，還摔得不弱。從前他有些傲氣，近幾年來有了閱歷，謙恭和藹，侍父能盡孝道，江湖人能夠如此，實是不多呀！

孟繼永是掛子行的人物，久在天橋摽地，他把式場從前在天橋公平市場。自從前年，遷到紅樓南邊。他是河北省武邑縣人，六十多歲，身體強壯，性情直爽，人稱為孟傻子。他圓黏子的法子，用大白在地上畫個人頭，有耳、目、口、鼻，在耳、目、口、鼻上各放一個大枚，他往場內一站，手裏拿着甩頭一子（丈多長的繩兒，一頭繫個鏢，武術家管這宗東西叫甩頭一子），扯開了嗓子，喊鏢趟子：「合吾……合吾……」逛天橋的人們圍上了，他說：「我是鏢行的人，在前清的時候保過鏢，如今有了火車、輪船、郵電局，我們的鏢行買賣沒了，鏢行的人，不是立場子教徒弟，便是給有錢的富戶看家護院，我是拉場子賣藝。我拿的這個東西叫甩頭一子，康熙年間浙江紹興府有個保鏢的叫黃三太，人稱叫金鏢黃，他是神鏢勝英的徒弟，因為湊銀子要給清官彭大人運動三河的縣官，指鏢借銀，鐵羅漢竇爾墩不借金銀，反倒與他結了冤仇，在山東德州李家店，定

下約會，兩個人比武。黃三太用三支金鏢、甩頭一子贏了竇爾墩。三支金鏢壓綠林，甩頭一子定乾坤，一口單刀縱橫天下！今天我孟傻子練練這甩頭一子。這個東西不用的時候往上一纏，用的時候一抖就開，遠打一丈多，近打二三尺，用足登着繡繩兒打，叫獅子滾繡球；在腿底下轉着打，叫張飛騙馬；在胳膊上盤着打，叫盤肘；在脖子上繞着打，叫纏頭裹腦。」他上邊說着底下練着，一招一式，練得頗有可觀，他練着向觀眾說：「我今天用甩頭一子要打地上畫着的人頭，說打左眼，不能打右眼；說打右眼，不能打左眼，我打一回叫眾位瞧瞧。」他說到這裏，可不練了。把人吸引住，也是用拴馬樁兒（用話把人扣住）。說到要打人頭啦，他說到這裏可就岔下去了。他說：「那位說啦，你使的這甩頭一子，是什麼人遺留的？這個東西是漢朝才有的，想當初王莽篡位之時，有奸臣羽黨蘇獻奉王莽之命追拿劉秀，追到潼關外頭，劉秀與他動手，未走三合，蘇獻將大刀一扇，劉秀的刀就撒手了，沒有軍刃不能動手，撥馬逃走，蘇獻在後苦苦地追趕，急得劉秀心生一計，將他的絲鸞帶解下來，下馬尋石，找個石頭，繫在絲鸞帶上，復返上馬，蘇獻追到了，劉秀就用這個帶子繫石頭將蘇獻打敗，得逃性命。後人仿着他的意思，做成了甩頭一子。別看這種兵刃不在十八般兵器之內，還是帝王留下的。今天我就用這甩頭一子打一回試試，打得不偏不歪，請眾位給喊個好！好，好，好，好完了！那位說，許是要錢吧？眾位放心，我這個場子不要錢。練完了，我還每位送上一貼膏藥。」說到這裏又扯到膏藥上，這就是「挑將（tiǎo jiàng）漢兒」的由練武說到賣藥掙錢的「包口兒」（管這一大套做買賣話調侃兒叫包口兒），他在天橋有二三十年了，也賣藝，也賣藥，餬口有餘，也沒有發達，平平常常而已。

　　他的徒弟叫姜興周，也是武邑的人，有四十多歲，在紅樓東南一帶撂場子。每天與他兩個兒子打把式賣藝。姜興周不會賣藥，說行話叫清掛子。人忠厚，克勤克儉，收入雖然不多，治家有法，粗茶淡飯，衣食不缺，與他師父大有不同。他的大兒子現在某銀行，是「支杆掛子」，即是護院的；二兒子是個手藝行；三兒子、四兒子與他撂明地，幹「點杆掛子」。除去他二兒子外，父子爺兒四個，都是掛子行，可是分為支杆、點

杆，也大同小異也。姜興周老來有子成器，晚景定然有靠，福祿加於勤儉人，治家理財，江湖人也要學的。否則，落個風流乞丐，終歸也怕有衣食斷絕之處。

掛子行之中的支杆掛子

武術一道是我國漢民族中的國粹。在古時，先是馬戰，後是步戰，傳到了唐、宋、元、明、清，普遍了全國，到處都有場子。不只是男子，就是婦女，也很有練把式的。直到清末，歐西各國新武器昌明，就是癆病人，若手持洋槍，搬動機簧，彈子打出，有霸王、存孝之勇也立時喪命，故新武器輸入中國以來，人人皆輕視武術，很受重大的影響，幾乎將特有的國粹失傳了。現在國府當局為保存國粹起見，將武術改稱國術，各省設立國術館，極力地提倡。掛子行這幾十年來如遇大劫，現在又盛行了。可見世上的事，有一興必有一衰，有一衰必有一興，循環不已呀！

現在國術雖然興旺了，國術中的特長還是無人提倡。什麼是國術中的特長呢？就是掛子行（練武術的）的規矩。評書上常說：人外有人，天外有天，把式多好，也難免不栽斤斗。要想由把式上成名立業，必須按着掛子行的規矩才能成哪！如其不然，有多大的能耐也難免叫人打倒。我老雲在外邊闖練這些年，很交了些個掛子行的朋友。山東的陳大鼻子、煙台的張王老師、北平的焦方桐，都和他們探討過掛子行的規矩。可是掛子行的規律很大，我探討得來的，也是有限。懂行的諸君可別笑話我說得不全。一個人知識原有限，天下事理本無窮。僅將我個人所知的寫了出來，懂行的人，我在您班府門前耍回斧子；不懂的人們，是我貢獻話料兒。

閒話休提。卻說這把式行，在早年說行話，有明暗之分。什麼叫明，哪叫暗哪？凡是偷盜竊取的朋友練的功夫，他們調（diào）侃兒說叫「暗掛子」，稱他們為「黑門坎的人」。凡是練把式不偷竊的，為公當差應役，或是入伍，或當捕快；為私的或是保鏢護院，或是立場子教徒弟，走闖江湖打把式賣藝，都叫「明掛子」。

就以護院的說吧，他們是專以保護富戶人家不丟東西為目的；那黑門坎的朋友則專以偷竊富戶人家為目的。他們這兩種人雖然都是掛子行，可立在敵對的線上，絕不能彼此合作，或各守界限的。如若守界限，護院的可以按月掙工錢，那黑門坎的朋友不偷富戶可吃哪一方哪？為這一層我和掛子行人討論過，據他們所說也很有趣味。

明、暗掛子行的人能由敵對線上交朋友，各講義氣。在早年沒有洋槍、火炮，沒有電網，富戶人家建築的房屋無論多麼高大，怎樣堅固，擋的也是不來之人。如若有黑門坎的人把出道來，一樣地隨便出入。故此，富戶人家都得花錢請護院的。凡是請護院的，十有八九都由鏢局子給轉請。

在早年，保鏢的人上過道，走過鏢，把式好，閱歷深。不願意保鏢時，他們就改為護院。這護院的行當調侃兒叫「支杆掛子」。大富貴的人家，或有權勢的人家，要請護院的不止請一位，或三或五，十位八位，內中還得有個頭目，到了夜間，多少伙計，都得聽頭目人的指揮。如若有打更的更夫，也得聽他們的調動。譬如，到了夜間，前後門、各屋門都關鎖了，由護院的親往各處巡視一趟，如有不完備的地方，他得費一回手，以免入地（黑門坎中從地下想辦法偷東西叫入地）的朋友們乘機而入，丟失物件。屋中沏好了茶，身上收拾利落，應用的家伙也都放在手底下，不能打哈欠衝眄兒，把精神貫足了，宅院有多大全都得照看到了。若是黑門坎的朋友來了，他們也先「昇點」，試問有護院的沒有。什麼叫「昇點」哪？像評書小說上說的，高來高去的人每逢到了誰家，都用問路石子往院裏一扔，故意地叫那石子吧噠一聲，有了響動，調侃兒叫「昇點」。若是有了響動不見有人答言，那就進來偷竊了。如若護院的人聽見有人「昇點」，他得出來答話，和黑門坎的人調侃兒說：「塌籠（房子）上登雲換影的朋友，不必風吹草動的，有支杆掛子在窰，只可遠求，不可近取。」這些話是什麼意思呢？他明、暗掛子行的人全都懂這幾句侃兒。「塌籠上登雲換影的朋友」，是說房子上的高來高去之人；「不必風吹草動的，有支杆掛子在窰」，是說來的人不用昇點，有護院的在此；「只可遠求，不可近取」，是說叫他往別處去偷，這裏的東西動不得。如若遇見好說話的黑門坎人，

憑這幾句話，他就走了。如若賊在房上還是不走，就說：「朋友！若沒事，塌籠內唒（kèn）個牙淋（yá lin），碰碰盤兒，過過簧。」這幾句話是說：「你要沒事，請下來喝會兒茶，見面談談。」如若賊人要走，跟着就得說：「朋友順風而去。咱們渾天不見，青天見。牙淋窯兒，唒吃窯，再碰盤。」這幾句話說的是：「你走啊，咱們夜裏不見，白天見，或是茶館，或是飯館，咱再見！」

如果賊人真走了，護院的倒得留神，防備他穩住了護院的，哪裏防備不到哪裏去偷。若是賊人走後也沒動靜，也不丟東西，到了天亮之後，護院的就得「醒攢（cuán）兒」（江湖人管心裏明白了調侃兒叫醒攢兒）。人家黑門坎的人是把自己當朋友，也得和他們交交。於是，身上也得緊襯利落，帶上零錢，往附近的茶館或是飯館去找人家。別看兩個人不認識，茶飯館裏座兒多，護院的到了往各處裏一「把（bǎ）合」（看），就能看出來哪個人是夜內的朋友。怎麼個看法？凡他們黑門坎的人在茶館酒肆候人，按着規矩有一種表示。如若坐在北邊的桌旁，他得坐在右邊，留出左邊那個客座來。如若喝茶，左邊沒人也得放個茶杯；喝酒，左邊無人也得放個酒杯。護院的來了，見他留着客座等候自己，就先過去抱拳施禮，道個「辛苦」，人家自然還禮，兩個人謙讓座位，然後吃喝，無論如何，護院的也得會人家的酒飯賬。交了朋友之後，彼此遇事互相幫助，護院的可得了大便宜。有黑門坎的人，如若不知道某宅有護院的，要去偷竊，他就能給攔住說，某處的支杆掛子是他的朋友，和他有交情，不必去了。有這個關照，無形之中就少許多的麻煩。護院的若能在本地交了黑門坎的「瓢把（bà）子」（頭兒），那可更好了。黑門坎的人知道某宅護院的與他的頭兒有交情，也不好意思去偷了。

也有那狡猾難惹的黑門坎的人，他要到了某宅扔了石子昇了點兒，護院的答了「鋼兒」（話）說：「塌籠上的登雲換影的朋友，有支杆掛子，靠山的朋友有窯，不必風吹草動的。」他就在房子上「答鋼」（江湖人管答言調侃兒叫答鋼），問護院的：「你支的是什麼杆？你靠的是什麼山？」護院的就得回答道：「我支的是祖師爺那根杆，我靠的是朋友義氣重如金山，到了唒吃窯內我們搬山，不講義氣上梁山。」如若賊人走了便罷，倘若不

走，就和他們說：「朋友！祖師爺留的一碗飯，你天下都吃遍，把這個站腳之地讓給師弟吃吧！」說到這裏，他還不走，就得說：「塌籠上登雲換影的朋友，既有支杆的在此靠山，你就應當重義，遠方去求，如若要在這裏取，你可就是不仁，我也不義了。你要不扯（江湖人管你要不走調侃兒叫你要不扯），鼓了盤兒（管翻了臉調侃兒叫鼓了盤兒），寸步難行。倒（dǎo）墊（管東方調侃兒叫倒墊）有青龍，切（qiē）墊（管西方調侃兒叫切墊）有猛虎，陽墊（管南方調侃兒叫陽墊）有高山，密墊（管北方調侃兒叫密墊）有大水。你若飛冷子（弓、箭、袖箭）、飛青子（飛刀）、飛片子（房上的瓦），我的青子青着（刀子砍上）、花條子滑上（大槍扎上），也是吊梭（管疼痛調侃兒叫吊梭）。」賊再不走，就向他說：「朋友，這窰裏有支杆的，四面也都是象家（對於練武的人們尊稱為象家）之地，我若敲鑼為令，四墊的師傅們一齊擋風，你可就扯不了。如若朝（cháo）了翅子（管打官司調侃兒叫朝了翅子），都抹盤（管都不好瞧調侃兒叫都抹盤）。」

賊人再不走，那就得和他動手，憑自己的「尖掛子」（管真功夫、真能耐、好武藝調侃兒叫尖掛子）對付賊人了。倘若和黑門坎的人動了手，贏了得留情，不能和他們結冤；若是輸給他們，就改行別幹了。

黑門坎的人也不一樣，他們各走一條線。據我所知道的，有「鑽天」的賊人，有「入地」的賊人。那鑽天的賊人也不一樣，最有能耐的，練會了躥房越脊的功夫，到富戶人家撥門撬戶，取箱櫃的東西，使人不知，那算江洋大盜。本領再次一點的摘天窗兒，他們到了房上，用全份的傢具掀瓦挑頂子，弄個窟窿，使繩索捋着下去，到屋裏偷東西。臨走的時候，還把天窗抹飾了，外行人看不出痕跡來他才走哪！鑽窗戶的，鑽煙筒的，也到屋中偷盜，他們練的功夫有軟的，可稱輕身術，把一領席捲起來，有鍋蓋、茶盤粗細，放在桌上，由遠遠地一躥，把身子能鑽進席筒，一鑽而過。還能往回退，兩隻手一扶地，退回去，兩條腿入席筒，再穿回來。這種功夫練成了，由窗戶煙筒進屋子，眨眼之間，就能辦到。還講究腿上綁鐵沙子，由坑內往上跳，練得一兩丈高就能上房，不用梯子，一躥而上。他們還有一種功夫，兩隻手的指頭抓住了房椽子，把身子貼在房檐底

下，兩足登椽子，把身懸起來。清末時候，北城某茶館有一人吃核桃，不用砸，兩個指頭一捏，核桃皮就開，被衙門中的鷹爪看見，捕了去，一過堂，就招出許多竊案。可見黑門坎的人練手指之力，是能抓住房椽子，懸得住身，不然捏核桃時，手指沒那麼大的勁兒。明掛練的鷹爪力、大力法，與他們的功夫不同。

護院的人，若在哪裏看家護院，也不能淨等着。有的暗掛子按着規矩扔石子，昇點，答鋼兒，倘若遇見渾家哪？他會高來高去功夫，不懂得明暗掛子規矩。沒錢花，窮急了，不言不語，沒有響動，他悄悄地偷，本家人若丟了東西不問他護院的嗎？所以，明掛子行的人要給人護了院，夜內不住地往各處巡查，就得防備這種人。就是那開天窗、鑽窗戶、鑽煙筒的賊人，也得時時防範。那黑門坎的人還有入地的賊呢！他們也分好幾路：有能由幾十丈遠掘個窟窿，下到地內，去往墳內盜墓的；有由富戶住宅牆外掘地窟窿，到富戶的院內或屋內偷東西的；有由牆上挖窟窿到屋中偷盜；有專能移動下門坎底下磚石，鑽進院內屋內偷東西的。我向黑門坎人探討過幾次，據他們說，入地的朋友要挖窟窿盜洞的時候，都得在粗風暴雨的天氣，有風雨之聲，可以聽不見他們挖窟窿的聲音。護院的人對入地的朋友也得時時留神，無論什麼樣的天氣也不能在房中忍着，照樣出來巡查，哪處失神，哪處就許出錯兒；哪裏防不到，哪裏就許出毛病。他們這碗飯實在不好吃。

北平這個地方，在清室的時代很有不少富戶。這些富戶，十家有九家花錢請護院的。自從歐西各國昌明新武器之後，我國的武術很受了影響，火車輪船，交通便利，鏢行就沒有飯吃啦！有許多鏢行的人改了行，不是戳杆子立場子教徒弟，就是給大商家、富戶們看家護院了。直到如今，北平支杆的朋友還有不少。廊房頭、二、三條，西河沿，珠寶市，大柵欄，各銀行、各銀號、各綢緞莊很有些家請了護院的。我曾調查過幾次，這些個護院的都是糧食店街南頭路西會友鏢局代僱的。

那會友鏢局係河北束鹿縣三皇炮錘門的名人孫某創立的。直到如今，他們的東家孫立庭還不肯歇業，保存那鏢局子的買賣。一者祖業不肯扔，二者是專為給介紹護院的支杆的。孫立庭可稱碩果僅存了。他每天早起必

到西河沿、珠寶市、大柵欄等處繞一彎，凡是由他給介紹的護院的舖戶，挨家都到到，看看有事沒有。六七十歲的人，還能不怕勞苦，也是練把式的人得的強身壯體益壽延年的好處啊！

在三皇炮錘名人焦方桐在日，曾向我老雲說過，一些個商家舖戶，對於護院的事都不曉得，專愛僱歲數年輕的，沒經驗閱歷，遇見黑門坎的人，能耐弱的，他能弄走嘍；本領高的，就沒法辦。若是僱四五十歲的人，那全是上過道（他們管走過鏢說行話叫上過道）的，只要上過道，他的武藝錯不了，經驗閱歷一定豐富。如若遇見黑門坎的人，不用動手，幾句話就能把他說走，永不來偷。若是用年輕的人，他沒有閱歷，遇見黑門坎的人，恃其技能驅逐。就算是武藝高強，能把黑門坎的人追走，他們恨上了，結下怨恨。不怕賊偷，就怕賊惦記！賊人若是惦記上了，怎樣防備也有防不到的時候。常言：老虎厲害，也有打盹的時候，漏了空賊人便偷。護院的要想沒人來偷，最好是訪查哪裏有黑門坎的朋友，設法聯絡，和他們套交情，由他們介紹見着黑門坎的瓢把子，若與瓢把子有了來往，就可以高枕無憂。

在清室的時代，北平有多少黑門坎的瓢把子，前步軍統領衙門內外城各營汛部能知道。他們的瓢把子也各有界限，每個管多少地方，在他那地方之內，不論是誰偷竊財物，都得叫他知道，並且把偷來的東西，先交給他存放數日，防備有人找。如若失主有勢力，尋找失物，追得急了，由瓢把子把東西交還。或是失主家中僱有護院的，人家護院的找着瓢把子論交情義氣，也得把東西交還。

每一個黑門坎的瓢把子，手下都有許多人，晝伏夜出，偷來的東西，存放數日無事，他們就把贓物「挑（tiǎo）嘍」，「均杵」（江湖人管賣東西調侃兒叫挑嘍，大家分錢叫均杵）。如有外省的黑門坎的人來到內地，未作案之先，就得先拜瓢把子，然後才能偷竊，如若不拜瓢把子就作案，那失主丟了東西不找，瓢把子知道了也暗中叫鷹爪（江湖人管捕盜的官人調侃兒叫鷹爪）把他捕去。可是外省的黑門坎的人來到內地，若是念杵頭兒（江湖人管沒有錢花調侃兒叫念杵頭兒），見了內地的瓢把子，得由瓢把子幫助他衣食住，如不作案，由這裏路過，缺少路費，那是告幫，瓢把

子也得贈他相當的路費。或有黑門坎的人遭了官司，瓢把子得託情運動，給送錢使用。

當瓢把子的也不一樣。頭等的人物，本領好，輕財重義，交際廣，眼皮雜，認識的人多，遇事都用得着，事事活動，立住了名姓，有了萬兒（名兒），黑門坎的人慕名來投奔，他的「摽（biào）杵吃上也是海（hāi）海的」（瓢把子花他伙計的錢調侃兒叫吃摽杵，得的錢多了調侃兒叫摽杵兒海海的）。如若當瓢把子的沒義氣，事事不講交情，過於厲害了，日久天長萬兒一念（江湖人管名姓臭了調侃兒叫萬兒念了），官私兩面的朋友都不沾了，他也是吃不着摽杵，能擠得自己出去作案，那才寒磣哪！黑門坎的人，論品行也有優劣，那人品不好，事事不守黑門坎的規矩，鷹爪漏空他也偷，富戶家中有護院的，得了手，他也偷，甚至於瓢把的窰（屋）內有好東西，不留神，也照樣地竊走。可是，照這樣胡來，栽了就沒人救，吃上苦子，身體就得受傷，若是傷了手眼，這碗飯就不用吃了。黑門坎的人本領高的，十有八九都是有義氣的。富戶人家有護院的他不偷，就是沒有護院的，他訪查人家財來得正當，也不下手，遇着孤寒貧人，疾病死亡，或是同道的為難事兒，他訪好了哪個富戶財來得不正，他必大偷一水，取來不義之財，他另做有義之事。如若日久了，立住了姓名，明暗掛子（黑白兩道）陰陽兩門的人都知道了，遇事還有人幫助他。

當初北平東北城某富戶家僱有護院的，有一次黑門坎的義賊因有用款之事，夜內去見護院的，求他向本家借用一千銀子，護院拾着義賊的萬兒（江湖人管聽人傳說某人的行為如何，做事怎樣，調侃兒叫拾着萬兒），知道他常常偷富濟貧，向富戶借用的錢，不久準還。他來展（借）「柳海（liū hāi）拘迷（jū mi）杵兒」（即借一千銀子），護院的就替他向本家疏通。怎奈本家主人不肯借用，事情弄僵了，護院的就把事辭掉。本家再找護院的，沒人幹了，夜內連三並四地丟東西。他家有勢力，請來官軍巡守，那黑門坎的義賊照樣來偷，叫官兵看着，乾拿不住他。晝去夜至，夜夜擾亂，個月不安。結果還是託朋友請明掛子有名的人物出來，給他們說和了事。事倒是完了，那富戶的損失可太大了，弄得他啼笑皆非，啞巴吃黃連——有苦難言。

護院的雖是明掛子，偷盜竊取的人雖是黑門坎的人，他們陰陽也是不分哪！當初老雲年幼的時候，在北平同學友往各處玩耍，有一次誤入某院，見有一個老年人教好些人練功夫，所練的並不是拳腳，練的是躥高縱遠、滾背爬坡的功夫，所練的家伙都不帶響動兒。有好幾個人，能夠撒腿跑着往牆上一躥，倒背着身子，後背靠牆腳離地，能把人粘在牆上一樣。那種功夫，據說名叫「粘糖人」，清末的名武丑兒張黑唱《大賣藝》，就有這種本事。由台簾跑出來，身子懸在台柱子上，平市五六十歲的人差不多的都見過。還有能把身子懸在房腳檐底下，手腳抓住房椽子，就能懸好大時候。那黑門坎的場子與普通的把式場子不同，我老雲看過一次，以後再去，就被人家拒絕了。幾十年內光景，回思往事，好像還記得點兒。

護院這行人，北平很出過幾個有本領的。在清初時代，吳三桂在雲南反了，遣綠林人到北京刺殺大學士索額圖。那個黑門坎的人物到了大學士府，見索額圖夜內坐於案後辦理公務，為國勤勞，料他是個忠臣，不忍下手，竟投在索額圖府中給他護院。以後有許多的刺客俱都被他擋回去。索額圖嗜好古玩，即使是明掛子行人也想去偷，只是有黑門坎的人改在他的府中支了杆啦（護了院了），也都不好意思去偷。看起來明、暗掛子行人都是有義氣的呀。至於清室末葉，八卦門的董海川、尹福（現在平市募警教練所尹玉璋之父），太極門之楊露禪，也都有驚人的技能，又戳杆又支杆（又教徒弟又護院），很做了些個驚天動地的事兒。提起楊班侯、翠花劉、煤馬、眼鏡程等人來，至今還有人在茶館酒肆裏談論他們的故事。

第三章

雜技戲法

彩門

「彩」是「彩立子（lì zi）」。凡是變戲法的行當，皆稱為「彩立子」。在這彩門裏尚有種種的分別：變戲法叫「彩立子」；變戲法兒帶贊武功叫「籤子」；賣戲法的叫「挑（tiǎo）厨供（gòng）」的；變洋戲法的又叫「色（shǎi）唐立子」；什麼人頭蜘蛛啦，人頭講話啦，山精海怪啦，統稱為「腥棚（假的）」。管上台變大戲法兒叫「落（lào）活」，又叫「卸活」；管變小戲法兒叫「抹（mǒ）子活」（也叫單色兒立子）；管做堂會叫「家檔子」；管變戲法兒變露了像兒叫「抛了活」；變戲法的管使用家伙上有鬼兒的法子叫「門子」。其餘的所變的各種戲法兒也都有侃兒：管變仙人摘豆叫「苗子」；管變壺中有酒叫「拉拉山」；管變杯中生蓮叫「碰花子」；管變羅圈當當叫「照子」；管變大海碗叫「揪子」；管吞劍叫「抿（mǐn）青子」；管吞鐵球叫「滾子」；管變菜刀叫「大腥」（特別假）。種種的戲法兒，皆有侃子。在江湖藝人中規矩最嚴的行當，如今就是「彩立子」這一行了。

彩門中之挑厨供的

變戲法兒這一行兒，自從有這行直到清末庚子年前，只有變戲法的，還沒有賣戲法的。據他們彩立子（lì zi）行（變戲法的）人所談，在庚子年後才有「挑（tiǎo）厨供（gòng）」（賣戲法的）的。在東安市場將開辦的時候，有個「厨供楊」在東安市場賣仙人點戲，由其收徒，傳流此藝；現今華北各省市、各商埠碼頭，皆有厨供楊支派的門人做「挑厨供」的買賣了。

挑厨供的與彩立子之規矩。變戲法的人，只要能會變，不拘大小，什麼戲法都許變，是無人阻攔的。賣戲法的可就不同了，他們做買賣必須使高案子，不能打地攤兒，變的戲法兒不能變抹（mǒ）子活兒（小戲法）。所變的都是什麼仙人摘豆、三仙歸洞、金錢抱柱、破扇還原、金錢搭橋、巧變金錢、棒打金錢、霸王卸甲、仙人解帕、空盒變煙、空盒變洋火、巧變雞蛋、平地砸杯、巧變煙捲、木棍自起等等的戲法。這些戲法兒除去仙

人摘豆、三仙歸洞、平地砸杯、破扇還原等彩立子行常用，其餘的戲法兒，變戲法的人們也不常使用。賣戲法兒的人們不准變的戲法，如羅圈當當、大海碗、吞寶劍、吞鐵球、八仙過海、扇碟扇碗、八仙對果、大變酒席、巧變火爐、巧變黃酒、五子奪魁、壽桃壽麵、九龍鬧海、十二連橋、十三太保、巧變珠燈、九蓮燈、巧捕家雀、滴水成冰、冰開獻魚、海底撈月、封侯掛印、杯中生蓮、口內噴火、口內生蓮、飛鼠盜糧、火內套彩等等，這些戲法不惟不准他們變，並且還是不准往外挑（即是不准賣的）。戲法兒原就是假的。變戲法兒的使的是門子（變戲法的管使用家伙上有鬼兒的法子叫門子），賣戲法兒的所賣的種種玩藝兒完全都是腥活（假的），他們要把真門子都給賣了啊，變戲法的就不用變了。江湖藝人所作的買賣，行行兒都有規矩，並且還能遵守，這樣還值得人們欽佩的！

挑厨供的前棚。賣戲法的藝人投師受業，學的是前後棚的能耐。什麼叫前棚的能耐呢？哪叫後棚的本事哪？前棚的能耐分為「圓黏兒」（招徠觀眾）、「拴馬樁兒」（把觀眾吸引住，不讓走）、「賣弄活兒」（花言巧語）、「撒幅（sǎ fú）子」（分發門票，相當於今天的優惠券）、「把點兒」（找準蒙騙對象）。

挑厨供的圓黏兒種種。賣戲法的都是支個大案子，後邊以靠牆的為美，牆上可以掛布擺子。那布擺子上寫的是×ד堂，多是×ד魔術團幾個大字，兩旁的小字是「傳授戲法，當時管會」。底下寫的是手法門戲法：仙人摘豆、三仙歸洞、仙人解帕、巧解絲縧、破紙還原、棒打金錢、霸王卸甲、飛錢不見、月下傳丹；彩門戲法：空盒變煙、空盒變洋火、巧變雞蛋、平地砸杯、破扇還原、金錢搭橋、金錢抱柱、木棍自起；藥法門戲法：茶能變墨、一杯醉倒、千杯不醉、活捉家雀、美女脫衣、飛豆打蠅、口內噴火；符法門戲法：八仙轉桌、大搬運、抽籤叫點、牌九骰（tóu）子（骰子俗稱色 [shǎi] 子）、打麻雀、黑紅寶。別看他這攤子上寫的是戲法兒應有盡有，樣樣俱全，不許賣的還是不賣。攤子上越寫樣數越多越好，如同買賣的牌子寫「中外雜貨一概俱全，零整批發，不誤主顧」，意義是相同的。他們的案子上放個萬寶囊的匣子，萬寶囊的袋子，兩個茶杯。到各市場開始遊逛的時候，他要做買賣啦。先用兩隻手托着茶杯對撞，撞得

那杯噹噹噹地直響，嘴裏叨叨唸唸的，先變個三仙歸洞啊，或是變那仙人摘豆，遊逛的人們漸漸地圍着觀瞧，他瞧着圍着的人夠多了，算是「圓」好嘍「黏」啦，他可變不了多少戲法了，在這個時候就該着賣弄活了。

他們賣弄活的意思是說：「我們所賣的各種戲法兒人人可學，當時就會，不拘男女，軍商各界，要是學會了幾手戲法兒，回到家內，可以打個哈哈，湊個趣兒。您要學會這一杯醉倒吧，是手兒藥法門的戲法，要是自己好喝酒，有那愛吃您便宜酒的人，你乾有氣，礙着情面沒法子治他。要學會了我這一杯醉倒的戲法兒，只要你把這種藥放在酒內，他喝下去一杯，到不了一袋煙的工夫，準把他醉倒嘍！還有一手戲法，也是藥法門的，叫仙人脫衣。只要你把這種藥藏在指甲蓋內，用的時候，在他身後頭悄悄地把藥往他脖領兒裏一彈，抽不完一個洋煙的工夫，管保他刺癢難揸，立刻就脫衣裳。還有一手戲法，叫活捉家雀，你要到鳥兒市買個鳥兒得花多少錢？把我這手戲法學會了，只要瞧見家雀兒落在你的房上或是院內，有多少拿多少。還有一手戲法叫小鬼叫門，你把這戲法學會了，跟誰玩笑，能叫他一宿也睡不着覺，總聽着門外有人叫門，打得街門啪啪直響。這兩手兒也是藥法兒，哪位要學容易。」說到這裏他就拿起一沓兒幅子來，叫大家瞧上半張字，幅子上印着××堂字樣，有「專教戲法，當面管會，如若不靈，準保退錢」的字兒。

他拿着這沓兒幅子，向圍着的人說：「哪位要學這四手戲法兒，我這幅子上印着呢，只要認識字，一看就會，不認識字找認識字的唸給你聽，一唸就會。哪位要學這四手兒戲法，您給一毛錢！一毛錢學四手戲法不算貴吧？今天這麼辦，我是張天師賣眼藥——捨手傳名，哪位要學這四手戲法，我要半毛錢……爽性豁給眾位一個便宜，半毛錢也不要，誰要學給四大枚，才合一大枚一手兒。可是全都買我可不賣，就賣二十份，過了二十份之外，再有學的還賣一毛錢。把話說在頭裏，亦許你不學，亦許我不賣。哪位要哪位伸手，先掏錢後接門票。」（江湖人管他們先說大價兒然後往下落價兒的法子叫海 [hāi] 開減賣，亦是引誘人貪便宜的方法）於是就有許多人掏錢買他的門票。這是他們賣弄活兒的意義。往外賣他們的門票，調（diào）侃兒叫「挑（tiǎo）幅子」。

他們掙錢的方法，最小的意思不過如此。那掙大錢的方法，幾千元幾百元的能耐，都在「後棚」哪，要能「挑（tiāo）雨頭字」（賣符咒的）才有大錢掙呢！挑雨頭字的事兒，在談「後棚」的時候再為詳談。

敝人曾買過他們一張門票，上邊印着四手兒戲法子，現在把那法子寫出來貢獻給閱者（以下是幅子上印的字樣）：「『一杯醉倒』，用錢到藥舖去買鬧楊花少許，研成末兒，放在酒內即成。」敝人曾於民國四五年在津埠向某名醫學過醫道，對於藥性稍有一知半解。凡是到藥舖單買鬧楊花、巴豆、紅矾、大戟、蕪花等等藥品，藥舖的商人準是不賣的。因為這些藥毒質甚大，若是用之不當，最能害人，甚至於有性命之憂，所以鬧楊花是買不着的。「『仙人脫衣』，藥舖內買細辛一大枚，用其毛兒，如用桃毛也可，用時彈在脖領內。『活捉家雀』，用酒浸小米兒數次，曬乾了，撒在地上，鳥兒食之醉，不能飛了。『小鬼叫門』，用錢到藥舖買膽南星數枚，研為細末，用醋打成麵餬，抹於門上，夜間當作啪啪之聲。」以上是賣戲法兒的所賣的藥法門四種戲法。

綜觀上言，這四手戲法兒俱是騙人。「一杯醉倒」買不到鬧楊花；「仙人脫衣」用桃毛，何必問他；「活捉家雀」敝人試過不靈，捕鳥兒的人們用籠用網也不甚難；「小鬼叫門」，膽南星藥舖雖賣，也試不靈。閱者要問：你何不找賣戲法自去「倒（dǎo）杵」（往回拿錢）啊？人家直說世上的事兒是沒君子不養藝人，為要四大枚，誰能去當小人？鬥氣也不值喲！

賣戲法的後棚。賣戲法的藝人投師訪友，學習前棚的能耐最易，要學後棚的能耐那可就難了。前棚的能耐，任你學得多好，只能掙個店飯錢，絕不能「火穴大轉（zhuàn）」（江湖的藝人有能耐至某處掙了大錢，調侃兒叫火穴大轉）。有許多賣戲法的藝人，就是會前棚的能耐不會後棚的能耐的。也有天生愚魯學而不成的，也有師傅心獨不肯傳給他們的。要學後棚的能耐，一半得有天賦的聰明，一半得受師傅的真傳授才能成的。前棚的能耐好，掙錢塊數八角；後棚的能耐好，掙錢花不了。

今將賣戲法的後棚掙錢方法貢獻閱者。他們後棚的能耐分為數種：一是「把點水火」（窺測買主的虛實）；二是「翻鋼叠杵」（通過花言巧語使買主翻倍付錢）；三是「挑雨頭字」；四是「使樣色（yàng shǎi）」（實現以

◇ 劍、丹、豆、環，不算戲
法，那算是真功夫。吞寶劍
受幾個月的苦處才能學好。

假亂真的效果）；五是「平點」（施展手段讓被騙的人自認倒霉）。有此五大技能才能成名，才能大轉。

賣戲法的藝人若是把點，必須在作前棚的時候能夠把出點來。譬如賣戲法的在挑完了幅子的時候，見觀眾圍着不走，他們就拿起牛牌（一種或用紙，或用烏木，或用竹子做成的賭具）來，在案子上一個人推小牌九兒，叫觀眾看着回回是他手內起好牌。什麼對大天哪，對大四呀，天槓啊，這種意思是向觀眾「亮托」（江湖藝人在場內施展他的技能，使人瞧着羨慕，調侃兒叫亮托）。在他們亮托的時候，兩隻眼睛得向觀眾瞧着，誰衝牌九出神兒誰是「點兒」（江湖中如若看誰能夠生財誰就是點兒）。認出點兒來了，應該急速地把買賣推了（即是叫觀眾散，調侃兒叫推了）。推了買賣之後，這個點兒還是站在他的案子旁邊不走，原來那是點兒聽他們變牌九的時候說來着：「哪位要是賭錢輸的錢太多了，可以學學我這『叫牌法』，要是學會了叫牌法，管保把你所輸的錢還能贏回來。可是學這叫牌法去贏人不成（內含着抽撤口兒，即來回說呢），輸了錢往回撈成了。」

譬如某甲最近因為賭錢輸了錢了，聽他所說的意思，一定從心內就願意學習他的叫牌法，花錢不多，真的能把輸的幾百元撈回來，焉能不幹？這點兒（某甲）有了這個意思，看着夠他變牌九能夠淨起好牌，天槓、對大天、對大四，一定得看着出神兒，他這一出神兒不要緊，可就叫賣戲法的把出他是點來了。某甲當着觀眾不好問他，很願意看熱鬧的人都走開哪。在這個時候，賣戲法的不變了，觀眾散去了。某甲可就好向賣戲法兒的搭訕着說話了，賣戲法兒的也搭訕着跟他閒聊。兩個人一接近，幾句話的工夫，賣戲法的就把點兒「跨」走了（生意人把點兒帶了走，調侃兒叫跨走了）。

閱者諸君要問，他們把點兒跨到哪裏去了呢？凡是做這種生意的，必須在他擺場子的地方附近賃間房子，預備着後棚有了買賣，把點兒跨了來好入「窰兒」（窰兒就是他們那間房子）。點兒跟着他們到了窰內，賣戲法的必須先問點兒貴姓啊，府上哪裏啊，現在哪裏恭喜呀。點兒以為這些事都是社會交際場中所用的門面語，也不注意，便把自己的姓名籍貫說給他，做什麼事也就隨着說給他了。賣戲法的問這些事兒，是要簧（要出實

話來），好知道這個人的財可生不可生，譬如這點兒告訴他們，說在某偵緝機關有個差事，賣戲法的可就不敢生他的財了。按社會中潛伏的騙子手們沒有不頂「老柴」們瓜的（江湖藝人管偵緝人員調侃兒叫老柴，又叫柴把 [bǎ] 點，管害怕叫頂瓜）。挑厨供的生意也是騙術啊！他們沒事還頂老柴家的瓜哪，哪敢敲老柴的錢哪！設若某甲是個貿易點（商人），或者是個「科郎（kē lang）點」（農人），那可就跑不了啦，用他們那「翻鋼叠杵」的手段了。

什麼叫翻鋼呢？生意人為什麼叫吃張口飯呢？就是憑他那張嘴兒能說會道，俗話說是「好漢出在嘴上，好馬出在腿上」。他們生意行的人都是先跟師傅學會了鋼口，才能做生意哪。譬如某甲跟他們商議好啦，花十元錢學他的叫牌法，把皮靴掖子掏出來，露出一杳兒洋錢票來，五元一張、十元一張的，有個幾十張，他們就後悔了。這是個有錢的點兒，十元賣屈了，還想着再多要錢，立刻就翻鋼兒，能把以前所說十元錢價目作廢了，改為五十元。饒着他多掙了錢，點兒還很願意。生意人管推翻了前言另作商量調侃兒叫「翻鋼」，由十元改為五十元叫「叠杵」。最奇怪是他們翻鋼叠杵的時候，無論如何，不叫點兒醒攢（cuán）兒（管覺悟過來叫醒攢兒）；如果被點兒醒了攢兒，那不是煮熟了鴨子又飛了嗎？

再談談「挑雨頭字」的事兒。什麼叫挑雨頭字呢？賣戲法的第一掙大錢就指着賣這宗東西。在我國清末光緒的時代，社會裏的人士還都迷信呢，到了民國打破了迷信，一些畫符唸咒的事兒才漸無人信。凡是畫符咒的時候，都是有雨字頭兒，像魑（chī）、魅（mèi）、魍（wǎng）、魎（liǎng）等等有雨字頭兒的字兒，哪個都有雨字頭吧。他們賣戲法的管賣符法的調侃兒叫「挑雨頭字」。

如若有點兒要向他們學習什麼打牌、擲骰、抽籤、紙牌種種的玩藝兒，他就告訴點兒這些賭博的玩藝兒都是符法門，要學哪手兒也得七天的工夫。他把符畫得了包在紙內，叫點兒拿了走，去天天磕頭燒香上供，還得在滿天的星斗出全了才成呢！到了七天的限期，把符帶在身上吧，賭錢去是準贏不輸。真是哄不盡的愚人，真有花個十元八元買了他這道符的，還有花五六十元的，甚至於有花幾百元的。你要看着他們畫的那符，還是

很奇怪。用一支毛筆放在茶碗內，碗裏放點涼水，用的時候他一唸咒，拿起筆來蘸涼水往黃毛邊紙上去寫字，寫得了是紅的，如同是硃砂字一般，誰看着也得納悶兒。最近敝人調查成功了，才知道其中的緣故。

原來他那涼水裏有毛病，用的時候悄悄往水裏攙點碱末兒，那碱末兒在水內化開了，用毛筆把涼水和匀了，畫在黃毛邊紙上，憑那碱水的力量，就能把紙變成紅顏色。這也是一種化學的方法，不知道的便以為奇罷了。這種符咒叫「水符子」。

另外還有一種「火符子」，是用硫磺、焰硝和幾味金石性的藥品製成的。點兒是「空（kòng）子」（江湖藝人管受他們冤的人調侃叫「空子」），絕不醒悟。他們使的是「跟頭包兒」。原來他們有一種方法，無論用紙包裹什麼東西，叫別人當面瞧着是包在裏頭啦，打開再看是個空包兒。那東西在包的時候就弄在外頭掩藏起來，這種「跟頭包兒」他們是時常使用的，這種欺騙愚人的法子調侃兒叫做「灶點」，又叫「安瓜灶點」。

挑厨供的這行人，最有能耐的得饋（耍）十幾道杵（即是冤人花十幾回錢）不叫點兒覺悟。如若點兒覺悟了，他能帶上一張符叫點兒同他去賭。到了賭錢場兒，不論耍牌九啊，或打麻將呀、鬥紙牌呀，能當場贏錢，飽載而歸。凡是挑厨供的，都得是「老月」才能成哪！什麼是「老月」呢？江湖人管吃腥賭（假裝賭錢）的人調侃兒叫耍「老月」的。在江湖侃內，管十個錢數調侃兒一叫「柳」（liū），二叫「月」，三叫「汪」，四叫「載」（zhāi），五叫「中」，六叫「申」，七叫「行」（xíng），八叫「掌」，九叫「愛」，十叫「句」（jū）。

為什麼管腥賭的人叫「老月」呢？蓋因耍腥的都是兩個人使對子，在賭錢場兒叫暗令兒，江湖管倆人調侃兒叫「月點」，故稱他們為「月」。社會裏半開眼的人又管吃腥賭的人叫「耍倆點兒」的，也是取其二人之意。賣戲法的在賭錢場兒贏了錢回來，他向點兒說：「你看見沒有？我這法子最靈無比！」贏的錢可就暗含着歸了他啦！

生意人有多麼可怕呀！張嘴兒，動身兒都有他們的利益。他們把點兒挖到「絕後杵」（管點兒花最末一次錢調侃兒叫絕後杵）為止，遇到了忠厚人，用同吃同嫖的手段交朋友。交了朋友，叫點兒心裏雖是覺悟了，衝

着交朋友的情面，不好意思和他們翻臉，只好自認倒霉。管施用這種手腕調侃兒叫做「平點兒」。如若是平不了啦，點兒逼着他們倒杵，或是要打官司的時候，他們還有最後一個法子，如同說評書的先生們說拿白菊花一樣，三十六策，走為上策，給你個急溜扯活（chě huo）（快跑）。再不明白，我再補充一句，就是逃之夭夭了。奉勸社會上好賭的人們，千萬別上他的當，花錢惹氣，耽誤正事，有多麼不值！

這些年因賣戲法的冤人太多，到處撞騙，也有和他們打了官司的，弄得各省市、各商埠地面上官人知道了他們種種敗劣的行為，對他們這行人，不是「卯嘍」，便是「淤（yū）嘍」（江湖人管軍警機關取締他們調侃兒叫卯嘍，把他們轟了調侃兒叫淤嘍）。這些挑厨供生意的人，在這幾年雖然遍地都是，因為各處不是卯嘍便是淤嘍，已然要不能存在了。敝人推測，這行生意還不能說已百年（壽終正寢）了。

挑厨供的賣點兒

有山東人于星五，年二十多歲，隨其胞兄在大連做皮貨行買賣。每逢他胞兄不在櫃上之日，必往遊西崗子。那西崗子露天市場較比北平的天橋、天津的三不管不在以下，每日鑼鼓喧天，各種的雜技，各樣的生意，都在那裏支棚設帳，拉場子做生意，應有盡有，無不齊全，就是天天去逛，也不會膩。星五把西崗子逛慣了，有一天他又到了西崗子，見靠油房的牆根有一圈人，擠進去一看，見裏邊有一張桌旁，上鋪洋線毯，毯上有黑漆盒，綠豆茶杯，白綢子手絹，古銅制錢，幾張烏木的牛牌，一副撲克牌，一根短小黑漆棍，那案子前邊有幾尺白布，上邊畫着各種戲法圖兒。案後邊站立一人，長得細條身材，白臉腔，五官清秀，三十歲裏外的年紀，腦袋上留着美式分頭，黑漆似的頭髮又光又亮，穿着一身西服，嘴裏鑲着金牙，很漂亮，說話是北京口音，聽他所說的是賣戲法兒。于星五站在人羣裏看這變戲法的變了幾手，真是乾淨利落，人人叫好，及至賣的時候，一毛錢一張，賣個三四十張。就以他賣這小戲法兒說，哪天也有個十

元八元的掙項。若再有人學大戲法哪，掙個幾十塊錢也能成啊！

　　于星五看着賣戲法的能夠多掙錢，實在眼饞，有心也幹這行兒，只怕不易，人家不願意傳給外人。他心裏存着這個意思，每逢有閒工夫就跑到西崗子看賣戲法的。他與看熱鬧的不同，人家是看完了一散，他是來在人前頭，走在人後頭，看着出神兒，臉上總有笑容。日久啦，那賣戲法的似有覺悟，見他天天來看熱鬧，永遠不花錢，既在江邊站，就有望景的心。不學小戲法，不學大戲法，天天來看，定是別有心意，也許要上跳板（學變戲法）吃這行兒。于星五的心意被他看破，兩個人「滿懷心腹事，盡在不言中」。偶然有了閒工夫，彼此點頭說幾句家鄉話，漸漸地熟合了，各道姓氏、家鄉、住處，于星五才知道這賣戲法的姓汪，叫汪福林，可是汪福林也知道他是于星五，在皮貨行做買賣。

　　兩個人認識了，有商量的可能，于星五預備了二三十元作為交際，特意的在日落之時往西崗子找賣戲法的汪福林，約他到街裏吃飯，汪也沒駁回，就同他前往。兩個人到了一家飯館，找了個雅座，要了些酒菜，隨喝隨聊，于星五把他的心意說明了。汪福林說：「我們這行都不收徒弟，即或收徒弟，也得選擇相當的才能收哪！徒弟得給師傅掙五六年的錢才能成哪。你這個歲數，要按着規矩再學幾年徒能成嗎？」于星五說：「我可不能學幾年徒，因為我家中有父母，我已然娶了媳婦。這些年跟着我哥哥在外邊做買賣，我哥哥總看不起我，說我不能自立，事事都得依靠他。我要不吃皮貨行，自己另謀求別的事。我就看着你們這行好，無拘無束，隨隨便便掙幾個錢養家，比什麼都好。我要學你們這行，叫我哥哥看看，我離開他幾個月就能掙錢。這是我的心意，你怎麼也得成全我才好哪。」汪福林說：「我不久還要往別的碼頭做生意哪，這怎麼辦哪？」于星五說：「你要走好辦，我跟着你走，先不叫我哥哥知道，等我能掙錢了再來見他。」汪福林說：「你要跟我學這行，你怎麼謝候我呢？」于星五說：「我不明白這行規矩，你告訴我呀。」汪福林說：「你至少也得給我二百塊錢，我才能教給你，管保三個月後你能掙錢。」于星五說：「二百元錢我也能辦到，只是現在不成，你定規好了咱們哪天走，臨走的那天我能辦到。」汪福林說：「就這麼辦吧！我要走的頭幾天就先給你個信兒。」兩個

人把事商量好嘍，用完了酒飯，由于星五會了賬，他二人各自回歸。兩三天必見一回面。

有一次汪福林告訴他：「我後天走，你辦得到嗎？」于星五說：「能成。這幾天我哥哥正沒在櫃上，後天早晨我就來找你。」說罷，歡天喜地地去了。

到了第三天早晨，汪福林就見于星五拿着個皮包，一塊絨毯而來，他說：「我們什麼時候走？」汪福林說：「這就走。你的事怎樣？」于星五把皮包打開，叫他看了看裏邊的財物。汪福林喜形於色，立刻收拾行李，僱了兩輛車奔向碼頭，上了火輪船等候開船。及至船開了，于星五才問他：「我們往哪裏去？」汪福林說：「我們往安東去。」於是他們在船上談談論論，也不寂寞。及至輪船到了安東，僱車拉到三不管去住店（安東縣名又沙河子，那裏最熱鬧的市場是露天的三不管，與天津的三不管名稱相同）。

于星五雖是皮貨行的商人，他還是買賣人的規矩，吃喝花受了商家的習慣，不肯浪費，不敢妄用銀錢。而汪福林是個久慣走江湖的，他的習慣是愛花錢，這就應了那句話了：來得容易，花得也容易；來得不明，去得也模糊。他們在店中包的是單間，每日房錢就是八毛，伙計的零錢還不算。兩個人出去吃頓晚飯就花一元八角，抽煙捲都是三炮台的。于星五眼見的，口吃的，耳聞的，事事都覺着闊綽，感覺比那皮貨行人大方了。他想着自己要學會了賣戲法，往後可以到處擺闊，到哪裏也得受人歡迎，高興得得意忘形，嘴裏也是哼哼唧唧地唱小曲兒。

第二天汪福林往市場上做生意，就帶着于星五，連着做了三天，哪天也掙十幾元錢。第四天汪福林就教他四手戲法：一手是「三仙歸洞」，一手是「空盒變洋火」，一手是「巧變煙捲」，一手是「仙人解帕」。于星五真聰明，一夜學會，汪福林教給他一套生意口，怎麼圓黏兒（招徠觀眾），怎麼往外賣，都教會了。他在店裏不出去，叫于星五去做生意。于星五到市場做了一天生意，掙了三塊多錢，回到店裏都交給師哥，汪福林不住嘴地誇獎他。他第二天又去做生意，在市場掙了兩塊多錢，拿着回店。及至到了店中，見他們住的那間房鎖上了，叫伙計給他開開門，伙計說：「你

們不是不住了嗎？」于星五說：「誰告訴你我們不住了？」伙計說：「那個姓汪的僱洋車把東西都拉走了，店錢也給了，他說不住了。」

于星五這下可就愣了，猴吃芥末——淨剩瞪眼啦！越想越急，又不知道汪福林挪到哪裏，天又晚啦，他急得直要掉眼淚，二百多塊大洋都在皮包裏哪。他萬般無奈，去找個賤着點的客棧住一夜吧，晚飯也沒吃，一宿也沒合眼，翻來覆去睡不着。天亮了忍着一會兒，醒了之後，還往附近各棧店打聽有汪福林沒有。問了些家，都沒有。他又往市場上去找，也沒找着。

最後他覺悟了，才知道是被人所騙，又冷笑，又咒罵，如同瘋了一樣。幸而身上還有幾元錢，不至於捱餓。他思前想後，什麼主意全都沒了，直埋怨自己，跟着自己哥哥有多好，背着他偷了二百六十元，都叫自己花了，本領沒學成，被人騙了。沒臉回大連，就想在安東以賣戲法為生。及至再擺攤，不用說賣，連黏子（觀眾）也圓不上了。他直落到乞討，住小店。幾個月的工夫，到了天氣寒冷支持不住了，才往大連給他哥哥寫信，幸而他胞兄有手足情義，給他寄了路費，才回到大連。他向哥哥哭訴被騙情形，自願悔過。從此櫃上的財政永遠不經他手，是人都看不起他，低頭忍受了好幾年。

有一年他到奉天去送貨，在小西關看見了汪福林，兩個人鳴警成訟。我老雲正逛小西關，聽于星五在巡警那裏訴其被騙的事兒，一件件，一椿椿我都記住了。可是，他們成了官司以後如何我沒有打聽，大約着汪福林得受刑事處分。

我曾向江湖人探討被騙的事兒。據江湖人說：「那是『挑（tiǎo）厨供（gòng）』（賣戲法的）的把于星五當『點兒』賣了。」（把于星五當外行人蒙了）我問：「于星五怎麼會上那當？」某江湖人說：「真聰明人不貪便宜，也不上當；假聰明人，鬼機靈，他覺着他對於世上的事都很明白，看着哪樣事好，哪樣生意掙錢，他要幹哪樣。江湖人調（diào）侃兒管他那種人叫『機靈空（kòng）子』。世上的人，越是機靈空子越能上當，不上當便罷，上了當就不輕。」我老雲學會了這句侃兒，增強了警惕性，所以我遇見事就要謹慎小心，怕是上了當之後，還被人叫一句「機靈空子」！

江湖彩門之腥棚

江湖人的侃兒，不拘對什麼事，凡是真的，調（diào）侃兒叫「尖的」；凡是假的，調侃兒就叫「腥的」。

在各省縣市、各商埠碼頭，前幾年興過一種玩藝兒，有「人頭講話」、「六條腿的牛」、「三條腿的大姑娘」、「人頭蜘蛛」。江湖人管以上這些玩藝兒調侃兒都叫「腥棚」，足見他們的玩藝兒全是假的。在前些年這幾樣玩藝兒還盛行一時，這種玩藝兒也都賺錢。原是這樣，向來社會風俗專好談奇說怪。閱者如不信，你買包茶葉到茶館沏壺茶喝，管保你喝不完茶就能聽見些個奇奇怪怪的事兒，何況三條腿的大姑娘、六條腿的牛，花兩個銅子就能看一看，誰不想飽飽眼福呀？我看過多少腥棚的玩藝兒，也看不出他們的毛病。

有一年我雲遊到沙河子，那個地方名又叫安東縣，是我國木行的大聚處，每年到了夏天，各省木行的人都攜帶資本到那裏買貨。安東縣最熱鬧的地方是三不管，那個三不管的地方較比天津三不管有過之無不及。

在那三不管兒就有個腥棚，也有三條腿的大姑娘，我看了幾次。事有湊巧，有一天他們那腥棚的坎子（收門票的人）們，因為向人要迎門杵（即是門票錢）和人打起架來，經我給他們說合了，那個腥棚的老闆和我交了朋友。我向他說：「你叫我把合把合門子（即是看看你們的毛病在哪兒）成不成？」他和我很要好的，不好意思說不成，他說：「等到推了棚的時候叫你把合把合（看看）得啦！」我聽了非常高興，連地方也不動，淨等天黑了瞧個明白。到了天晚啦，遊人俱都散去，他叫我進去看看。到了裏面一看，那三條腿的姑娘剛站起來，她站起來也是兩條腿，那地上還掉着一條腿，我看那條腿直動彈，真是叫人納悶。忽見地上的板兒一起，從地下的坑內躥出來一個人。我看到此時方才明白，這個三條腿的大姑娘是兩個人湊的。在她坐着的底下挖了個坑，內裏藏着一個人，藏起一條腿，由坑內伸出一條腿，湊成了三條腿。

我將他們的「腥門子」看破了，才知道江湖的腥棚是一腥到底（江湖玩藝兒有許多是真的，調侃兒叫半腥半尖。惟有淨假的沒有一點真的，

◇ 江湖人的侃兒，不拘對什
麼事，凡是真的，調侃兒叫
「尖的」；凡是假的，調侃兒
就叫「腥的」。玩藝兒全是假
的，叫「腥棚」。

調侃兒叫一腥到底）的玩藝兒，江湖人管那種玩藝兒叫做「腥棚」是名副其實了。

江湖藝人孫寶善

余在民國十年前後賦閒無事，羈於旅舍，每日午後必往天橋巡禮。在魁華舞台後邊，有個玩藝兒場，周圍四通長凳，當中設一高案，鋪以洋氈，皮包一個，粗布毛巾一塊，約有尺來見方，氈角放茶碗一個，當中放着五個紅豆。案後立着個矮胖矮胖的人，長得四方大臉的，兩隻手先敲茶碗，後變五個紅豆，招惹那逛天橋的人們圍得不透風，擠着觀瞧。我記得他身後掛個布匾，兩旁八個小字：「專教戲法，當面學會。」當中有三個小字「幻術家」，三個大字「孫寶善」。他是在天橋賣戲法的，每天遊人盛多之時，就在做那「挑（tiǎo）廚供（gòng）」（賣戲法的）的生意，凡是老逛天橋的人都見過這個孫寶善。

直到民國十八年，這孫寶善才「開穴」（江湖人管出外調 [diào] 侃兒叫開穴）。據彩立子（lì zi）行（變戲法的）的人說：「要講究使苗子（江湖人管變仙人摘豆的豆兒調侃兒叫苗子），就數孫寶善第一。」他變的豆兒個頭最大，可豆兒越大越難變，兩隻手十個手指，要藏那五個豆兒，越小是越容易藏的。孫的豆兒只是他一個人能用，到別人的手內就變不了啦！他有個徒弟叫祁棟亮，身材小骨體瘦，如若變仙人摘豆的時候，不使孫寶善的苗子，另使自己的五個小豆兒。我因煩悶無聊，學他幾手戲法，無事消遣，日期多了，與孫寶善交為朋友，和他三五日一見。二年有餘，耳濡目染，得知廚供行內幕與孫寶善的小史。

孫寶善是北平人，自幼唸書的時候就頑皮無比，常常逃學。他的「老戧（qiāng）兒」（江湖人管父親調侃兒叫老戧兒）土（死）得最早，只有他的「磨（mó）頭」（江湖人管母親調侃兒叫磨頭）在堂。他是念排琴（江湖人管昆仲一人，無兄弟姐妹調侃兒叫念排琴），成天價去逛東安市場。

在清末民初，東安市場有個賣戲法的老人，姓楊，江湖人都叫他「廚

供楊」，那是北平賣戲法兒開荒的人（江湖人管首創之人調侃兒叫開荒人）。孫寶善在廚供楊的攤子前邊，天天去起膩，後來他就給廚供楊叩了瓢兒（認師傅調侃兒叫叩瓢兒），學習賣戲法。他初學之時不會做後棚的買賣（即是不會在屋內教人學戲法，掙大錢），也不會做前棚的買賣（管變仙人摘豆圓黏子、賣戲法叫前棚的買賣）。他光賣那仙人點戲。在早年，廚供行的人收了徒弟，都是先教徒弟們做仙人點戲的買賣。仙人點戲就是用兩個小紙本，印上些戲名，一齣齣印上，每本三十頁，每頁印三十齣戲名，每本共有幾百齣戲。如若有人在前本暗中記了一齣戲，再翻第二本兒，問他哪頁有他記住的戲，就能猜出記的是哪齣戲。

在民初的時代，賣仙人點戲的，各市場全有，每天能賺兩三毛錢的利益，雖是沒有本錢的生意，也頗能養贍自身。到如今可就見不着這種生意了。到了民國十年前後，孫寶善就成了廚供行的大將（江湖人管最有能力的人調侃兒叫大將）。

敝人曾聽江湖人傳說，孫寶善雖是個大將，他是個沒「開賺」（沒賺過萬兒八千的調侃兒叫沒開賺）的生意人，後棚的買賣最軟（即不善於敲詐人財的意思），只會做前棚（場上）的買賣。若是講究擺場子（在明地做生意）、圓黏子（招徠觀眾）、做包口（說完一段故事，再售其貨，調侃叫包口）、使拴馬樁（用話扣住了觀眾，不讓走了，調侃叫拴馬樁）、挑（tiāo）幅子（撒傳單），他哪天也能掙個兩三元錢。他每天出來掙錢，就指着賣幾手小戲法，向來不會將學戲法的人帶到屋中去敲詐。我和他交了幾年朋友，沒見過他出過「鼓」兒（江湖人管騙了人家的錢，被騙的人覺悟了，找他們打官司動兒，調侃兒叫出了鼓兒）。挑廚供雖是個腥（假）到底的生意，他騙的人們只是不痛不癢。

不料，到了民國十六七年之後，國都南遷，北平的市面蕭條，逛天橋的漸漸稀少。因為時勢變遷，孫寶善指着賣戲法只能賣三四毛錢，一家數口，受了經濟的恐慌，擠得他無法，也和同行人學會了「安瓜瓦點」（即是敲詐祕訣），大瓦特瓦（即大敲特敲），哪天也能敲到手內百八十元，收入日漸增加，衣食豐足了。那被騙的人也隨着增加，受騙之後醒了攢（cuán）兒（明白過來了），都找他往回要錢，不是吵鬧，就是打官司，他

的鼓兒（吵子）天天不斷。孫寶善頂了瓜（即是害了怕），他攜着果食、怎科子（果食是他媳婦，怎科子是孩子）跑到天津去了。到了天津，在三不管撂地，又挖（wǎ）個點兒（敲詐個人），弄到手中千數多大洋，怕點兒倒（dǎo）杵（怕被敲的人往回要錢），又攜家眷跑到奉天，在小西關做了幾天買賣，染了時疫就土了點。

孫寶善死後，他的媳婦帶孩子回到北平，孤門孤戶，又無恆產，為經濟所困。未幾，孫寶善的媳婦也土了點啦，拋下個七八歲小孩，孤苦無依，有多可憐！天橋的人們還有義氣，有好幾家收養其子。不料，那孫寶善的孩子竟不學好，到了誰家就禍害誰家的東西。害得孫寶善之友人無計可施，只好不要他。在年前我還瞧見他一次，至今這個孩子到哪裏去了，恐怕飄零無所，流落他方了。

我當初還想着要學些騙術圖個眼前快樂，自從瞧見孫寶善家敗人亡了，嚇得我雲遊客也不敢妄為了。老合們（走闖江湖的同行們）！我說的這段故事，不可不想自己，殷鑒不遠，急速醒悟吧！

江湖藝人去平留津的大金牙

最近我老雲走在各處，時常聽見各商號由廣播電台播出來玩藝兒有：「金龍寶殿修在了中間哪……唉……」不用我老雲說，閱者諸君就能知道這是大金牙拉洋片唱的曲兒，生意人最難得的就是能夠「響萬兒」（成了名了）。

如今要提起大金牙三個字來，幾乎無人不知了。他們一家數口都叫金牙，有老金牙、大金牙、小金牙。老金牙姓焦叫焦永順，是河間府任丘縣的人。他自幼兒就投入江湖中學習「柳海（hāi）轟兒」（管唱大鼓書的行當調［diào］侃兒叫柳海轟兒的）。他唱了些年大鼓書，各商埠碼頭也都到過，跑腿的（江湖人自稱叫跑腿的）人們都知道有他這個腿兒（即是知道唱大鼓的有他這一號）。他唱的是西河調兒，因為他沒有什麼「萬子活」（管說長篇書目叫萬子活），始終也沒「火穴大轉」（管不會唱整本大套的

書調侃兒叫沒有什麼萬子活，管沒大紅大紫過調侃兒叫沒火穴大轉），僅落個衣食不愁而已。

夫妻二人就生了一子，名叫焦金池。從小兒這焦金池就跟着他父親在外邊跑腿，他先和人家弄「腥棚」（假的），至今大金牙的家中還掛着個放大相片，相片上是大金牙拉着六條腿的牛。閱者要問我怎麼知道的？有一回我老雲到他家裏看見的。

焦永順有個親戚姓潘，住家在天津海下塘沽，都叫他潘小禿，專以畫洋片為生，現今各洋片的畫片都是潘小禿畫的。他畫洋片是小張的五元，大張的十元，特大的三十元，先交足了錢後畫。近期的半年取貨，遠期的一年後取貨。他的生意是攤擠得很，凡是拉洋片的，都將他當做聖人恭敬。幾十年來已然發了財了。焦永順要畫洋片，能夠少花錢當月取貨。有了這種便利的事兒，焦永順的兒子就學了「光子」（江湖人管洋片調侃兒叫光子）啦。

焦金池學會了拉洋片，他鑲了兩個金牙，人人不叫他焦金池，都叫他大金牙。他拉洋片能夠響了萬兒（有了名兒），是有幾樣特長：第一是他人式長得「壓點」（江湖藝人如若長得有台風，有個氣派，調侃兒都說他人式壓點）；第二是他的「碟子正」（江湖人管口齒伶俐，口白清楚，調侃兒叫碟子正）；第三是他的「夯（hāng）頭子好」（江湖人管好嗓子調侃兒叫夯頭好）；第四是他的「發托賣像（江湖人管做藝的人們到了表演的時候，臉上能夠形容喜怒哀樂叫發托賣像）好」；第五是他的「活頭兒寬」（江湖人管會的曲兒多調侃兒叫活頭兒寬）；第六是他能夠「攥弄（zuàn nong）活兒」（江湖人管會編各種小曲調侃兒叫會攥弄活兒）。

大金牙有這六樣特殊的技能，成了大名。電影的明星陸克、賈波林（即卓別林）在銀幕上能在他們面上形容那滑稽態度，受人歡迎；大金牙的洋片曲兒，每逢唱的時候使出那「稀溜鋼兒」（江湖人管逗笑的話兒調侃兒叫稀溜鋼兒），聽曲的人們都能咧瓢（liě piáo）兒（即是笑了），大金牙唱的曲兒也是滑稽的玩藝兒，社會的人士無不歡迎。

我老雲常說，藝人若要成名，受人歡迎，必須多學滑稽的藝術。我老雲在江湖裏調查得來，江湖的行當最苦就是拉洋片的。要做份洋片至少

◇ 焦金池學會了拉洋片，他
鑲了兩個金牙，人人不叫他
焦金池，都叫他大金牙。

也得四五十元，畫片子得到塘沽潘小禿去買，做洋片箱子得到山東德平縣買。除了這兩處的畫匠、木匠，別處洋片活兒是不行的。即或有畫的、有做的，弄出來的畫片、洋片箱子也不能美觀。他們做生意敲打鑼鼓，連拉帶唱，累了一天才掙個幾角錢。臨完了，膀子上還得擔個幾十斤沉的洋片箱子回家。

江湖人常說：「象法（江湖人如有真本領，天天能掙大錢，處處受人歡迎，調侃兒稱為象法）一包兒，空（kòng）子（不懂江湖內幕的人）一挑（tiāo）兒。」那相面的先生們，只要包內有管毛筆、銅墨盒、碎紙條，到處掙錢，掙的錢多，那份傢具輕巧，江湖瞧着他們行，人人羨慕，稱為象法一包。那拉洋片的行當，本錢又大，受累又多，掙錢又難，擔着全份洋片傢具，分量又沉重，江湖瞧着他們這種笨生意，譏誚他們是空子一挑兒（江湖管事事外行的人叫空子，像拉洋片的就算空子，誰要有本領也不幹這種笨營生）。

據我老雲在咱們中國雲遊了這些年，拉洋片的見多了，從來沒有發達過人。像大金牙這人可謂空前絕後了。他的洋片傢具與眾不同，別人的箱子是四個鏡頭，讓座的時候只能坐四個人；他的箱子是八個鏡頭，能坐八個人，掙錢能比別人多加一倍。要是收拾回去，一個人弄不動，也得兩個人抬着家伙，使這家伙非兩個人照顧不了，他那份傢具非用八九十元做不出來。每天的掙項，由早到晚才能掙一元多錢至兩元錢。

大金牙的進化力量很大，在天橋兒拉個場子，他能不叫人瞧洋片，只憑敲鑼打鼓唱洋片曲兒，掙個一兩元錢。拉洋片的不用洋片，就是他能行，別人恐怕學不到的。齊化門（今天的朝陽門）菱角坑有野茶館時，徐狗子將他幾份洋片架弄到台上，也摻在雜耍（多種形式的曲藝演出）裏，算場玩藝兒。一些貴族式的家庭，有喜慶宴會也常常邀他。大金牙的洋片也登了大雅之堂，婦女們聽時，他能唱些雅趣的曲兒，話匣子片兒也灌了許多，銷路很是不錯。廣播電台常常邀他，播出來的曲兒人人都能聽見，他的玩藝兒真是普遍了。

大金牙生有二女一子。大姑娘叫焦秀蘭，二姑娘叫焦秀雲，三的小子乳名叫小丑兒。他的月丁碼姜斗（jiàng dǒu），真是撮哏（zuō kèn）

（江湖人管兩個大姑娘調侃兒叫月丁碼姜斗，管長得美貌調侃兒叫真是撮啃），焦家姐妹受他們餞（qiāng）的餞兒夾磨了，能柳海轟兒，在平津兩地火穴大轉（焦家姐妹的祖父調侃兒叫餞的餞兒；傳授她們會唱大鼓，調侃兒叫夾磨了能柳海轟兒；她們掙了大錢，都叫座兒，調侃兒叫火穴大轉）了。

在前年他們全家班每日在天橋獻藝，高朋滿座，始終不掉座兒。那小丑七八歲就能上場，打個鼓套，抓個碎包袱（逗笑的小玩藝兒調侃兒叫碎包袱），墊一場活，也能掙一兩元錢。他的發托賣像，頗有乃父之風，叫他小金牙，是名副其實了。大金牙的收入豐富，便染了不良嗜好，北平這個地方實行戒毒的時候，因為大金牙頂了瓜（即是害了怕），全家赴津，杯弓蛇影，以訛傳訛，都轟動了，要噴（江湖人管洋槍調侃兒叫噴子，要槍斃了調侃兒叫要噴了）大金牙。人人傳說不一，鬧得滿城風雨，結果算是沒有那回事。直到焦秀蘭喜期之前，大金牙全家歸平，謠言始息。

老金牙焦永順是個舊禮教的人。焦秀蘭嫁的丈夫並非藝人，且係髮妻，是他極力主持的，絕不使其孫女生財，為人作妾。他的主張是值得我老雲佩服的。焦秀蘭出嫁後仍在焦家做藝，所掙的金錢也按股均分。他小夫妻生活起居也頗安逸，快樂無憂。現今大金牙全家因受津埠人士歡迎，在那裏獻藝，已久未回平了。

天橋兒尚有大金牙的徒弟，也叫小金牙，係已故說評書的張福全（張福全係說《施公案》的鞏福慶師弟）之子，受大金牙的傳授，拉場子擺明地，仿照其師的藝術，頗能掙錢。因為他師徒在江湖中是光子裏開荒（江湖人管首創叫開荒）的人物，我老雲在《江湖叢談》的藝人傳內寫出來，貢獻於閱者。

江湖藝人快手盧

北平這個地方，變戲法的藝人可真不少，在各市場、廟會拉個場兒做「明黏子」（聚好了觀眾）的，有幾十個，要找一個堪稱上選的人才很是不

易。據我調查，「立子（lì zi，變戲法的）行」擺明地的有兩種檔子：一種又練玩藝兒又變戲法的。變戲法是引人「圓黏子」（招徠觀眾）；練玩藝兒要錢，那不是純粹戲法，說行話是「籤子（變戲法帶贊武功叫籤子）活」，不過是彩門（變戲法的）的一種玩藝兒，不能以戲法掙錢。有一種在場內立着一對圓籠，上邊寫着「×××堂，專應堂會，巧變戲法」，對面放着個小長笸籮，一個毯子，一把破鐵壺，幾個舊式的茶杯，鑼鼓三件。變仙人摘豆、巧耍連環，招引人圓黏子；變大海碗、羅圈當當等等玩藝兒要錢，不練各種功夫。這樣是純粹的戲法。只是沒有一個能用小戲法攔場的。

在民國十三年，營口窪坑甸市場有個遼陽人叫王老疙瘩（gē da），他就專變小戲法，他那唁（kèn）包（裝着掙錢的用具的包）就是一個小笸籮，十幾個小茶杯，一個小銅鑼，十幾件子東西就能變戲法掙錢。他也沒有圓籠，小包兒背着輕鬆，走也方便。到了哪兒，場子站的人多，掙錢更多。是江湖人都佩服他，說：「象家（有真本領，能掙大錢的人）一包兒，空（kòng）子（不懂江湖內幕的人）一挑（tiāo）兒。」天津當年曾有個戲法羅，也是那樣。

北平變舊戲法的有個快手盧，是河北涿州的人。自幼兒就學會了立子行，大小戲法學了無數。他的人樣也好，口齒伶俐，嗓音洪亮。在他年輕的時候專做明地（不是屋子的演出場所），往各市場、各廟會，摺場子變戲法兒。他也會點前棚，圓黏子，賣弄「鋼口」（說話的技巧和分量），使個活票點兒（即今天僱的托兒），他瞧着人夠掙錢了，「扣個腥兒」就把人吸住。什麼叫扣腥兒呢？就是他們變戲法的在場內用個緯帽插上個雞毛，說能變隻鷹；用毯子蓋上個兔子尾巴，說能變個活兔，把看熱鬧的人吸住了。就是不變這兩樣，變個海碗來條金魚就要錢，直到把錢要完了，也不變那黃鷹和活兔兒。他不過使那個方法把人吸住，行話叫扣腥兒，調（diào）侃兒叫使拴馬樁兒（用話留你，讓你走不了）。

快手盧的戲法變什麼也比別人手快，變得格外利落，久看他變戲法的人就叫他「快手盧」。他得了這個名兒才享了大名。他又趕上清末的時候外國人士到了北平，那外國人要看中國的戲法，快手盧的家檔子又掙了大

錢。唱大戲得有箱，變戲法得有檔（dàng，道具）。他練的往身上掛活（變戲法的人往身上藏東西，行話叫掛活），比誰掛的都多。別看身上藏了那麼些東西，往台上一走，放開腳步，行動自由，不露痕跡，「落（lào）活」（他們變戲法的人管由身上往下變東西行話叫落活）也乾淨。他所落的活：十三太保、九蓮燈、九龍鬧海、八仙過海。落完了一件戲法，還能多饒上一兩件，使人驚奇，其藝術過人之處實是不少。他常做外國的家檔子（堂會），還練了一嘴的外國話。清室各王公府內也常看他的戲法。光緒年間，提起快手盧幾乎無人不知。

有個美國魔術跳舞團的經理人名叫瑪齊師的來到北平，見快手盧的戲法變得好，與他訂立合同，邀快手盧搭入該班，往南洋羣島、菲律賓、小呂宋（菲律賓的一個最精華的島嶼，明朝初稱為小呂宋）、香港、台灣等處獻藝，頗受歡迎，均獲重利。只是他戀家鄉，不願久走外國，他等到合同的期限滿了，就回到了中國。他回來的時候，還費了很大的周折。庚子年變亂之後，東交民巷的各國人每逢有喜慶宴會招待賓客時，都邀快手盧的戲法。他每逢變的時候，鋪墊話兒不說中國話，能說外國話，還能用外國語當場抓哏（gén, 現場抓笑料）、抖個包袱，把「色（shǎi）唐碼子」逗得咧了瓢兒，怎麼不掙「色唐杵」（江湖人管外國人調侃兒叫色唐碼子，把人逗樂調侃兒叫咧了瓢兒，管掙洋人錢調侃兒叫色唐杵）呀！有些外國人在南洋羣島看過他的戲法，到了北平，點出名來叫人給找快手盧，看看他的玩藝兒。他出了一趟外洋，不只能掙回錢來，學了些色唐鋼兒（江湖人管說外國話調侃兒叫色唐鋼兒），還在色唐的「穴眼」裏立了「萬兒」（江湖人管中國人到了外國的地方享了大名，調侃兒叫到色唐穴眼裏立了萬兒）。

在清末民初的時候，彩立子（lì zi）行的人見中國戲法不吃香了，有好些個人會投機，挑（tiǎo）起幌子來，弄份音樂，旗上寫着「外洋新到洋戲法」。穿上洋服，在台上變起活來，就能掙錢。其實那些個戲法並不出奇，只是社會裏的人好奇心盛，不論什麼，只要挑出色唐的幌子就能蒙住人了！哪怕是色唐碼子放的屁呢，也能有人說真香。中國戲法實在比外國戲法好，據說他們變的羅圈當當、仙人摘豆，能叫人圍着看四面兒，絕不能看漏了。那洋戲法，只能看一面，左右後三面不准外人看，如若上台

前邊看，他們變的戲法甚是新奇；若是站在後邊一看，可就稀鬆平常了。洋戲法無論多好，只能興旺一時，不能久存。那仙人摘豆、羅圈當當，雖是舊戲法，變了多少年也能有人看。那外國戲法只要變的日子多了，就沒人看啦。閱者如不相信，像當初他們變的「人頭講話」，在如今就沒人看了。而舊戲法是百觀不厭哪！

　　當初洋戲法盛行的時候，變舊戲法的人也受了些影響，惟有快手盧，不惟不受影響，並且還掙外國人的錢。有些人只見他掙外國人的錢，比掙中國人肥得多，生了羨慕之心，這個也拱，那個也擠。只是那外國人不看他們的玩藝兒，專看快手盧，拱也不成，擠也不成，快手盧「火穴大轉（zhuàn）」（掙了大錢了），很掙了不少錢。只是他染了不良嗜好，好抽大煙，好養活鳥兒，把平生的錢財俱都耗盡。到了他的晚年，有家檔子就去做生意；如若沒有事，他就到福海居去聽評書，最後他成天不在家，只在王八茶館喝茶，困了就衝（chòng，打盹），衝得腰彎了，弄得身體受傷，到了變戲法的時候，常常「拋了活兒」（江湖人管變戲法變漏了調侃兒叫拋了活兒）。因為他的人緣好，看主都能原諒，雖然常拋活兒，也沒什麼關係。

　　他到了晚年，每逢有家檔子就帶着他兒子盧萬祥走堂會，所去的地方是北京飯店、六國飯店、各國醫院、各使館兵營。他們父子淨做堂會，把地上擱場子上的事就失了傳啦。直到如今，快手盧已經死了，他的兒子快少盧只能做堂會上台表演，那摞場子、圓黏子（招徠觀眾）、使拴馬樁兒（用話留你，讓你走不了）、扣腥兒、使杵門子（到要錢的時候叫杵門子）等等江湖事，全都不會，只能做堂會。到了如今，國府南遷之後，北平這個地方市面蕭條，社會裏的人們都不大辦事，堂會的事日見稀少，他又不會上地（做生意）抓錢，幸而北京飯店、六國飯店執事諸公念與快手盧多年之好，極力維持。所有外國人要看戲法的時候，都找快少盧，不找別人。據盧萬祥說，他現在一家數口就仗着他父親舊日的朋友維持，衣食無愁。快手盧有朋友如此，也能使朋友看父敬子了。

天橋的戲法場

　　天橋的戲法場久長的只有金家玩藝兒，他們場子在公平市場北半部振仙茶園後身。不止天橋，各市場、廟會變戲法的十有八九都是他金家的徒弟。他們是哥兒兩個：大爺有麻子，都叫他金麻子；二爺叫金萬順，現在東安市場撂地（在明場上演出）。

　　金麻子久佔天橋，他是「彩立子（lì zi）」（變戲法），也不翻斤斗，也不拿大頂，不練三把刀，不練大鐃鈸，專講變戲法。所變的玩藝兒，空壺取酒、玻璃變雞蛋、杯中生蓮、紙變蛤蟆、破扇還原、仙人摘豆、三仙歸洞等等的小戲法，也不過變這些個東西墊墊場子，引引人「圓黏子」（招徠觀眾）而已。

　　掙錢的戲法是先使「揪子」（管變大海碗內有金魚的戲法調〔diào〕侃兒叫揪子）、「照子」（管變羅圈當當的戲法調侃兒叫照子），每逢要錢費勁的時候，用「抿（mǐn）青子」「逼杵兒」（管吞寶劍調侃兒叫抿青子，沒結沒完地要錢調侃兒叫逼杵兒）。劍、丹、豆、環，不算戲法，那算是真功夫。仙人摘豆非童子功不能學；月下傳丹、變大琉璃球兒，沒有一年半年的功夫也變不好；吞寶劍受幾個月的苦處才能學好。九連環比這三樣還難練。除了吞寶劍能掙錢，逼得下杵來，其餘的三樣，費那大的勁，只能圓黏子使用，要錢是沒人給的。每逢夏天，他們圓黏子不使戲法，用「土條子」（管長蟲調侃兒叫土條子）就能吸得住人。變戲法的都是大人掌買賣（變戲法掙錢全靠大人，不能靠小孩，調侃兒叫大人掌買賣）。變戲法有小孩，不過是「多抖摟包袱」（管當場抓哏逗笑，調侃兒叫抖摟包袱），有的是自己的孩子，有的是收的徒弟。可是他們離開了小孩掙錢費勁，差不多都有個小孩。

　　變戲法的掙錢能力如何，得看他們包袱多少。別看天天變這樣兒，不會讓你看膩的，總會有人愛看的哪！他們常說：「你們眾位當做舊玩藝兒看，我們當新的變。」金麻子生有二子，也是變戲法。他收的徒弟很多，有郭進才等十數個。金家的戲法是彩門中最盛的，雖然是土地玩藝兒，發財不易，養家餬口是能成的。我老雲說他們這種生意是平民化的。

狗熊程家原籍是吳橋，在北平落戶，久居朝陽門外。他們老哥們兒是五個人，小哥們兒是十幾個人，都以變戲法為生，他們久佔的不是天橋就是東安市場。在我老雲讀書的時候，程福先就在東安市場東院耍狗熊。凡是逛市場的人們不叫他們戲法程，叫他們狗熊程。直到如今提起狗熊程來，幾乎無人不知。

自從東安市場的東院連三併四地蓋房，將雜技場兒都擠沒啦，他程家的玩藝兒才遷於天橋兒。他們每天上地（做生意）是打鑼敲鼓、踢腿窩腰圓黏子（招徕觀眾）。圓上黏子就練三把飛刀，耍大鐃鈸。最驚人的玩藝兒是扔木球。那木球兒比鴨蛋還大，扔的時候在腦袋上戴個皮兜兒，能將球扔個十來丈高，不用手接用腦袋去接，那球兒不偏不歪正落在皮兜之內。這樣還不算，他能將皮兜轉在腦後，木球也扔幾丈高，不用眼瞧着，低着頭看地，那木球能落在兜內，百發百中，從沒掉在地下過。我老雲是欽佩這一手兒的。

他們掙錢的玩藝兒是有個五六歲的小孩，在地上給他放三個小茶碗，口兒衝下，上邊又放木球三個，用個四條腿的長板凳往木球上一放，只有三條腿兒在球上，一條腿兒閒着，叫小孩往凳子上一站，再往地上放個茶碗，碗內滿滿的涼水。都安放好了，叫小孩彎腰，用嘴夠在地上，將茶碗咬住，伸開了兩隻手，在手上放兩個茶杯，也是滿滿的涼水，憑小孩直腰的功夫，三碗水不灑，和看玩藝兒的逼杵兒（耍錢），實在不易。他們所變的戲法倒視為第二，練種種武功視為第一。他們這行不叫彩立子，說行話叫「籤子」（變戲法帶贊武功叫籤子）。

狗熊程到了天橋，淨練武功不耍狗熊了。我問過他們，這幾年為何不耍狗熊？他們說，買個狗熊得幾十塊大洋，教會它練玩藝兒，沒幾個月工夫不能用它掙錢。還得花錢餵，處處小心，稍一大意就能「土（死）嘍」，糟踐一個牲口好幾十元。這個年頭買賣平常，弄不起來。狗熊程是因為耍狗熊得的這個名兒，雖不耍狗熊了，人們還是叫他狗熊程。程家父子都是安分守己養家漢兒。我說，逛市場的人們給他們往場內扔錢不是「拋空杵兒」（管花冤錢調侃兒叫拋空杵兒）。

在公平市場萬盛軒的前邊有個戲法場子，所變的戲法，沒有仙人摘豆、

三仙歸洞、杯中生蓮、破扇還原等等的玩藝兒。大活沒有羅圈當當，小活沒有茶杯中的戲法，劍、丹、豆、環的功夫更沒有啦。場內用幾根竹竿支個三面架子，用布棚擋上三面，棚內放隻箱子，弄來個小孩裝在箱裏，掀開，小孩就沒啦；蓋上，孩子就有啦。這個戲法叫大變活人，是掙錢的玩藝兒。

他圓黏子（招徠觀眾）的玩藝兒在天橋來說與眾不同，在地上埋幾個小罐子，罐內裝布人，他管罐內裝的布人叫歪毛，或叫淘氣。叫歪毛，歪毛就在罐內連蹦帶跳；叫淘氣，淘氣就在罐內連蹦帶跳。看的人們都很納悶，不知他使的什麼方法能夠叫小布人在罐內自動，許多人猜不透他的。

變這個戲法的人有三十多歲，細條身材，瘦瘦的面龐。此人姓紀，他從前是做腥棚（做假買賣的）的，近幾年來，社會裏人士知識開化了，弄腥棚是不成啦。三條腿的大姑娘、六條腿的牛，誰都知道是假的，要錢沒有人看，這種生意漸漸地消滅了。可是他頗有靈機，弄這幾樣戲法佔個場子，也能養家餬口。其餘的吃腥棚的人哪，受了淘汰，都不知哪裏去了。

有一次天橋的朋友請我吃晚飯，正在冬天。吃完了晚飯天光黑啦，我從朋友家中出來，聽見有人吵吵嚷嚷鬧得很兇。我老雲順聲音尋了去，見十幾個小孩子圍着姓紀的，彼此笑罵。我還覺得他那麼大的人和一羣孩子罵什麼，聽後我才明白是因為什麼。原來他在那場內掘了一道幾十丈長的深溝，溝內埋着竹筒子，筒內有繩兒，繩頭兒有鈎子，那鈎子鈎住罐底的鐵絲繃簧，竹筒子通在一個戲園子裏。在戲園子裏坐個人，他變戲法的時候那人用手扯着那兩根繩，一根通着小歪毛，一根通着小淘氣，如若他在場子裏叫歪毛動彈動彈，戲園子裏的人就將歪毛的繩子一動，鐵絲繃簧就顛，繃起布人來，看的人們就見小布人跳跳蹦蹦，像小人鑽罐子一樣。天橋的小孩子真是淘氣，聚了十幾個都到他場子，每人撒一泡尿往那地上澆，灌在地裏，將繩子竹筒子全都凍上，到了白日，他上場子變戲法就不用變了，因為小孩子淘氣將他的「彩門子」（戲法鬧鬼兒的機關調侃兒叫彩門子）給毀了，害得他夜內不敢睡覺，無論天氣多冷，他得看着他的彩門子。怪不得他和那些孩子爭吵，弄個門子得費一夜工夫，要是給毀了，焉能不急？他也算是藝中人，能有攥弄（zuàn nong，自己做的調侃兒叫自己攥弄）活兒的才幹，可惜這個時代不景氣，僅能餬口，衣食不缺罷了。

我老雲無意之中得着他的彩門子，寫在《江湖叢談》之中，免得人們瞧歪毛、淘氣時心中發悶！

天橋的摔跤場

在天橋爽心園前頭有個相聲場，在相聲場的北邊便是摔跤場。摔跤不算生意，在早年生意場裏也沒有這種玩藝兒。秦漢時代管這宗技術叫相撲，宋代叫角力。宋岳飛善拳棒，其拜弟牛皋欲學拳腳，因其蠢笨，難學技擊，岳飛將拳術中刁拿鎖扣，縮小綿軟巧，鈎掛連環，挨傍擠靠，閃展騰挪，分筋錯骨，點穴離位，貓躥狗閃，兔滾鷹翻等招術傳於牛皋。各種動作各種性質，即今日之摔跤也。到了清朝時代始稱攢跤，設有善撲營。左翼在東城大佛寺，右翼在西城當街廟，稱為官跤場。相傳官跤場摔死人勿用償命，私跤場不能如是。善撲營中撲戶、塌希密（摔跤級別名稱），皆八旗子弟。塌希密也不易當，必須在私跤場用功。數年苦功，在私跤場摔成了頭路啦，才能由各旗保送往善撲營試藝挑缺，挑上缺才算當上塌希密。凡塌希密升入前五軍叫「候等兒」，等到了撲戶出缺時，再由堂官監視試藝挑缺，挑中者為三等撲戶，再升始為頭二等。其升等挑缺時，弊幕層層。摔的跤好不如有門路，金錢運動。有官有私有弊，昔時官場的黑幕俱是如此，豈止善撲營呢？善撲營有三大技藝：有練摔跤的；有練跳駱駝的功夫，名曰「蹁躚（pián chǎn）」；有拉硬弓的。

摔跤的功夫講究欺拿象橫、通天貫日、踢抽盤肘臥、抽轍閃撑空、蹦拱搋（chuāi）花倒（dào）、耙拿裏刀勾二十八種祕訣，將這些法子練成了，才能使絆摔人。據我所知的絆子有：枕頭手花、手別子、拱別子、切別子、大得合落（dé hé lè，滿語，漢語是腿打腿）、小得合落、掛踢、穿襠靠、穿腿摸、手腳別子、挑（tiǎo）鈎子、圈腿、椿頂、裏手入、三倒腰（dào yào）、夾頭手花、摩（mā）楣子、坡腳、裏手鈎、外手鈎、握腿、倒（dào）別子、反把（bǎ）、正把、反別子、溫別子、搋（chuāi）別子、摩（mā）膊腳、挑（tiǎo）椿、飛逮（dēi）子、裏手攄、外手攄、

◇ 摔跤的功夫講究欺拿象
橫、同天貫日、踢抽盤肘
臥、抽轍閃撐空、蹦拱揣花
倒、耙拿裏刀勾二十八種祕
訣，將這些法子練成了，才
能使絆摔人。

架梁腳。最厲害為三倒腰、得合落，在早年的跤場若有使這樣絆子的，都是兩個人摔出仇來，拚了命啦，才能使那兩個厲害招。平常日子不易見之。凡是摔跤的人，有練胳膊上功夫的，有練腰上功夫的，有練腿上功夫的，有練腳上功夫的。練這幾處的功夫，天天得用家伙早晚練習。所用的家伙：大棒子、小棒子、大推子、小推子、麻辮子、鎖鏈子、地撐（chèn）兒、滑車兒、棗木椿兒。

善撲營的長官有都統、副都統、左右翼印務等職，這些官都由親王、郡王、貝子、貝勒兼領。每年最重要勤務為正月初九日演禮，名曰「墊差」，或曰「拿等兒」，較勝者可以升賞。正月十九日皇上在紫光閣御覽視藝，是日為善撲營撲戶與蒙古人在氈子上摔跤。臘月二十三日祭灶王，皇上在御苑摔跤，俗稱「灶王隊兒」。善撲營的撲戶最有名的大祥子，身體魁梧，人樣子也威武，膂（lǔ）力過人，個大的數他。個小的有搬腿祿兒，瘦小之軀，每逢取勝，皆以搬腿勝之，他有這種拿手，人稱為搬腿祿兒。其餘的有黑虎二爺等。至清末時則有宛八爺（宛永順，寶三、沈三的師父，善撲營頭等撲戶）。

摔跤人比試時所穿衣服，注重上身衣服，不注重下身。上身衣服係數層布所製，名曰「褡褳」，下身褲子不論好歹，所穿的靴子，前面的臉兒凸出來，名叫刀螂肚兒。

清室設此機會用其技藝，威震內外蒙古也。至今時代變遷，善撲營之人十存一二，也都老邁蒼蒼了。自入民國以來，摔跤這種技術幾乎失傳，幸有一班人在各雜技場摔地，雖是掉在地下掙錢，還不算江湖玩藝兒。有人譏誚彼輩為摔活跤的，太不原諒人了。如能真摔實跤，摔壞了就不用幹啦。凡是摔地（到場地演出掙錢稱為摔地，摔跤的場子是明地）摔跤的人，都是好喜這種功夫，經濟壓迫子弟下海。我老雲常說，摔跤的玩藝兒在生意場內算是最實在的玩藝兒。不過他們為了掙錢，也都和江湖人學的每逢上地（做生意）先圓黏子（招徠觀眾），摔幾回墊墊場子，將黏子圓好啦，然後也按着把式賣藝的一樣，全都站在場子當中，向四外說：「我們這回叫 ×× 和 ×× 摔一跤，摔完了和眾位要幾個錢，有走的沒有？」說到這裏往四面一看，圍着觀眾全都不走，接着又說：「伙計你摔吧，沒

有走的，這場力氣沒白練，我們四面作個揖託咐託咐，南邊是財神爺，西邊是福神爺，北邊是貴神爺，東邊的也是財神爺，四面都作到了揖啦，摔完了，眾位帶着錢給我們往場內扔幾個，幾個大小夥子掙眾位頓飯錢；沒帶着的白瞧白看。如若要走可早走，別等我們摔完了要扔錢的時候你再走。這可似我們小哥幾個煮熟了一鍋飯，給我們往鍋裏扔沙子。我們憑力氣掙錢，也沒有刮鋼繞脖子（挖苦人，說瞎話）。話是交代完了，四面再作個揖，說摔就摔，插手就練。」他們練了這套江湖口，也是無法，為掙錢養家。如今我國各省運動會、全國運動會、世界運動會，都有摔跤的人參加。摔跤的這種功夫是我國國粹的一種武術，至今沒有失傳，也是摔跤撂地的人們能夠保存國粹的一種功勞，使各界人士知道還有這類武術，實是他們的好處。如若沒有他們這些人幹這行兒，不用說保存這種技能，提倡這種武術，也恐無人道及了。

摔跤的人物，在天橋久佔的，沈友三、寶三、李永福、魏老（魏德海）、張狗子、傻子，十數人而已。沈友三在紅樓開設成藥舖，改賣大力丸，較比摔跤收入豐富多了，他的跤就不常摔啦。天橋的摔跤場佔長久了的就是寶三跤場，他的四五個伙伴，團體性很堅固，這些年也沒散幫兒。摔得火熾是他與魏老、李永福等，裏子都硬，才受人歡迎。寶三的品行端正，並無嗜好，保養身體，能務本分，值得我老雲佩服；並且他比別人多出戲，還耍中幡，每逢年節的時候就不摔跤，耍幾天中幡，他那種玩藝兒在天橋可稱蠍子屎——獨一份兒。張狗子的跤場在公平市場萬盛軒東邊。他們這班人頗為不弱，不過比寶三那幫伙計稍為遜色。故此我老雲還說，寶三的跤場在天橋算是第一，張狗子身高力大，膽小，公正，也是守本分不妄為的，無有劣行，值得人佩服。

天橋的空竹場子

在天橋雜技場練空竹的藝人，最有名的是王雨田、王葵英父女。王雨田久住南橫街，父為商人，他自幼就好練叉，隨黑窰廠（黑窰廠有個花會

組織）的「開路」（走在花會隊伍前面要飛叉開道）走過些趟會（花會），「三股子」（管叉調［diào］侃兒叫三股子）練得最為出色。清末的時候他在步營當差，入民國改當商團，又入警界，在糧食店站崗，因汽車夫不服指揮，「鞭（打）過開色（shǎi）唐輪子的」（管汽車夫調侃兒叫開色唐輪子的），後為車主勢力所屈，憤而走闖江湖。他初入老合（闖江湖的）的行當是給馬班子（跑馬戲的）練叉，走西北穴：大同府、綏遠、張家口。與馬班子「劈（pǐ）了穴」（管散了伙調侃兒叫劈了穴）之後，在東安市場與常立全「聯穴」（管合伙、組班子調侃兒叫聯穴），賃個場子上地（做生意），二人做藝，王雨田練叉，常立全要空竹，每日的掙項足可養家餬口。常立全是旗人，會說評書，可是投入過評書的門戶，沒有「老帥」（師父），算是個「海青」（如票友下海一樣意思）。他多才多藝，能抖空竹，單、雙都行、罐子蓋、醋磚碌（zhóu lù）（盛酒器），練的花樣很多：王瓜架、猴爬杆、跳梁、回頭望月、枯樹盤根、反插腿、正插腿、倒爬繩……足有幾十樣兒。他腰腿靈活，非常精巧。他兩個人，一個人練，練得出奇；一個抖空竹，抖得嫻熟，很是檔子玩藝兒。王雨田是個有志氣的人，他在那時學會了抖空竹，後來才火穴大轉（zhuàn）（掙了大錢了）。常立全染上不良嗜好，性極懶惰，每天上地所掙的錢，只要夠一天花的，就立刻不練了。他孤身一人，小店一住，別人看他沒有意味，他個人卻是快活。王雨田一家數口，家無恆產，與他聯穴，很受影響。直到劈了穴，常立全自己上地，還是一樣掙的夠花就歸店過癮，明天再見。王雨田帶着他的姑娘王葵英，在天橋公平市場巧耍飛叉，抖空竹。幾歲的姑娘，抖起空竹乾淨利落，身體靈便，逛天橋的人們看完了誰都給錢，他父女在天橋就「火了穴」（即是大紅大紫）啦。後來，王葵英的藝術日日進步，竟能「響萬兒」（即是響名）了（曾於 1956 年世界青年聯歡節獲得銀獎）。

白雲鵬的雜耍（多種形式的曲藝演出）班子約他父女加入，往京、滬、津、漢等地獻藝，到處受人歡迎。各處的館子爭相延聘，收入也甚豐富。他們父女能以抖空竹起家，十幾年的光景，置了幾處房子，也小有資產。誰說藝人不富啊！

◇ 在天橋雜技場練空竹的藝
人，最有名的是王雨田、王
葵英父女。

世上的事，無論學會什麼，藝業在身，小則養家餬口，大則發達致富。江湖藝人只要沒有嗜好，理財有法，也是一樣的發達。近年以來，王雨田父女只在北平獻藝，並不遠行。有時候在天橋上地，有時上各雜耍館子。葵英的人緣最好，無論是誰，也是評論她好。別看她是個女孩，通達人情，謙恭和藹，技能驚人，還善於言談，知禮儀，孝敬父母。在這世道衰微的時代，她能這樣，很值得人佩服。如今她已然二十有餘了，他父母因為她「太歲見海（hāi）」（管年歲見大調侃兒叫太歲見海），不叫她往天橋做藝，只做堂會，上雜耍館子。天橋的雜技場是看不見她的玩藝兒了。

王桂英（是王雨田的二女兒）年方八九，抖空竹不弱於葵英，可算後起之秀。每逢王雨田往天橋做藝，就帶着她去。不過，他們不能天天去的，到了天橋也是和人聯穴上地，十天中只有二三回。據王雨田和我老雲聊天兒的時候表示，他少年愛惜「開路」，眾親友都輕視他不做生產的事業就學走會（就是走花會）。不料如今，一家數口竟賴以餬口，生活無憂，真是意想不到。聽他的口吻是很知足。知足者常樂，能忍者自安。

學會藝，防身寶，這話不假。如今這個年月，只要有一技之長就能維持生活，抖空竹、踢毽子，在清代時是一種消遣的玩藝兒，現在能在社會裏掙錢養家，不怪他說是想不到。

三不管的雜技場

社會裏的人只要有一技之長，就能吃飯；學會了藝業，是防身之寶。這幾句話說的誠然不假。在前清的時代，一般的人們都練習抖空竹、踢毽子、盤槓子、扔石鎖等等玩藝兒。在那個年頭，不過消遣解悶，活動身體。到了如今，真有憑這些玩藝兒換飯吃的，甚至於還有發達的。王雨田、王葵英父女就仗着抖空竹維持全家生活。有那種藝術，平、津、滬、漢、濟等地，也能受人歡迎。若是身無一技之長，沒有飯吃，怨天怨地說沒有出路，那可是白說，餓死也沒人可憐。有種本領，小則養身，大則致

富。養身容易，發達最難。發達的人，哪個也長得身軀胖大魁梧；可是，大腦袋，大臉盤，一定要學唱花旦，不掙錢，不成名，那就是自己的錯誤。總而言之，學什麼行當得夠什麼材料。

　　當初北平說評書的有個順桂全，專說《鐵冠圖》，這部書不叫座兒。他還收了個徒弟叫桂殿魁，桂殿魁學說《鐵冠圖》，起初還很高興，說過幾處不叫座兒，他掃了興，也開了外穴（到外地去掙錢）。走到天津，在三不管才立住腳步。可是他也不說《鐵冠圖》，仗着他沒學說之先練過槓子，有這種技能，在三不管打個場子，盤槓子，拿大頂，也能圓黏子（招徠觀眾），「挑（tiǎo）竿子」（江湖人管賣藥糖調 [diào] 侃兒叫挑竿子），他哪天也能掙錢。在三不管市場發達的時候，看熱鬧的人們，看他練玩藝兒不要錢，買他的藥糖才花幾個銅子，又不冤人，何樂不為？那種生意，經過十幾年的光景也不土（江湖人管把買賣做得沒人照顧了調侃兒叫做土了；如能做得年代多了，總有人照顧，調侃兒叫不土）。不料三不管發達得過猛了，十幾年的工夫蓋了多少萬間房，把空場都蓋沒了，雜技場越弄越少，遊逛的人們越來越不順腳，也日見稀少。有資產的人們雖然往那個地方投資，欲求獲重利，卻不研究此事，直到了衰落得不堪言狀，也無人整頓。桂殿魁的生意也受了影響，他不由得開了外穴，到東三省去做生意。有人說他到了奉天買賣不好，鬱悶生疾，土（死）在那裏。是與不是，我老雲沒到那裏，不得而知了。桂殿魁有一技之長就能在外謀生，一輩子沒有成名，沒有發達，也是自己的錯誤了。

江湖中的光子生意

　　拉洋片的，玩西湖景的，江湖人調（diào）侃兒管他們叫「光子」。拉洋片的家伙種數太多。像一個洋片箱，上邊安塊大玻璃，裏邊有七八張片子，底下有四個玻璃鏡的，說行話管這種傢具叫四開門，四開門是光子行的普通的家伙。拉洋片的藝人對於說唱引人，使用四開門，是人人能成的。至於掙錢多寡，也由其本領而定也。天橋大金牙、小金牙使用的洋片

箱子，底下有八個玻璃鏡，要兜攬生意，能每回讓八個座兒，掙八個人的錢。說行話管他這八個鏡的洋片箱子叫做八開門。他們這八開門的箱子，非得是光子行的頭路角才能使用。本錢雖大，受的累雖大，掙項也比四開門大幾倍呀。

有一種洋片箱子，上邊有幾個洋鐵片製造的小人，箱子上邊有個水漏子，箱子底下有個煤油桶，桶內盛着涼水。如若做生意的時候，得用水罐子由煤油桶內往水漏子裏灌水，那水順着一根繩流入管內，憑他水的力量就能催動了那洋鐵片製造的人兒在上邊亂轉。光子行的人管這種家伙叫做水箱子。裏邊裝的不是片子，也是一套套的小人。有人看時，全憑他扯起走線繃簧，叫小人來回亂動，他們那水催人動的玩藝兒叫《水漫金山寺》，仗他圓黏兒（招徠觀眾）。他們唱的曲兒是死套子，都唱那一套，我老雲也錄他們一段兒：「眾位看那上邊，漂漂悠悠來了兩隻船，船上頭站着是許仙。許仙遊湖來望景，偏上天降大雨，青蛇白蛇，船上頭站，許仙搭船來借傘。那張天師撒開了張手雷……」他隨唱隨說，兩隻手還不住閒地扯那繩兒，叫箱內的小人隨他唱的曲兒動轉。唱到下雨的時候往箱內灌水。看的主兒，也見箱內流水，如同下雨一樣。他唱到張天師撒開了張手雷的時候，用手猛一扯那粗繩兒，箱內有個鼓，也敲打一通，軲轆轆真響。跟着又唱什麼「蛤蜊精、鯰魚精、鯉魚精、蛤蟆精……」他隨唱隨鬧鬼兒，叫人瞧着他怪可樂的才能掙錢哪！

拉洋片的也有伙計掌櫃的，掌櫃的花幾百元製幾幅洋片，賃給伙計使用。其賃價無一定，由伙計每日掙錢多寡，三七分賬。洋片行的掌櫃的也如一小資本家也。惟有使水箱子的藝人，不能淨仗家伙掙錢，引人圓黏兒，全仗他那滑稽曲兒，周身亂動，擠鼻弄眼，使人發笑得發托賣像（假裝愣頭愣腦，怯頭怯腦）。凡是這種人有了技能，多不願給人當伙計，個人弄份水箱子，足能餬口。故光子行使水箱子的藝人多是獨立支持的。

光子行掌櫃的所製洋片，多是片車子，其形式係一長方箱子，上中下分為三層，每層可置八張洋片，上中兩層，明顯在外，最下層用箱罩着，使玻璃鏡八個，箱前放四條小凳，每條可坐二人。做這種片車子生意，至少得兩個人，一左一右，在左邊的人手持一張洋片，唱兩句，再將片放推

進去。右邊的人拿着一片，唱兩句，將片推進去，所唱的都是死套子，什麼「哎！這一張照的是，小馬五兒《紡棉花》，多麼好喂看！隔着那顯微鏡一照啊，亞賽真人呀，一個樣般」。他們的洋片箱子、小凳兒，雖是山東德平縣製造的；那廿四張片子，可都是照像館的相片。其尺寸大小，大約着是一尺片子。我老雲問過他們，為什麼拉洋片的這行兒說行話叫光子？據他們說，江湖人管玻璃鏡調侃兒叫光子，洋片箱上邊是大塊玻璃，下邊是大塊玻璃鏡，我們這行離開了玻璃不行，因此才叫光子。言其是玻璃能透光是也。我老雲說，照像館離開玻璃也不成，片車子的片子是照像的材料，可以說是光子裏的光子。在清末民初之時，小馬五能唱《紡棉花》，社會裏就轟動了，片車子的箱子都有一張小馬五紡棉花，也能興旺了一陣。到了民國十年前後，《紡棉花》漸漸落伍，片車子也漸漸落伍。前些年，天橋、東西兩廟都有這種洋片。如今小馬五沒有了，北平各市場、廟會也見不着這種洋片了。據我老雲向光子行人打聽，他說這種片車子在平津一帶不能掙錢了，如今都帶着家伙往鄉下去「頂神凑子」（趕廟會）去啦。

做光子行片車子的藝人，不知道隨時改革，不知道隨着社會風氣演進，直到落伍了，才背着家伙到鄉間去，實行去吃「科郎（kē lang）點」（農人）。十數年的光景，片車子就落了伍，社會的演變有多麼的快！夠多麼的可怕！倘若老雲有一日落了伍啊，吃科郎點也怕不成的。

有幾種洋片箱子做的形式好像火車頭，好像火輪船，他們光子行人管那東西就叫火車頭、火輪船。可是做這幾樣生意的藝人必須長得怯頭怯腦，唱起曲來得有身段，得有發托賣像，連唱帶抓哏（笑料），招惹得觀眾像看怪物一樣，才能掙錢。不怪那江湖人常說：藝人要掙錢，不佔一率，得佔一怪！拉洋片的，怪也能佔了上風，滑稽玩藝兒不分優劣，都有人歡迎的。

在我老雲在學校裏讀書的時候，常見有些拉洋片的使四開門的箱子，帶彩張兒。閱者要問什麼是彩張兒？就是他們那幾張洋片裏夾着一張《殺子報》，每逢有人看洋片看到這張的時候，拉洋片的就拿起那鈴鐺板，板是木質，約有一尺大小，上有八個小銅鈴鐺，洋片箱子上有一方孔，大小也和板兒一樣。他要變彩片時，將板往方孔上一蓋，立刻就變樣。在沒變

之先看那片上畫的是：王徐氏身穿重孝，在靈前哭祭其夫。及至他蓋板兒立刻就變了，王徐氏將一綹頭髮含在口中，手執鋼刀一把，手起刀落，將他兒子的人頭砍下，紅光崩現，血水直流。他未蓋板的時候，還有一套詞兒。我還記得那詞是：「這一張是《殺子報》，親媽害親兒子，我這鈴鐺板不叫鈴鐺板，叫做陰陽板，只要將陰陽板一蓋，立刻就紅光崩現，血水直流，王官保的人頭落地。」在早年，憑他這張彩片兒就能有人看。到了如今電影兒都改了有聲片子，濼（luò）州影（皮影之一種）落了伍，誰還看他那洋片的彩張兒。

在早年拉洋片的人們使用四開門的箱子，在七張片子裏還夾一張春頁子，有些人看他那春頁都覺着很奇怪，一傳十，十傳百。還有沒品行的人，專愛看那「袢（pàn）簧兒」（江湖人管那春宮調侃兒叫春頁子；管那男女的私事調侃兒叫袢簧兒，又叫袢托）的事。大人看那壞片子不大要緊；惟有一般才開知識的小學生看那春頁、袢托的片子，實是有傷風化，引誘少年娃娃學壞。後來鬧得官家知道了，將那片子給「卯啦」或「淤（yū）啦」（江湖人管軍警機關取締他們調侃兒叫卯啦，把他們轟了調侃叫淤了），才見不着那宗東西。

光子行的玩藝兒到如今簡直是落了伍啦，就以天橋說吧，除非大金牙的徒弟小金牙，以半春半柳（江湖人管隨唱隨抓哏逗笑兒調侃兒叫半春半柳）的藝術，使用八開門的洋片箱子，還能夠掙錢，其餘的幹這行的，連啃（kèn）都保不住了（江湖人管不能餬口調侃兒叫保不住啃了）。我說，藝人掙錢的本領還是仗着藝術，若仗着家伙是靠不住的。江湖的老合（闖江湖的）如不相信，你看看大金牙、小金牙就知道了。

第四章

評書法流派

評門是團柴的

江湖人管說書的這行兒調（diào）侃兒叫「團（tuàn）柴」的。唱大鼓書的叫「海（hāi）轟兒」，又稱為使長家伙的（指長長的弦子而言）。唱竹板書的叫使短家伙的。說評書的也叫使短家伙的，皆是指所用的竹板、醒木而言。

有人曾向敝人說過：說評書的不算生意。其實戲園的江湖藝術是人所共知的。說評書是由唱大鼓書演化來的，因其年代久遠啦，評書界的支派流傳得更廣大了，使短家伙的與使長家伙的漸漸地疏遠了。

唱大鼓書的門戶在北方幾省為「梅、清、胡、趙」四大門，現在北平男女班唱大鼓書的，都是這四門中的；在黃河南與大江南北，則為「孫、財、楊、張」四大門。唱西河調兒與怯口大鼓的都是梅、清、胡、趙四門的；唱犁鏵調兒、山東大鼓的，都是孫、財、楊、張四門中的。

最近天橋兒唱女大鼓的坤角，如李雪芳、段大桂、于秀屏，與當年在新世界的謝大玉，都是孫、財、楊、張四門中的。孫家門的趙大支派流傳下來的，彼輩皆自稱為「孫趙」門裏的人，即是孫家門趙姓傳下來的支派是也。年前天橋天華園來了一班山東大鼓，領班的係謝大玉之父七十餘歲老江湖藝人謝起榮先生。說起謝起榮這個人，凡是江湖藝人差不多都認識他的，他在孫趙門裏算是輩數最高的。

平津等地唱大鼓的最早是胡十、霍明亮，最近是劉寶全、白雲鵬唱得響了萬兒（有了名兒）啦。此外還有唱西河調的名人馬三峰。江湖藝人常言唱大鼓最好的，南有何老鳳，北有馬三峰。

何老鳳姓何，按着孫趙門的支派名叫何起鳳，因他人格高尚，都不肯呼其名，稱他為老鳳。何老鳳三個字在山東是無人不知，何起鳳的名字後來竟無人知道了。謝起榮即是何老鳳一輩的（謝起榮由今春從北平攜班回歸濟南），當其在平時，敝人向其討論山東犁鏵大鼓的源流，據謝談，犁鏵調兒是柳敬亭傳的。柳敬亭原名逢春，明朝泰州人，本姓曹，年十五歲時，獷悍無賴，因毆傷多人，躲避仇人，流落江湖，休於柳下，善說書。據他自稱，學技於雲間莫後光（莫後光是柳敬亭的師父，雲間人）。以養

氣、定詞、審音、辨物為揣摩，使聞者歡笑，久而忘倦。復入左良玉幕府，左良玉失敗後，交遊於松江馬提督軍中，後因未能得志，數返泰州，與本鄉趙姓富戶甚厚，住其家。當大秋豐收，農工勞頓，所操之事甚微，柳敬亭先生用耕地所用的破犁片兩塊當作板兒，一手擊案，一手敲犁，唱曲頗可動聽。農工操作，聞歌忘勞。有人問先生所歌為何調，柳稱為「犁鏵調兒」。時人皆爭而習之，自此「犁鏵調兒」泰州無人不會。柳故後，「犁鏵調兒」即普遍魯省了。今有人傳「山東大鼓」為「犁鏵調兒」，實是謬談。「犁鏵大鼓」原用耕地破犁片為板，今人改為鋼板，復書「犁花大鼓」，實是可笑。敝人問謝先生：柳敬亭之犁鏵大鼓有何考證？謝答：無書可考，據我們「柳海轟兒」的老前輩所傳吧。

由謝起榮所談「犁鏵大鼓」的源流是柳敬亭先生傳流的。評書南北兩支派，也為柳敬亭傳流的。敝人所論為江湖藝人學演說書的技能，至於古今著書的施耐庵、羅貫中、曹雪芹，又當別談。翻書的、講書的、背書的，更當別論。就以說評書的藝人而談，他們的源流與所立的門戶、傳流支派，分為南北兩大派。江南的派別暫且不談，就以北派說評書而論，他們的門戶是分為三臣，三臣係何良臣、鄧光臣、安良臣。如今北平市講演說書的藝人，皆為三臣的支派傳流下來的。三臣係王鴻興之徒，王鴻興係明末清初時藝人。先學的是「柳海轟兒」為業（即唱大鼓書為業），曾往南省獻藝，得遇柳敬亭先生，受其指點，藝術大進。遂給柳敬亭叩了瓢兒（江湖藝人管磕頭叫叩瓢兒。比如甲乙兩個江湖藝人，甲問乙：「你給哪位先生叩瓢呢？」乙說：「給×××叩瓢了。」即是拜×××為師啦。又可以管拜師磕頭叫「爬薩」）。王鴻興自拜柳敬亭之後，正值大清強盛的時代，王鴻興遂至北平獻藝。是時仍用的是長家伙（弦子鼓兒），聽其書的多為一班太監們，後為宮中太后所聞，傳其入宮。因禁地演唱諸多不便，遂改評講。就以桌凳各一，醒木一塊，去其弦鼓，用評話演說，評書由此俱興。據評書界老前輩的人所說，說評書的門戶係雍正十三年掌儀司立案（登記），有龍票（皇帝出具的用玉璽蓋章的憑證）為憑。敝人探討遺傳之龍票何在，據談在清末光緒年間，為×××給遺失了。一件歷史性的物件沒有啦，雖無大用，但評書掌儀司立案一事，只當傳聞之事，當做談話

材料吧！王鴻興在北平所收的徒弟，即安良臣、何良臣、鄧光臣三人。王鴻興故去之後，遂由三臣嚴立門戶，定規矩，傳徒授藝。直至今日，華北各省縣市皆有講演評書的藝人。評書的藝術是大眾化的，近日最為盛行。偉大的藝術實是王鴻興三臣師徒成就的。

在清朝最盛的時代，說評書都是「拉順兒」（管拉場子撂地調侃兒叫拉順兒），還沒評書茶館呢！北平老人凡五十歲以上的人，都聽過拉順兒的玩藝兒。在那評書的場地，是用幾十條大板凳排列好嘍，當中設擺一張大桌，上置木質香槽一個，內放鞭杆香一根。預備此物是給「詢局」的人們「抿草山鈎」（江湖人管聽玩藝兒的人們調侃兒叫詢局的，抽旱煙調侃兒叫抿草山鈎）使用的。又放鐵板一塊，小錢笸籮一個（在最先是用量米糧的升兒），每逢說完了書打錢使用。說書的藝人到了上場的時候，得注意桌子後頭板凳上坐着的人，按他們的規矩，生意人聽書是白聽不用花錢的，可不能坐他的龍鬚凳（桌前兩條大板凳叫做龍鬚凳），必須坐在桌後的凳兒上。見了面彼此各道「辛苦」，不用多言，說書的就知道他是生意人了。說書的藝人到了場內，往「乍角（jiǎo）子」上一迫（pǎi）（管凳子調侃兒叫乍角子，坐着叫迫着），掏出手巾放在桌上，撂地預備的扇子順着擱下，然後掏出所用的醒木。到了開書的時候，說書的藝人必須先說幾句引場詞兒。說引場的詞兒最好是以扇子，或是毛巾，或是醒木說一套詞贊為美。就以醒木為贊說，說書的藝人左手執扇，右手拍醒木，說的醒木詞是：「一塊醒木七下分，上至君王下至臣。君王一塊轄文武，文武一塊管黎民。聖人一塊警儒教，天師一塊警鬼神。僧家一塊勸佛法，道家一塊勸玄門。一塊落在江湖手，流落八方勸世人。湖海朋友不供我，如要有藝論家門。」說完這套詞兒，然後才能開書。

凡是江湖藝人，不論是幹哪行兒，都得有師傅，沒有師傅是沒有家門的，到哪裏也是吃不開的。就以說評書的藝人說吧，他要是沒有家門，沒拜過師傅，若是說書掙了錢，必有同行的藝人攜他的家伙。攜家伙的事兒是：同行的藝人邁步走進場內，用桌上放的手巾把醒木蓋上，扇子橫放在手巾上，然後瞧這說書的怎麼辦。如若說書的人不懂得這些事兒，他就把東西物件，連所有的錢一並拿走，不准說書的再說書了。如若願意幹這行

◇ 同行的藝人邁步走進場內，用桌
上放的手巾把醒木蓋上，扇子橫放在
手巾上，然後瞧這說書的怎麼辦。如
若說書的人不懂得這些事兒，他就把
東西物件，連所有的錢一並拿走，不
准說書的再說書了。

兒，得先去拜師傅，然後再出來掙錢。生意人攜家伙的事兒，在我國舊制時代之先是常有的事，不算新鮮。到了一入民國時代，因而改變，這種事可就看不見了。如若再有人攜家伙，沒有門戶的人喊來警察和他打官司，攜不成人的家伙，反倒法院能判他個詐財的罪名。那麼，在當初有攜家伙，有門戶有師傅的藝人應當說什麼呢？在說書的見有人把家伙用手巾蓋上，扇子橫着壓上，說書的藝人就知道這人是來攜家伙的，不能翻臉打架，得沉住了氣兒，用左手拿起扇子來說：「扇子一把掄槍刺棒，周莊王指點于俠，三臣五亮共一家，萬朵桃花一樹生下（說至此放下扇子，將毛巾拿起來往左一放），何必左攜右搭。孔夫子周遊列國，子路沿門教化。柳敬亭舌戰羣賊，蘇季子說合天下。周姬佗傳流後世，古今學演教化。」說完末句的時候，得用手拍醒木一下。遂又開書再往下說書，盤道（問對方行裏的事和所學的功夫）的江湖就不敢再說什麼了。

如若說書的藝人為人忠厚老實便罷，倘若為人狡猾一點，說完了這套詞兒，再用毛巾把醒木蓋上，扇子橫在毛巾之上，叫這盤道的生意人給拿開。盤道的按着江湖規矩他另有一套詞兒，也是伸左手拿扇子，然後說：「一塊醒木為業，扇子一把生涯。江河湖海便為家，萬丈波濤不怕。」再拿開毛巾，放在左邊，右手拿起醒木說：「醒木能人製造，未嵌野草閒花（評書的醒木定規矩不准使用花木頭，也不准在醒木鑲什麼）。文官武將也憑他，入在三臣門下。」說完拍醒木，必須替說書的先生在場內說下一段書來。幫完了場子，然後再走。比如說書的藝人又將毛巾蓋上，扇子橫上了，這盤道的若不會說這套詞兒呢，按規矩他得包賠說書的一天損失，說書的每天能掙一元，他就得賠一元。在早年，凡是好喜盤道的江湖人，都是閱歷很深，久闖江湖，是生意門的規矩必須盡知，才敢去攜人呢。如若一瓶子不滿，半瓶子晃盪，對於藝人的規矩只有個一知半解，攜不成人家，準得折（shé）了鞭（捱了打）的。

說評書的藝人，最好講究托杵（生意人管向聽書的客座要錢調侃兒叫托杵）的徒弟。早年說評書的收徒弟，做徒弟的跟着師傅在場內聽活兒（聽活兒即是學書），每到了要錢的時候，徒弟得拿着笘籮，順着凳子替師傅向聽書的人們打錢。自從清末光宣時代，說評書的收徒弟多為「詢局」

（聽書的）的下海。從前聽書的人們都是有閒階級的，凡是有職業的人，哪有長工夫去聽評書啊！總是八旗的子弟居多，有錢糧有米，衣食無憂，閒着幹什麼？消遣解悶聽聽評書。若是記性好的人，聽個幾年評書，怎麼也能聽會了一套兩套的，趕上時代改變，旗人的錢糧沒有嘍，受生計所迫，投個門戶，拜個師傅，下海就要掙錢養家。書是早就聽會了，何必再虛耗一二年的光陰再跟師傅聽活呀！所以到了如今，說書的人們都沒有給師傅托過杵的。就是有給師傅托過杵的，也沒有幾位了。每逢談話之際，這種人都以給師傅托過杵為榮。評書界收徒弟分為兩大規矩，一為入門，二為擺支。比如某人願學說書的行當，經人介紹，給某人磕頭認師傅，事先必須討論好嘍，下帖請人，在某飯莊定下幾桌席，然後由做師傅的下帖請人，請多少人備多少帖，帖的樣式是用個封套兒，外面粘上，寫的是「定於某月某日上字某時，為小徒 ××× 拜師入門之期，敬治杯茗，恭請台駕光臨，××× 率徒 ××× 同拜」，席是「某街某巷某飯莊恭候」。凡請來赴席的人，大多數為本門的師伯師叔師兄弟們，有少數外門的老前輩。到了是日新徒弟拜師入門，一切儀式也有一定規矩。內設神座，設立牌位，正當中是供桌兒一面，設紅紙包袱，包袱上寫着已故的評書界老前輩的人名，即本門已故的長輩人名兒。由代筆師寫門生帖一份，名曰關書。其書上寫的是：「嘗聞之宣聖曰：自行束修以上，吾未嘗無誨焉。由是推之，凡人之伎倆，或文或武或農工或商賈或陶冶，未有不先投師受業而後有成者。雖古之名儒大賢，也上遵此訓。今人欲入學校讀書求學者，也先具志願書，贄敬修金，行禮敬師。非有他求，實本於古也。況行遊藝，素手求財，更當投師訪友，納贄立書為證。今有 ×××，係某省人，年×× 歲，經人介紹，情願投在 ××× 先生門下為徒，學演評詞為業，以謀衣食。今於 ××× 年 ×× 月 ×× 日，××× 在祖師駕前焚香叩稟。自入門後，倘有負心，無所為憑，特立關書（門生帖），永遠存照。具書弟子 ×××，師傅賜名 ×××，介紹人 ×××，立書人 ×××。」當將此關書寫完之後，介紹人與保師都得畫押，然後再由其師與本門人，與同道人，共同討論給徒弟應起什麼名字。按着三臣、五亮、五茂、十八魁的支派下輩數，將名字起好，填寫關書之上，徒弟畫了押。這個關書的手續

才算完全。到了焚香行禮之時，先公推一位年高居長者辦理，然後全體人一一行禮，禮畢之後，再行新徒弟遞門生帖（門生帖即所寫之關書）的禮兒。是時為師者先坐下，徒弟跪於師傅面前，以頭頂門生帖，聽其師訓話完畢，雙手舉着門生帖，呈遞其師之手，自此關書就永久收存了。徒弟叩頭行禮之後，同道的本門人彼此賀喜，賀喜也行叩拜禮，按輩數大小分前後之序磕頭。其新入門之徒，不論叔伯師兄俱皆叩頭，行拜師入門之禮至為隆重。入席聚餐後，各自散去。經過這番手續之後，新入道的徒弟，在評書界算有其人了。在北平，瓦、木匠、廚、茶房也有收徒弟入行寫字的事兒。徒弟將藝學成了，必須先謝師，然後才能掙工錢做活。評書界管謝師叫做「入擺知」。擺知與拜師不同，拜師有一兩桌酒席便可，擺知多者二三十桌，少者十數桌。評書界擺知無年數的限制。工商業大多數是三年零一節的，學徒的學到了年份，不謝師不能掙錢，不謝師不能離開師傅單獨做事的。就以「掃苗」（剃頭的理髮匠調侃兒叫掃苗）的行兒說吧，在清朝的時代，學滿了徒，不謝師是不許擔着剃頭挑子出去的。如果愣擔着剃頭挑子去串街，同行人就能攔住了盤道，盤短了愣把挑子給留下，不准他吃那行飯。當徒弟謝師之日，做師傅的算全始全終教成了個徒弟，自己也有名有利。是日為師者必須當着同行人將本行的規矩、行話暗語傳給徒弟，為徒的懂得了行中規矩，盤道問答話語，再挑起剃頭的挑子出去串街做活，沒有人盤道便罷，有人盤道的時候，心裏有貨就有恃無恐了。掃苗的人們，非到了徒弟謝師的日子才能傳授徒弟問答調侃兒。評書界的規矩是一樣的，不謝師不准傳徒弟調侃兒，謝了師之後才能懂得本行問答言語的。前談評書界攜家伙（盤問門戶）的問答詞兒，也是謝師的日子受師傅指教的。攜家伙在北平評書研究社時，有位說《盜馬金槍》的先生叫馬風雲，他最恨評書的老前輩出去攜人的家伙。他的思想是正大的，管他有師傅沒師傅，管他有門戶沒門戶，誰掙錢誰吃飯，何必為尋事？有些新入行的徒弟，因為不懂得有人攜家伙時應當如何對答，向馬討教，馬好詼諧，教給新徒弟鑽鋼（江湖人管罵調侃兒叫鑽鋼）攜家伙的，然其為人也善惡劇者。

評書界的侃語管《施公案》這部書叫「醜官兒」，醜官是指施公而言，

傳其人有殘疾叫「十不全」，以施公是殘廢人的訛言調侃兒叫「醜官兒」。管《隋唐傳》調侃兒叫「黃臉兒」，《隋唐傳》是以秦叔寶作書膽（書中的主要人物稱為書膽），因秦瓊長得黃面皮，故稱是書為黃臉兒。管《包公案》調侃兒叫「大黑臉兒」，面黑而言。管《小五義》調侃兒叫「小黑臉兒」，其中的意義與「大黑臉兒」大同小異。管《于公案》調侃兒叫「渾水子」，是指于公而言，魚是渾水東西，于與魚音同字異也。《三國志》調侃兒叫「汪冊（chǎi）子」，蓋因江湖人管三字之數調侃兒為「汪」是也。管《精忠傳》調侃兒叫「丘山」，《精忠傳》以岳飛作書膽，將岳字拆開了說為「丘山」，其意最為顯明。管《西遊記》調侃兒叫「鑽天兒」，其意是以孫行者是個猴兒，一個斤斗十萬八千里，藉孫猴而言，稱其書為「鑽天兒」。其餘的，如《明英烈》叫「明冊子」，《東西漢》叫「漢冊」，《三俠劍》叫「黃楊兒」，《彭公案》叫「彭冊」。《濟公傳》叫「串花」，其中意義是以濟公穿的僧衣襤褸不堪和花兒乞丐似的，以濟公為書膽，叫做「串花」。唱戲的票友兒叫「清客串」，唱花臉的改唱《蚆蜡廟》張桂蘭叫做「反串」，濟公故意穿破爛衣服，襤褸不堪，是為反串花子一樣，說他是「串花」其意淺而顯明也。管開書館的主人調侃兒叫「黏箔（nián bo）」，管茶館伙計調侃兒叫「提摟把（bǎ）子」，聽書的人們格外多給書錢調侃兒叫「疙瘩（gē da）杵兒」。若有聽書的人指正說書的藝人，將某回書說錯了，調侃兒叫做詢局的「摘毛兒」。評書界的人常說戲聽的是「大軸兒」，書聽的是「扣兒」。要想多掙錢，書裏的「扣兒」得引出「大柁子」（最大的扣兒）來。什麼叫「書扣兒」呢？譬如說書的人說的是「黃臉兒」（《隋唐》）吧，說秦叔寶跟隨靠山王楊林由山東起身來到長安城，楊林接到山東濟南節度使唐璧的一件緊急公文，說有三十六友大反濟南府劫牢反獄，劫出劫皇槓的程咬金、尤俊達，火燒了歷城縣的縣衙，三十六友的盟單上有秦瓊的名字，唐璧請楊林將秦瓊拿住，叫秦叔寶招供三十六友的下落，以便肅清響馬。說書的藝人說到此處，聽書的人們都替秦瓊擔心，怕秦瓊有了危險，無論有多少要緊事就豁出去耽誤嘍不去辦啦，專聽這段楊林追趕秦叔寶的扣子。說書的用扣子將書座扣住了，如同使拴馬樁（用話把人扣住）一樣，再不慌不忙說秦叔寶三擋楊林。他說完了這個扣子，聽書人的大把兒

錢也被他掙足了，他說書的人也就「駁了口」（他們說評書的管散了書不說了調侃兒叫駁了口）啦。臨駁了口兒的時候，還說明天接演「魏文通追拿秦叔寶，三十六友九戰魏文通」，這兩句是叫聽書的人們知道，明天好再來接着聽「九戰魏文通」的扣子。扣子一天使一個扣子，說個三五天，便說到最熱鬧的節目「瓦崗山」了。管六次攻打瓦崗山十數天說不完的大扣子，又調侃兒叫「大柁子」。不論哪部書也有好扣子、大柁子。例如《施公案》的「五女大灰場，捉拿一枝蘭」，「七貞捉拿大蓮花」；《濟公傳》的「八魔煉濟顛」；《彭公案》的「畫春園」、「牧羊陣」；《精忠傳》的「牛頭山」。說書的若想掙大錢，必須有「把（bǎ）鋼」（管有拿手的，有把握能掙錢的能耐調侃兒叫把鋼）的活兒。說得攏不住座兒，每遇要錢的時候淨走座兒，調侃兒叫「起棚兒」。說書的人若是沒學好嘍就上館子愣說書，一定把書說得不精彩，不火熾，調侃兒說他「趟水兒」呢！又有沒品行的說書的，知道某人說的××書最好，去偷着聽書，調侃兒叫「榮（榮即是偷的意思）人家的活兒」。說書的藝人如若有條好嗓子，調侃兒說他「夯（hāng）頭子正」。說書的人如若口白好，調侃兒叫他「碟子正」。說書的人口白不清，調侃兒叫「碟子不正」。如若說書的鬧嗓子，調侃兒叫「夯頭子鼓啦」。說書的人長得五官端正，器宇軒昂，調侃兒說他「人式壓點」（yā diǎn，震得住人為壓點）。如若長得相貌不好，言不壓眾，貌不驚人，調侃兒說他「人式不正」，或說「人式太念」。如若說書的不認字，叫「不鑽朵兒」。或是沒有學問，調侃兒說他「朵上不清」。認識字的叫「鑽朵兒」。說書的掙錢掙大發了，調侃兒叫「團柴的火嘍」。說書的藝人不掙錢混窮了，調侃兒說「團柴水攏啦」。說書說得能有叫座的魔力，調侃兒叫「響了萬兒（有了名兒）啦」。說書的藝人要向書座套交情，多拉攏書座，調侃兒叫使「貼身靠兒」。說書的藝人設法騙聽書的座兒錢，使人能夠忍受，調侃兒說他「挖（wǎ）點」。說書的藝人如是北平人，口白清楚，外省人說書怯口，調侃兒叫他「渾碟子」。說書的會武藝，或是懂得武術，調侃兒叫「鑽習尖掛子」（受過訓練的練把式賣藝的人）。說書人說書的時候，常把書中人名說錯，調侃兒叫愛「滾鋼兒」。說書的人在場上批評同業的書說得不好，調侃兒叫「刨

◇ 江湖藝人常說:「唱戲的
  要想叫座兒,得有好軸兒;
  說書的要想叫座兒,得有好
  扣兒。」

活」。書館的伙計如若在打書錢的時候往身上藏錢，調侃兒叫他「捂（wū）杵」。說書的藝人淨誆騙同業人的錢，調侃兒說他「摳鼻挖（wǎ）相」。說書的藝人不會說扣子，攏不住座兒，把扣子說散啦，調侃兒叫「開了閘啦」。說書的藝人在場上能將書中事兒說得意義最淺，使聽的人們容易懂得，聽得明白，調侃兒叫「開門見山」，又叫「皮兒薄」。書說得使人不懂，聽着發悶，調侃兒叫「皮兒厚啦」。說書的藝人名譽正叫「萬兒正」，名譽不正叫做「萬兒念」。說書的藝人心術不好叫「攢（cuán）子不正」，心術好叫「攢兒正」，膽量小叫「攢兒稀」。管整本大套書叫「萬子活」。說完了一部書又換別的書了叫「撂萬兒啦」。書越說越長沒結沒完的叫「萬子海（hāi）啦」，書說得要完了叫「萬兒念了」。將學一部新書叫「趟萬兒」。管說短期的三五日有拿手能攏座兒的書叫「吧噠棍」，管說小小的段兒叫「片子活」，自己編段書叫「攥弄（zuàn nong）萬子」。

　　庚子年前說書的人們都是上明地（露天演出場所）撂場子，在東四牌樓、西單牌樓、安定門內、阜成門內等處，靠着甬路邊兒支棚帳擺凳子說書，只有十分之一的藝人上館子。庚子年斷大煙之時，評書茶館才暢興一時，直到了民初袁項城（袁世凱）秉政，極為發達。開書館的主人若邀說書的先生，不能隨便濫邀，必須求一個說書的主持該館邀請角（jué）兒之事，評書的同人管專司邀角兒的人稱為「請事家」。每逢有開書館的初創設立評書，必須由請事家先找一位說書的破台，稱該書館頭一個登台說書的先生叫做「開荒」。破台之法，台上先設神桌，桌上供周莊王、文昌帝君、柳敬亭的牌位，是日由說書的先生及開書館的主人行完叩拜之禮，說書的如同唸贊喜歌兒似的，還有一套吉利贊兒，將贊兒唸完了，撤去桌位，將祖師牌位送焚了，然後由開書館的主人用紅封套一個，內裝洋十元至五元，最少也得一兩元，用糨糊封好，放於書桌之上，敬送先生，名為「台封」。當日所掙的書錢並不下賬，評書界的行規是三七下賬，比如掙洋一元，說書的要七毛，開書館的主人分三毛，錢數多少依此類推。凡書館更換說書的先生時，頭天書錢與末天的錢，書館不下賬，都是說書人的，名為頭尾不下賬。破台的日期與此相同。可是評書界的人們，凡是有

叫座魔力的頭二路角兒，向來不給新書館破台開荒，避諱此事，如若請他們開荒，無論是親是友，傷了交情都可以，絕不為書館開荒的。如若問他們為什麼怕給書館開荒呢？答以開荒破台的人必將不利。知識幼稚如此，實是可笑。那麼開荒破台的說書先生又哪裏去邀呢？在評書界說書不掙錢的三四路角兒，每日晝夜奔馳不得溫飽者，專給新書館破台開荒，所貪圖的不過數元之台封兒。評書界的規矩，每一說書的藝員，在書館內只許說兩個月書，名為「一轉（zhuǎn）兒」。故評書館的藝員，都是兩個月一換轉兒。北平的評書館子，在內城的都是白天擱書，燈晚賣清茶。前三門外的書館子，都是白天賣清茶，燈晚擱書。內外城的書館黑白天都擱書的，只有宣外大街路西如雲軒、宣內森瑞軒、磁器口紅橋之天有軒。至於天橋福海居（俗稱王八茶館，其故去之舊主人姓王行八，天橋野茶館是他最早創立的。當其在日營業極為茂盛，今老王已故，其營業一落千丈，非昔日可比了），雖是燈晚白天都有書，仍以白天上座兒甚多，燈晚上座兒寥寥而已。

按評書界的規矩，開書館的主人每年須請支（請客）一次，所請的說書先生一般都是到這個書館說書的演員，其中尚有非其演員者，也不過是作陪吃嘴而已。請支之先由書館主人備請帖若干份，交該館之請事家（評書的同人管專司邀角兒的人稱為請事家），由請事家向帖上填寫人名，也由其送帖往邀，請支的日期係書館主人在某飯莊預定酒席一桌或兩三桌，至期接到請帖之人皆來赴宴。弄書館的主人花錢請支，其慾望是願請事家邀的角兒都是頭路角兒，如若請的都是頭路角兒，該書館一年之營業，六轉兒的演員均能叫座，必獲重利也。至於請來的說書藝員是不是頭二路角，那就看請事家邀角兒的能力如何了。近年以來，評書界名角如羣福慶、潘誠立、雙厚坪、王致廉、徐坪鈺、汪正江、袁傑（北京評書藝人用「傑」字，天津同輩評書藝人則用「杰」字，如常杰淼、張杰鑫）亭、田嵐雲、李傑芳、金傑華、董雲坡等故去之後，評書界的人才缺乏，後起無人，所有能叫座的藝員只有十二三個人，各飯莊也不見書館定席請支了。評書界諸公若不設法培養人才，恐此十二三人也難久持的。不知評書界的人們以為然否？

評書界請支之源流

　　喝茶愈喝口味愈高，買茶葉的錢數也漸漸增加；聽戲愈聽戲癮愈大，愈聽好戲，戲價愈貴。惟有聽評書是不論好歹都是一樣花錢，無分貴賤。說評書的藝人掙錢多少，是由上座多少而論。說好書的藝人多叫書座，收入便多；藝業平庸的，沒有叫座的魔力，每逢開書的時候，座客稀少，收入也多不了啊。故開書茶館的主人都爭着請有叫座能力的演員。凡是能叫座的說書的藝人，都爭着約請，有一人為數家所約的。據我調查得來，每一個評書演員在一個書館只說兩個月，名為「一轉（zhuǎn）兒」。有一種書館只能白天擱書，按着兩個月一轉兒計算，應請六個演員演說六轉兒，才能夠一年的全年轉兒，開書館的主人按着規矩每年應請六個演員，在未曾請人之先，得找請事家（即代邀角〔jué〕兒的），由請事家替開書館人下帖請六個評書演員，在飯莊定酒席一桌，定日聚餐，名為「請支」。請的演員角色優劣，須視請事家邀角兒能力如何。如若六個演員俱有叫座魔力，開書館的主人都有一個請事家為他奔走，四出約角兒。有些個地勢好的書館，請事家都巴結書館的主人為其邀角兒。有些個書館地勢不好，評書演員都不願進他的館子，書館主人便巴結請事家為其邀角兒。評書界的請事家與開書館的主人也是店大欺客，客大欺店。據評書界中的老人所言，在早年北平這個地方，說評書的演員都是上明地（即是街頭、廟會、拉場子、露天講演），並沒有書茶館，至清末同治年間，書茶館才發芽兒。開書館的主人請支，係光緒年間所興的，首倡此舉的是宣外大街路西勝友軒（今該館已更名，另換主人也不擱書了），主人劉某是開書館請支的第一人。據評書界人所談，他請的演員是潘誠立《精忠》、陳士和《聊齋》、袁傑亭《施公案》、王傑魁《包公案》、金傑華《小五義》、羣福慶《于公案》、閻伯濤《清烈傳》，在那時候這些演員還是二等角兒。頭路角兒是雙厚坪、田嵐雲、王致廉、胡連城等，這頭路角兒皆在如雲軒演講，如雲軒在菜市口北路西，勝友軒在宣外大街路西，兩個書館相隔不到百步。南頭書館以頭路角兒號召書座，北邊書館以二路角兒後起之秀號召書座，與如雲軒打擂台，每日均上滿座兒，勝友如雲，滿棚滿座，盛極一時。自

從勝友軒的主人劉某提倡請支之後，各書館主人也都紛紛請支。北平的書館請支，在春秋兩季為多，大教的飯莊天壽堂、同興堂，清真教的飯莊、飯館元興堂、兩益軒，每年都做些請支的酒席。自從近二三年來，社會的經濟狀況不好，書館的主人請支的事兒也是寥寥了。

團柴的規矩

　　說評書的這行兒調（diào）侃兒叫「團（tuàn）柴」的，又叫「使短家伙」的。雖然是藝人，他們的規矩很大。就以他們在場上說吧，無論誰來了也不能行禮，也不能答言；如若行禮答言，也有一定的時間。設若有人在台上和人答言與人行禮，那就算壞了規矩。當初我在少年的時候，在後門聽王致廉的《包公案》。有一次他在台上說：「我們這行兒對於親朋是不應酬的。有些人常怪我在台上不理人，其時我們這行兒不能理人。譬如今兒我正說《隋唐傳》，裴元慶由外邊走進中軍帳，他父親裴仁基說：『兒呀，你來了。』可巧由外邊進來一個熟人，我在台上向他說『你來了』，這人能給我一茶壺。他急了就許問我：咱們不玩笑，怎麼我進門你就叫我『兒呀，你來了』？譬如，我說書的說裴元慶正在帳中坐着，他父親裴仁基從外邊進來，裴元慶說：『爹爹你來了。』可巧在這時候進來一位書座，我衝書座說『你來了』，這位便宜了。旁邊還有說便宜的說：『說書的爹也來聽書啊？』所以我們這行人若在台上說書，有熟人進來，我若不理誰，可別怪我不理人，我們這行就是這樣規矩。」

　　當初我老雲在交道口馬路旁邊聽書，正聽李致清的《封神榜》，他師傅程德印從場子前邊走過來，李致清要給他師傅請安，程德印說：「掌着買賣不拿腿。」他就不行禮了。後來我向李先生問什麼叫「掌着買賣不拿腿」？李先生說：「我們這行人如若正在場內說着書，見了親朋不能行禮，和戲台上一樣。如若正唱《惡虎村》，去黃天霸的那個角衝台底下熟人請個安，那成嗎？我們也是一樣。我們的行話管說着書叫掌買賣，管別請安施禮叫不拿腿兒。」我聽了這個解釋，才知道他們這行規矩。

有一次老雲在天津三不管（天津市南市的一個露天市場）聽評書，聽的是張杰鑫的徒弟馬軫元說《三俠劍》，他是由營口剛回到天津，還沒見他師傅哪。可巧張杰鑫從他場子外邊路過，他出了場給他師傅磕個頭。張杰鑫說：「掌着買賣不爬薩。」後來我問馬先生什麼叫不爬薩？他說：「我們這行兒，管別磕頭調侃兒叫不爬薩。」

有一次我在三不管聽劉慶和的大鼓書，他師傅牛德興來了，他正說書哪，要給牛德興磕頭，牛德興說：「使着買賣，不用叩瓢。」我沒問他也猜透了：使着買賣是說着書哪，別磕頭就是不叩瓢。

有一次我老雲走在花市，遇見一個新上跳板（剛入這一行）說書的，我問他在這裏幹什麼？他說：「跟活兒哪。」對於這句行話，我不大明白。我問他什麼叫跟活兒？跟活兒是怎麼回事？他說：「我們說書的這行，如若徒弟去聽師傅說書，不能像書座兒聽書解悶。我們要聽師傅的書，行話叫跟活兒。跟活兒還有規矩，不准去晚了。譬如三點鐘開書，兩點鐘就得到，走在師傅前頭為是。如若坐在凳上等師傅，師傅來了徒弟還得站起來。沏上茶給師傅斟一碗，然後才能自己喝哪。如若要走，也得等着散了書，隨着師傅一同走。如若不等散書走，那便是壞了規矩。」

有一次我老雲碰見了連闊如，我問他來幹什麼？他說：「替買賣。」我問什麼叫替買賣？他說：「今天是劉繼業他父親壽日。他在琳泉居說燈晚，今天他在家應酬親友來不了。叫我替他說一天，行話叫替買賣。」我說：「我也沒事，同你去聽聽書。」我記得他那天晚上說的是《卞和三進寶》，楚相昭陽丟和氏璧，怒打張儀，又串到藺相如完璧歸趙，將相和。他說到十一點多散書，掙了幾十吊錢，他沒拿着，向茶館掌櫃的說：「你把杵頭兒給掛起來吧。」那掌櫃的就把錢端了走。我問他這是怎麼回事？連闊如說：「我們說書這行，如若替誰說幾天，掙了錢不能拿走，按着規矩存在櫃上，這錢還是人家本人的。說行話叫把杵頭兒掛起來。」我問他，替說書，不把錢留下，說完了帶起來的有沒有？他說：「有倒是有，那不過是師傅替徒弟說一天，說完了把錢全帶走。除了師傅外，別人是不行的。」我聽他們所說，才知道江湖藝人是有義氣。

天橋的評書場子

在清室時代北平沒有評書茶館，說評書的都在馬路邊上拉場子露天講演。西單牌樓、東單牌樓、東四、西四、後門外、交道口，都是評書場子。自從庚子年後禁煙，北平的評書館子才漸漸興旺，到民國二十年，說評書的藝人都上館子了，露天場兒是見不着的。到如今，評書藝人在露天場兒說書真有不會說的了，天橋的評書，始終也沒興旺起來。

在早年，天橋說評書的有個尚××，只說《黃楊傳》，書中的意思是以黃三太鏢打猛虎，楊香武盜九龍杯為叫座兒的段子。據評書界的人說，那位先生是外江派，不是北平評書界支派中的人物，他的書說不了兩個月，幾天就完，說完了從頭再說，專有些人愛聽，但沒有大轉（掙大錢）。

自從民國二十年，評書界的連闊如、陳榮啟、苗闊泉，在天橋撂明地（露天）演說評書，能佔個場子叫滿堂座兒，才算興開了這宗玩藝兒。郭品堯、高闊軒、高豫祝、丁豫良等接連不斷地上地（做生意），評書才能在天橋久佔。可是夏天最美，天棚底下聽評書，來壺釅（yàn）茶，又解悶又涼爽，卻是有趣兒。過了夏天可就差多了。

天橋茶館各有不同

天橋評書茶館，只有福海居（即王八茶館）一家，在該書館最發達前為清茶館，提籠架鳥的閒散階級人物都到那兒喝清茶去。後為評書館，不賣清茶，所上的茶座兒都是好聽評書的。

北平這個地方，評書茶館共有七八十家，王八茶館屋內寬闊，能坐三百多書座，為書館之冠。說書的先生們掙錢最多也數該館第一。白天上座最多，燈晚座客稀少，不及白天的三分之一。評書界演員有叫座魔力的在該館講演，能上滿堂座兒，能力稍差者就無人去聽。在王八茶館說書雖能掙錢，也要藝術高超，第一路角色才能上得住一轉（zhuǎn）兒（每兩個月為一轉兒，過期改換新角），第三四路角色皆畏而不往。第二路角色

◇ 北京宣武說唱團評書演員合影，
後排從左到右分別是：劉鶴雲、高
豫祝、傅闊增、連闊如、徐雯珍（說
唱團負責人），前排蹲者是陳蔭榮。
（照片由徐雯珍提供）

也時常有磕出去做不到一轉兒的（凡是說書的演員到某書館說書，如不上座，演員辭了館另尋他處時，同業人譏誚他在某書館磕出去了。磕出去為評書界最恥辱的事兒）。

在清末時，該館能叫座的說書演員為王致廉、王傑魁、田嵐雲、楊雲清、張智蘭、羣福慶、張誠斌。自民國以來，在該館能叫座的說書演員為陳士和、潘誠立、張少蘭、袁傑亭、袁傑英、金傑麗、品正三、劉繼業、閻伯濤。最近評書界老人物相繼去世，後起無人，人才缺乏，在該書館能掙錢能叫座的只有品正三、劉繼業、閻伯濤、劉繼雲數人。王傑魁、袁傑英為評書最有聲望的角色，也因該館生意難做辭了轉兒，另搭別的書館了。陳士和、金傑麗去津未返，張少蘭改行行醫。該書館每年只用六個演員即可表演全年，至今評書界演員尚有百數餘，欲邀六個相當角兒都感覺困難，評書界人才缺乏為百年來所未有，望該界同仁設法培養人才方好，倘不設法維持，評書界的事業就要破產了，不知說書的先生們以為然否？

今年該書館的角色大有更動，除正、二月，仍為劉繼業說《精忠傳》，三、四月袁傑英辭去另換蔣坪芳說《水滸》，五、六月連闊如辭去另換張榮久說《施公案》，七、八月仍為品正三說《隋唐》，九、十月閻伯濤說《清烈傳》，冬、臘月劉繼業說《濟公傳》外，因評書轉兒（每一個評書演員在一個書館只說兩個月，名為一轉兒）仍然沿用舊曆，閏三月又邀王傑魁說《包公案》。按王傑魁在該館獻藝有三十餘年，可保能叫座兒，至於蔣坪芳、張榮久等演時能否上座，實難預料也。

陳茶館主人姓陳，因售劈柴得名。該館在天橋西溝沿路北，六樓八底，底下的茶座兒大多數是附近手藝工匠、攤販商人。樓上則分兩路的，每日早晨有十數人在那裏喝茶、研究活兒。許榮田、陳榮啟、馬闊山、曹闊江、馬蔭良等是天天準去的。這裏算是個清茶館，如若有人邀說評書的，到那裏去邀，是絕不能空的，即是團柴的牙淋窯兒（團柴是說評書的，牙淋窯兒是茶館）。

六合樓茶館在魁華舞台北邊，四樓四底，雖是個清茶館，白天賣清茶，夜裏是店，瓦木匠、拉車的老哥們盤踞之所。清茶館兒地勢寬闊，樓上樓下，設備完善，講衛生，真清雅。買賣發達的第一為西華軒，俗稱

紅樓茶館；第二為同樂軒，在紅樓茶館以東，俗稱三起大樓。野茶館真涼爽的為長美軒，在電站總站以西，每逢夏季，天天高朋滿座，其餘的野茶館則無定所，年年改變，營業如何也沒一定的。小小茶園、天桂茶園、小桃園、萬盛軒，都是蹦蹦兒棚子，又叫奉天落子，半班戲，所唱玩藝兒，生、旦、淨、末、丑等等的角色都有，我老雲聽過些回，他那戲裏始終也沒唱出個皇帝、元帥，美其名叫評戲，稱為半班戲倒是名副其實的。

　　如意軒、二友軒、三友軒都是落子館，一班不得時的鼓姬全在那裏演唱，詢局的先生們如好耳目海（hāi）轟兒（聽玩藝兒的人江湖調 [diào]侃兒叫詢局的，管聽大鼓調侃兒叫耳目海轟兒），可以去耳目吧。爽心園、春華園、天華園又都是唱墜子的、唱山東大鼓的雜耍（是雜耍曲藝形式的綜合叫法）館子了。

三不管的評書場兒

　　天津說評書的都是由北平傳出去的支派，門戶最盛為英致長（北平創說《善惡圖》程德印的弟子）、王致久、福坪安、周坪鎮、張誠潤等，哪個支派也傳出數十人去。我老雲在北平是常聽評書，到了天津也是一樣，有了工夫就聽評書。隨聽玩藝兒消遣解悶，也能得着一種社會調查的材料。

　　天津、北平雖然相離不到三百里路程，風俗習慣卻大不相同。就以評書界說吧，北平的說書藝人是兩個月一換地方，管在一處說兩個月的書叫「一轉（zhuǎn）兒」，每逢正月、三月、五月、七月、九月、冬月為評書換轉兒之期，大家才能更換館子；天津的各書館是三個月為一轉兒，每逢節關才能更換說書的。北平的說書藝人一部書要說兩個月，每天是說三個多鐘頭；天津的說書藝人一部書要說三個月，每天是說兩個鐘頭。北平的書資是幾回一要錢；天津是每天要一次錢。北平聽一天書須三十多枚；天津聽一天書三大枚。北平的書館，每天散書之後和說書藝人三七下賬，

掙一元，書館分三角；天津是說書的掙多少錢不下賬，不論掙多少，都是說書的，書館分文不要。那麼開書館的主人指着什麼賺錢哪？說是指着說評書的藝人有叫座兒的魔力，給他多叫書座兒，來一書座兒，聽書花三大枚，茶資也是三大枚，他的利益是多進茶資。北平的說書藝人雖有叫座兒的魔力，約定了哪月說書，哪月登台，也不能使茶館分文，只有在飯莊備桌席請說書的藝人吃喝而已。天津開個書館可就不同了，沒本領的說書藝人不能叫座兒；有叫座兒魔力的說書藝人得使押賬，書館主人得無利無息叫說書的藝人先白使一二百元，三四百元。可是，沒上台先使錢，下台就還。天津的書館與說書的情形是這樣的，可是說書的藝人都不能指着書館掙錢。北平的書館若上五六十個書座兒，說書的藝人就能掙兩元錢；天津的書館上一百個書座兒，說書的藝人才掙六百枚，合一元有餘。這樣比較還是北平的書館容易掙錢。天津說書的藝人上書館有兩種用意：一是上書館白使幾百元，二是藉壯聲勢。要是想掙錢，白天、燈晚得分開了，或是白天上書場說書，夜內上館子。要想天天掙錢，可得指着書場，那書場上的書座兒最多，說一回書要一回錢，要聽一天書得花二三十枚，若上百數多座兒，就能掙三兩元錢。書場與書館比較，還是書場掙錢。

因為掙錢的關係，天津說書藝人都願上書場，書場兒約個好角色，受說書藝人限制，也是得白使數十元，一切的設備都聽說書的藝人指揮。如若說書的藝人沒有叫座兒魔力，不惟不能白使錢，還得受書場主人壓住，限制每天至少得給他掙多少錢。社會裏的事，店大欺客，客大欺店，藝人與書場主人也是如此呀。

評書門之羣福慶

說評書是分袍帶、短打，短打就是公案書。說公案書最有萬兒（名兒）的人就得數羣福慶，其次就是袁傑英。羣福慶他本姓吳，字叫光甫，排行在二。他的大哥是因為自幼失迷，始終沒有蹤影，他兄弟是在後門外天匯

大院開設「開明軒」茶館。韋福慶在幼年時候在某齋學徒，學餑餑舖紅爐（烤點心）上的手藝。他的手藝學得很不錯，因為他性情最好聽評書，每到晚上舖子裏上了門後，大家全都睡覺去了，惟獨他是耗夜油子，等人睡着覺，溜瞅瞅（偷偷）地跳牆出去，直匆匆地就奔到書館去聽書。天天兒如是，可惜他那八年多的手藝，因為好聽書就給耽誤了。日久天長，沒有不透風的籬笆，因聽書把事都誤啦，所以被人家給辭了。他心裏一賭氣兒，幹什麼不能吃飯哪？於是他就給白敬亭磕了頭，拜為師傅，從這兒他就說起評書來。按：白敬亭本是「文」字的支派，名叫白文亮，跟雙文興（雙厚坪）、海文泉是師兄弟。白敬亭說短打書，以說《施公案》為最拿手，時常往清室各王公府裏說家檔子（堂會）。因為他是瓦匠手藝出身，每逢說到灶王爺杜克雄耍大鐵鍬的時候，最為出色，別人是比不了的。他師兄弟三人，眼下就剩海文泉了，他說《濟公傳》、《永慶昇平》為最好。韋福慶拜白敬亭為師，按着支派賜他的名字叫福慶，他姓吳，理應該叫吳福慶，因為他迷信心重，吳無兩個字是音同字異，吳福慶認為不大吉祥，忌諱這個無字，所以就改名叫「韋福慶」。他從前在天橋各場拉順兒（即是摽地拉場兒），很有叫座的魔力，因為他的夯（hāng）頭好（就是好嗓子），噴口字正，能夠把那英雄的肝膽氣概表現出來。我國人民對於俠義英雄素常都抱崇拜主義，所以韋福慶是「挑（tiǎo）簾紅」，出門就「轉」（zhuàn，出門就火，能掙錢），也是因這緣故成的名。他的「醜官兒」（醜官兒是侃語，就是《施公案》）說得很不錯。有個袁傑亭，係評書界名人王致廉的門婿，也說《施公案》。袁傑亭說《施公案》一些的言談動作，較比韋福慶還有好的地方，可以說是有過之無不及，因這緣故，韋福慶很受他的影響，後來便又學「渾水子」（渾水子是侃語，就是《于公案》）。按：《于公案》這書，是評書界名人牛瑞泉所編纂的。那裏面的結構跟穿插都很精奇，能夠引人入勝。可惜牛先生在北平是時運不濟，未能得志，又不肯把這心血編纂的《于公案》拋棄，就將此書傳給了劉竹橋，後來劉竹橋又把這書傳授於韋福慶。

　　韋福慶從把《于公案》學會之後，每逢要與袁傑亭對壘的時候，就演《于公案》，不說《施公案》，以表示謙讓之意。無奈他學的這《于公案》

不夠說一轉（zhuǎn）兒的（即是不夠說兩個月）。他曾從馬風雲學過《盜馬金槍傳》，馬風雲人品很清秀，說《明英烈》最好，可是不變口，不比刀槍架，所以叫做文口《明英烈》。羣福慶每逢說《于公案》到了末尾，還虧個十天半月的日期，他使用《盜馬金槍》補續着說。後來把《于公案》說開了，能夠說六十天啦，就把《盜馬金槍》扔下了。現在這《盜馬金槍》就沒人說啦，簡直就要失傳了，未免是很可惜的呀！

　　羣福慶為人很機警，對任何事很有見解，在藝人中極講義氣，可稱為識時務之人。沒幾年的光景，袁傑亭患神經病，醫治無效，便與世長辭了。由這個時候起，說《施公案》的人就沒有能夠跟羣福慶並駕齊驅的了。羣福慶在評書界裏，由一出藝就挑簾紅，紅了三十年之久，他那說醜官兒（《施公案》）的魔力也很可觀的了。惜其為人不善於料理生活，雖然紅了這麼些年，仍然是家徒四壁。到了民國二十二年冬月竟因病而亡。身後很是蕭條，他所收的徒弟是劉榮安、劉榮雲、傅榮庭、張榮久、陳榮啟、許榮田、孔榮清等。傅榮庭雖給羣福慶「爬薩」（爬薩是磕頭認師傅，又叫叩瓢兒），他向來沒說過書，未入此道。孔榮清自從給羣福慶「爬薩」後，就一直在奉天、黑龍江等地獻藝。東三省使「醜官兒」的評書界演員，就數孔榮清有萬兒（有名兒）了。許榮田、張榮久、陳榮啟三人，現在北平說書。張榮久、許榮田因為體質多弱，未能大露頭角；陳榮啟以使「丘山」（《精忠傳》）見長，「醜官兒」這部書不常演。演《施公案》的演員，袁傑英說得最能叫座了，並且使的活兒「包袱」最多，有些好聽滑稽玩藝兒的書座兒格外愛聽，每日他在各書館開了書的時候，「詢局」（聽書）的人們總是上滿座兒的，袁傑亭有知也當含笑於九泉了。

評書藝人劉榮安

　　劉榮安這個人，長得身軀矮小，好像《施公案》的灶王爺。他有兄弟叫劉榮魁，會說「大瓦（wà）刀」（評書界的人管說《永慶昇平》的調[diào]侃兒叫使大瓦刀，因是書之第一人物馬成龍當過瓦匠，會使大瓦

刀。在康熙私訪月明樓時救過駕，故此他們評書界說書人管《永慶昇平》調侃兒叫大瓦刀），久在東三省，永不回平。他們昆仲原都是飯館跑堂的。劉榮安因為嗜好評書，專愛聽白敬亭的《施公案》，他就說了評書。當他初次說書時，也未拜認師傅，在宣武門外賃了個場子，貼報兒就說書，他那報上寫的是劉海泉，頗招評書界人不滿。按着說評書的支派，那個劉海泉的海字輩數最大。當初，清中葉時有肇弘六者，係清室黃帶子，按弘字輩與乾隆帝一輩，他的藝名叫肇海鳴，專說《明英烈》，頗有聲望。到了清末時，評書界中早沒了海字輩的藝人了，有人瞧見票友下海的敢貼報叫劉海泉，焉能願意？就找了老說書的去攛他家伙。攛是個行話。攛家伙時，是伸手將手巾往醒木上一蓋，小笸籮一扣，扇子往笸籮上一橫。如若拜過師傅，有門戶說書的不怕這個，他拿起扇子說套詞贊，拿起笸籮說套詞贊，拍下子醒木，說完了詞贊，照樣說書。那來攛的人就沒有辦法，道句辛苦而去。如若不會說這幾套詞贊，就沒有師傅，沒門戶，那來攛的人就將扇子、手巾、醒木以及所掙的錢都拿走，並且還不叫說了。那早年吃生意飯沒門戶是不成的。到了如今，沒有門戶的藝人，沒有師傅的藝人，很多很多。如若有人來攛家伙，那在法律上是不容許的，和他打官司，至輕也打個詐財的罪名。那劉海泉見有老說書的來了，他真伶俐，趕緊請安叫師爺。那老說書的被他恭維得不好發作，只說：「你趕緊找門戶，認了師傅再說。」他諾諾應聲。從那天起他就不說了，也見不着劉海泉的報子啦。他後來託人疏通，拜羣福慶為師，藝名就叫劉榮安，他還是個大徒弟，師兄弟十數人，都叫他大師哥。他出藝雖早，口齒不大清楚，嗓音也不大，說得又不精彩，二三十年了也沒成名，終日奔波，所掙的錢僅夠衣食之用。藝人不成名的也是很多呀！

田嵐雲

說評書的藝術和唱戲的藝術都是一樣的。唱戲的角色分為生、旦、淨、末、丑，表情分為喜、樂、悲、歡。文講做派，武講刀槍架兒。評書

的藝人每逢上台，也是按書中的人物形容生、旦、淨、末、丑，喜、樂、悲、歡，講做派，講刀槍架兒。評書的刀槍架兒最好為何茂順、高勝泉、田嵐雲三人。何茂順專說《東漢》、《明英烈》，他是掛子行（練武術）的人，並且不是腥（假）掛，他那把式得過真傳。在光緒初年時，他的叫座魔力是很大的，每逢說《東漢》，說到馬武、岑彭打仗的時候，抬手動腳，比幾手兒刀槍架兒，特別精彩。有些個夜叉行（黑道）的人，不在乎聽書，為看他的把式的，頗為不少。

何茂順有三個徒弟，長為奎勝城，次為高勝泉，三為劉勝常。當何茂順病至不可救時，將徒弟三人喚至榻前，問死後之事。這三個人，或云他買棺材，這個開發槓錢，那個給開發棚錢。何令高勝奎、劉勝常退出，獨留奎勝城一人，在病榻授藝，以竹筷兩根當作雙鉤，傳授他幾手護手鉤，奎學會了，令其退出。又喚高勝泉入，以竹筷一根當作長槍，傳其幾手大槍，高學會了，令其退出。又喚劉勝常入，以竹筷兩根當作雙鎚，傳授幾手鎚法，劉學會了令其退出。這是何茂順教徒弟臨終時授藝的事。

奎勝城久在花市一帶，他說《明英烈》，說到伍殿章取金陵的時候，格外多上座兒。按：伍殿章與胡大海、湯鼎臣、朱洪武、鄧萬川、常遇春、郭英為盟兄弟，胡等六人的武藝皆伍殿章傳，伍慣使護手鉤，係清真教人，今牛街尚有他的後人。奎勝城學有八手鉤，故說伍殿章在小月屯大戰康茂才時，比仿幾手鉤極有精彩。他叫座兒的魔力，較比乃師有過之無不及，自稱為淨街奎（以該街有他說書，本街別的書館能夠沒有聽主，該處書座都聽奎勝城，本街書座俱為他一人叫去。因他有這等特殊的力量，稱為淨街奎）。後因他說書的時候，愛往回倒書（說過去的段子又說，聽書人最厭惡此事，不說是倒書，譏誚曰「倒糞」），故奎勝城不叫座兒的時候，都呼他為倒糞奎，奎勝城也因此一蹶不振。他是淨街奎而興，倒糞奎而衰。書座兒譏誚藝人也甚可畏也。

高勝泉係梨園行人，曾在某處當過箱頭，後拜何茂順為師，久在南城一帶說書，會的活兒很寬，《明英烈》、《東漢》、《水滸》、《三國志》都能拿得起來。他向不修飾外表，專講充實內容，廣覽多讀，時人稱雙厚坪口才第一，高勝泉腹闊第一。他每逢說到盔甲贊兒，人們最愛聽，他的贊

兒與眾不同，能夠說完贊兒，人名歸到「駁口」（每逢說完一段，一拍醒木，調〔diào〕侃兒叫駁口）上實為不易。他說的《水滸》有人聽過，說到花和尚魯智深時，有套贊兒，他說的是：「看和尚，真放樣：晃盪盪，高一丈。青頭皮，光又亮。大環眼，努着眶。那汗毛，一指長，手使一條鐵禪杖。有人要問名和姓，江湖人稱花和尚。」末句是花和尚。說林沖的贊兒，末句是林沖；說武松的贊兒，末句是武二郎。一百單八將共有一百零八個贊兒，此外還有幾十個贊兒：武大郎、潘金蓮、閻婆惜、潘巧雲、潘老大、海和尚等俱都在內。現如今評書界會說贊兒的很少，恐怕將來要失傳了。高勝泉說的大槍最好，在說到常遇春、姚期的時候，比仿幾手兒，頗有可觀。高勝泉的大槍最為出名。

劉勝常久在西北城一帶說書，為人憨直，書裏不摻包袱兒，專以評講叫座兒。他說《明英烈》、《東漢》，說到後半部時能上座兒。《明英烈》的書內，有朱沐英使金錘，劉輔使銅錘，趙繼祖使鐵錘，李文忠使銀錘。他說到八大錘會戰呂巨的時候，亮出使錘的像兒，最為好看，比仿幾手錘，也頗可觀。劉勝常的大錘最為有名。有一次，他們師兄弟在一起談心，奎勝城欲將八手鈎傳與兩個師弟，高勝泉要將八手槍傳與師兄弟，劉勝常要將八手錘傳給二位師兄。三個人費了好幾天的工夫，彼此串換活兒，白勞神費力，還是奎勝城的鈎好，高勝泉的槍好，劉勝常的錘好。何茂順的傳授之絕，其妙可知。早年的藝人，將藝業看得很重，雖是自己的徒弟，也不肯傾囊而贈，藝人的藝術在早年是不公開的呀！種種藝術失了傳就是這個原因。

高勝泉所收的弟子有三：一是馬嵐波，二是宮嵐彩，三是田嵐雲。馬出藝便紅，惜未長壽。宮善於拉長，也非全才。田嵐雲係官吏出身，精於武術，廣覽多讀，博聞強記，頗有乃師之風。也出藝便紅，叫座的魔力很大，能說《明英烈》、《東漢》、《水滸》，能在台上跳躍，刀槍架兒最為美觀。雖五十有餘，老當益壯，搬個朝天鐙，抬腿就來，凡是聽書的人們都大捧特捧，有的是疙瘩（gē da）杵兒（格外多給錢，調侃兒叫疙瘩杵兒）。他嗜酒如命，性情過剛，頗有俠風，專好路見不平。向來是獨樹一幟，概不聯絡，做事光明磊落。同業人有品行不正的，常受其辱，都很懼他。他

生平最尊重王傑魁，因王品行誠實，道規道義，能有能守，在台上向無蹚、踹、捧、賣的劣行。有一次，王在東安門外某書館說《包公案》，正說到鄧家堡，北俠歐陽春寶刀嚇羣賊，神彈子鄧車用連珠彈打北俠，北俠的寶刀，刀削彈兒。該書館的書座兒太監居多，有某太監挑（tiāo）眼了，怪他不該說「刀削蛋兒」，一人作倡，眾人附和。王是老實人，向不罵書座兒，他忍氣，離開了該書館不說了。事為田嵐雲所知，他託人把自己介紹給那書館，他要給王傑魁出氣，鬥鬥那羣「念灣」（江湖人管太監調侃兒叫念灣）們。他在該書館說評書時，藉機將會武術之某念灣大罵一通，直罵了兩個月，方才算完，也評書界之軼聞也！

田在菜市口如意軒內說書時，有某闊少在該書館內大出風頭，為田所惡。田探知他好養金魚，一日在台上不說書，大談魚譜：何為望天魚、花腮魚、絨球魚？如何收藏？如何甩子？如何分盆？春夏秋冬四季養魚之法。這闊少聽得入神啦！田說，趕上陰天，連着下雨不止，魚把式無處打魚蟲，向養魚主人說：「沒有蟲子如何好？」養魚主人用手指其糞門說：「我這裏有蟲子。」說至此處，全屋書座都知道田暗罵闊少，哄堂大笑。這闊少明知是繞彎罵他，但因懼田之武藝，未敢發作，受窘而去。田在場上臨時抓哏，譏誚時事，藉題發揮，繞彎兒罵人，無日無之。後竟因此受累，各書館主人多不邀請他，末了，田嵐雲因受窘而亡。

武說書的故去之後，刀槍架兒也隨着失傳了。今之說評書《聊齋》的陳士和，抬手動腳，發托賣像，頗似田嵐雲，評書界人稱其為「武《聊齋》」。陳現在津埠獻藝，久未返平。凡有好聽陳士和的「武《聊齋》」《田七郎》、《崔猛》的人，每日廣播電台播來之音，北平即可收聽。科學萬能，北平人能聽到天津的玩藝兒了。

評書界藝人曹卓如

說評書的藝人所說的書，是分為大槍桿兒、短打兩路兒。使大槍桿兒的所說的書是《東西漢》、《三國志》、《水滸傳》、《隋唐傳》、《精忠傳》、

《盜馬金槍傳》、《明英烈》，使短打的所說的書是《濟公傳》、《彭公案》、《善惡圖》、《于公案》、《施公案》、《包公案》、《小五義》等等。

　　說《聊齋》的是另一派，也不算短打，也不算大槍桿兒。在早年還沒興《聊齋》，有說《聊齋》的也是鋪紅氈子（評書界人管說子弟書不要錢調〔diào〕侃兒稱為鋪紅氈子）。東城有位說子弟書的劉逢元，專說《聊齋》，頗有些人歡迎。他雖是個票友，與掙錢的評書藝人較比起來是有過之無不及。張智蘭老先生下了海之後，說《聊齋》的才大興其道。

　　曹卓如是西城人，他從前是在某衙門當差，家道小康，博聞強記，嗜好評書，專愛《聊齋》。拜任俊山（任俊山係某教教友，專說《忠義西巡》享名）為師，藝名曹聚銳。自從登台獻藝，總未得志。後來他說書報子上不寫曹聚銳，寫曹卓如。他是念單招（江湖人管一隻眼的人調侃兒叫念單招），一條夯（hāng）（江湖人管一種嗓子，似啞不啞，不能變嗓音說話，調侃兒叫一條夯），沒有發托賣像（即是沒有生、旦、淨、末、丑，喜、樂、悲、歡的形容），坐在凳兒上不動地方，坐談今古，憑嘴一說，要享大名，實在不容易。他前邊有個說《聊齋》的名角兒陳士和，如同一面影壁似的擋着他，愈發得不易成名。幸而他有百折不回之志，說了七八年漸漸有名，很有些個主兒愛聽他那《聊齋》。費了好幾年的光景，才成為二路角兒。可是他的書是四九城兒都能叫座兒。西安市場春華軒、增桂軒、長順軒，後門外義溜胡同廣慶軒，天匯大院開明軒，東四牌樓宴新茶社，五條胡同華友軒，齊化門（今天的朝陽門）外義和軒，西直門外慶平軒，宣武門內森瑞軒，花市三友軒，天橋福海居，菜市口如雲軒，彰儀門內文雅軒，報國寺前得勝軒，全都說過，哪個館子都能叫多半堂座兒。凡是好聽評書的都知道有個曹卓如。他的師兄魏聚寬、師弟德聚明，都未享名。聚字的評書藝人，就數着他曹卓如了。他又收了兩個徒弟，大的叫魏英信，二的叫趙英頗，魏是近視眼，趙也有眼疾。他們師傅徒弟招兒（眼睛）都有點念（不好），魏說《水滸》，未到成名即死在石家莊了；趙英頗承其師之衣鉢，專說《聊齋》。現在市面不景氣，趙英頗趕上這個時候，成名也難了。

　　曹卓如在評書界是個老實說書的，對於捧踏術（說人好，說人壞）是

不會，論其收入頗可餬口，不料在這二年來，各書館不見有他的報子。我老雲向該界人打聽，據說他因老來喪子，得了癱瘓病了。我老雲日前在菜市口如雲軒去聽評書，遇老友楊敬齋先生，談及曹卓如之事，楊老先生素敬卓如，雖然年近古稀，為了探望他，不辭勞苦，由西南園寓所往西直門中秀才胡同五號，去看曹卓如。楊敬齋先生歸時訪我老雲說，曹卓如對他訴苦，因遇有重病纏綿，不能說評書，無法掙錢，只有十幾畝地，靠人去種，每年分些糧米，勉強支持，實可歎也。並且說，和我老雲已有二年多沒見了，想念異常。敝人每日埋頭書案，度筆桿的生活，如筆債纏身，竟不能往看曹卓如，也覺鬱悶。曹先生的口債已然還清，我老雲的筆債尚無了期。都說人情如紙薄，曹卓如病了二年多無人探望，今有書友楊敬齋去慰問一次，也可稱為知音者也。

評書界之劉繼業

說書的亦遊藝之一，與戲劇、影片、歌曲同佔藝術上之位置。書有大小之別。小書在南方最盛，因小書多是風流韻事，演時有弦相佐，或男女合唱。江湖人調（diào）侃兒說他們是鴛鴦檔子，專以吸收女客而誘惑男客，實有傷風化，影響於社會也。大書是以忠、孝、節、義、禮、義、廉、恥為主體，甚合北方人之味道，盛行於魯、冀、晉、察、平、津也。北平為說評書發源之地，所說的書《包公案》、《于公案》、《施公案》、《東西漢》、《精忠傳》、《隋唐》，穿插緊湊，道活（輩輩相傳的評書）祕本，口傳心授，頗有精彩，故有百聽不厭之妙。「串花」是評書界的侃兒。北平的俗語呼乞丐為花子，《濟公傳》中的主角是濟公，因為他形如乞丐，和化小緣的一樣，行話管說《濟公傳》的就叫「串花」。早年以陳茂勝之徒一聲雷陳勝芳說得最好，其次為張霈然，若文嵐吉、高福山等輩皆平庸無奇。評書大王雙厚坪在世時也常演「串花」，發托賣像，形容最好，當場能抓現眼，詼諧百出，真有「翻堂的包袱兒」。什麼叫翻堂的包袱兒哪？江湖藝人，不論是哪行，在台上把人逗笑了，調侃兒叫「抖包袱兒」。多

好的書料也不如好包袱兒有價值。若是抓哏、抖包袱兒沒有人笑，調侃兒叫「悶了」，藝人必窘，當場難看，實是頂瓜（江湖人管可怕調侃兒叫頂瓜）。若能把全場的書座兒全都逗笑了，那調侃兒叫「翻堂的包袱兒」。單弦中隨緣樂、德壽山，相聲裏萬人迷，評書界雙厚坪都有此拿手活兒。雙厚坪故後，其徒楊雲清摹仿，只有一二。其餘的別說翻堂的包袱兒，就是素包袱兒也多不會使。在清末的時候有評書界怪人士殿城（現在北平說評書的品正三即其子也），能說《隋唐》、《聊齋》、《濟公傳》，專拱（使）「蔫包袱」，幾句不要緊的事，使人發笑，頗有叫座兒魔力。自雙厚坪、士殿城故去之後，說「串花」的藝人能繼雙、士之後者，只有劉繼業一人而已。

我老雲日前有事到東城，偶在東安市場仁義軒見有說《濟公傳》劉繼業海報，好在我白天無事，也可聽聽評書。約有下午三時，劉即登台。視其人身軀瘦小，臉面微麻，調侃兒說「梅花盤」也，約三十餘歲。「夯（hāng）頭（嗓子）」有限，噴口（嘴皮子上的功夫）最好，遠近適宜。我原是略聽一會兒就想回頭，不料彼之藝術娓娓動聽，引人入勝，樂而忘倦。他抖的包袱兒接連不斷，葷、素、蔫三樣皆有，還有翻堂包袱兒，實勝於相聲。不怪座兒擁擠，實是其才靈敏，藝術高超，與眾不同。直到掌燈時終場而歸，途遇友人高君，偶談劉藝。據高君說：「劉繼業久居西城新街口一帶，其父係棚行人，曾開布棚舖。自民初至今，布棚一行受了淘汰，繼業即拜士殿城為師，學演『串花』，後又得了道中祕本，能說至五雲陣、小西天，同業人無有能及其藝的。其藝術之高，能以評書陶冶人情，感化社會人心。四九城均有叫座兒魔力。為人勤儉，無嗜好，不奢華。侍父最孝，十數年紅運，置有薄產，小有積蓄。年前彼接有匿名信，受匪人恫嚇，遷居數次，不敢貼劉繼業海報，擰了萬兒（江湖人管改了名兒調侃兒叫擰了萬兒），改叫劉中軒，蓋其人膽小心細也。不料書座兒不知劉中軒為誰，皆裹足不往，很受相當影響。由今春就休息靜養，未能登台。現在有友人相邀，始在東安出演，因受過擰萬兒的影響，他的『幌幌』（huàng，江湖人管海報兒叫幌幌）也書名劉繼業了。」

評書一道雖佔藝術位置，勢力還不及戲劇百分之五六，因有褒忠貶

侫，引人向善之力，一般守舊禮教的人們還是嗜於此道，雖金錢奇窘，尚能維持百數多藝人生活。想評書一道，不及普及社會，僅能敷衍，也沒有進化改革之力也。戲價已入貴族化中，評書尚守平民化故轍，聽一天書茶資一毛錢，尚有富餘，無怪閒散階級人皆嗜評書了。

連闊如、陳榮啟、郭品堯、苗闊泉

連闊如說的《東漢》，純粹是道活（輩輩相傳的），不是墨刻。閱者若問什麼是道活？什麼叫墨刻？關於這兩個意思我得向閱者述明。說評書的人們所說的書，雖有《施公案》、《濟公傳》、《彭公案》、《精忠傳》、《包公案》、《明英烈》、《隋唐》、《東漢》，可是大有分別。就以《三國志》說吧，從前，評書界很有幾個人說的，可是所說的書中人物、段子，都與各書局所售的書本中一樣，不過加上身段表情和刀槍架兒，用白話評講而已。評書界的人管他們說的書與書局所售的本兒一樣叫做「使墨刻兒」（書局裏的書，都是筆墨寫出原稿刻版印行的，故叫那些書為墨刻兒），可是評書界的人都不願意使墨刻兒。話又說回來了，他們說的書和本兒上要是一樣，聽書的主兒如若心急，就不用天天到書館去聽，花幾角錢在書局裏買一本書，幾天能夠看完，又解氣又不用着急，誰還去天天聽書，聽兩個月呀？評書界的演員所說的評書，最貴重的書叫做道活。據我所調查的，評書界純粹道活的書，有《施公案》、《大宋八義》、《濟公傳》、《永慶昇平》、《彭公案》、《包公案》。這原是評書界的道活祕本，已在早年有人售與書局，書局得了版權，印行售賣，已非道活，由道活又變為墨刻兒了，故不算道活。《精忠傳》、《隋唐》、《東漢》、《明英烈》、《盜馬金槍傳》、《五代殘唐》、《善惡圖》、《于公案》等等的說部，這些個道活書都是古今名人與評書界老前輩攢弄（zuàn nong）的（江湖人管編書編戲編曲調 [diào] 侃兒叫攢弄活兒）。

先以《東漢》說吧，各書局售賣的《東漢》，都是東西漢兩部書合在一處賣，《西漢》如何，不必論它，只說《東漢》吧。共是兩本，由王莽

篡位，立孺子嬰為帝，王莽攝政，至永平皇帝逢雲台止，書中的穿插不嚴，段段的岔頭兒都接不上，也不緊湊，看着當然無味，不能引起興趣，那墨刻的《東漢》是不能看的。道活《東漢》是由王莽篡位，劉秀走國、馬武大鬧武考場說起，直到上天台，馬武打金磚，二十八宿歸位止。其中的節目有劉秀趕考，箭射王莽，竇融救駕，岑彭出世，馬武大鬧武考場，會英樓題反詩，劉秀遁潼關，路遇姚期，凡百餘段。與書舖的墨刻兒不惟不同，並且穿插緊湊，枝葉搭得最嚴，毫不懈鬆；使人聽了能夠「入扣兒」（江湖人管好聽書的人聽得上了癮，非接連不斷往下聽，說行話叫入扣兒）。江湖藝人常說：「唱戲的要想叫座兒，得有好軸兒；說書的要想叫座兒，得有好扣兒。」什麼叫好軸兒哪？比如某戲園子要唱一台，貼出海報兒，頭齣《大賜福》，二齣《善寶莊》，三齣《四杰村》，四齣《硃砂痣》，五齣《坐宮盜令》，六齣大軸兒是楊小樓、梅蘭芳唱《霸王別姬》，這幾齣戲合在一處，能賣一元多錢一個座兒，能共賣一千多元，上的這些個座兒能賣這些錢，力量都在那齣《霸王別姬》哪！如若將《霸王別姬》去掉，就那幾齣戲，賣三毛錢一個座也許沒人聽，那《霸王別姬》就算好軸，能叫座就能掙大錢。說評書的演員要想叫座掙大錢，都得有好扣兒。這書扣兒又與戲的大軸不同，有小扣兒，有碎扣兒，有連環扣兒，有大扣兒，最大的扣兒叫大柁子。他們說評書的，每天到了書場或是書館，等着書座兒來了，到了開書時間張嘴說書，先用小扣兒，次用碎扣兒，再用大扣兒，才能吸得住座兒，掙大錢。比如說《東漢》吧！開書先說劉秀拜馬援為帥，姚期不服，與馬援賭頭爭帥印，如若姚期用三千兵打破潼關，馬援將帥印輸給姚期；如若姚期打不開潼關敗了仗，姚期將人頭輸給馬援。聽書的人最喜愛忠臣，都替姚期擔心，怕他打不破潼關，將人頭輸了，都坐在凳上不動，要聽姚期勝負。這樣便算書座兒入了扣兒，這就是說書的演員使小扣兒。聽書的人不動了，說書的人往下說，姚期還沒到潼關，離城三十里就被王莽的兵將打敗了，岑彭給姚期打接應，掉到陷馬坑裏，岑彭被王莽兵將生擒活捉入潼關。聽書的座兒聽到這裏，又替姚期駭怕，怕回去腦袋沒了，又怕岑彭死在潼關，這樣就不走了，非聽個水落石出不止，這就叫碎扣兒，將座兒扣住了。這樣說，就是說書的演員用步步連環緊的

法子，將書座兒吸住了，直聽到臨散場的時候，聽出兩個岑彭來，書座兒更納悶了，怎麼會多出一個岑彭呢？真叫人納悶。離了書館，回到家中，吃飯、睡覺還是納悶，無法解決，只好明天早早去書場，接着再聽下去。這樣便是評書演員使用大扣兒。使用大扣兒為的是吸住聽書的座兒明天再來聽書。聽到明天散書時，又聽到馬援巧使連環計，書座兒又納悶了，不知馬援使的是什麼計能得潼關，明天再接着去往下聽。即使四五天才說完潼關，那潼關這段書就是四五天的大柁子（最大的扣兒）。說評書的沒有小扣兒，吸不住座兒；沒有碎扣兒，拉不住座兒；沒有大扣兒，不能吸住回頭再聽的座兒；沒有大柁子，就不能吸住聽五六天的座兒。看起來，說書的扣兒、柁子，較比戲場的大軸兒還有吸引力。

這評書的道活兒是藝人藝術化說，如若藝人學會了就能叫座兒，評書界人常說「書說險地才能掙錢」。我問過他們，什麼叫書說險地？據他們解釋說，不論是袍帶書，公案書，凡是聽書的人，都是一樣的心理喜愛忠臣孝子、義夫節婦、俠義英雄，都恨奸臣佞黨、貪官污吏、土豪惡霸、綠林的採花淫賊。就以《施公案》說吧，施清官往蘇州上任，就有一枝蘭萬永攔轎行刺、府衙行刺、錯殺舅老爺這三段書，叫聽主兒聽着淨替清官施大人擔驚受怕，坐着不走，要聽到清官沒有危險了才肯走，這樣的事便算書說險地；如果叫聽書的主兒知道施大人沒了危險，那就不聽了。評書裏的情書，段段書都是這樣的。

連闊如在民國十二三年是個做八岔子的金點（江湖人管算卦的調侃兒叫八岔子，算卦的總稱曰金點），自從民國十六七年時改入評書界，拜李傑恩為師，講演《西漢》，在各書館也頗有叫座的魔力，但未大轉（zhuàn，發達）。未幾，又學說《東漢》。我老雲問過他，為什麼改說《東漢》呢？據連闊如說：「《西漢》那部書是墨刻的，與各書局所售者相同，聽這部書的座兒很少，不懂歷史的人不能聽，懂得歷史的人花兩角買部《西漢》，幾天就能看完，較比聽書又短少時間，又少花錢。好在他們說書的所說的段子，與買的書內一樣，何必去聽評書？評書界的藝人說墨刻書的都不能掙大錢，就是那書拉不住座兒。」他有了這種覺悟，便棄了《西漢》不說，改學《東漢》，犧牲了半年的光陰，耗費了許多的金錢，才學

會了一部地道的道活。自從會說《東漢》，北平的大書館兒才紛紛地約請。聽書的座兒都知道評書界有個說《東漢》的連闊如。有年夏天，連闊如因書館都不涼爽，在天橋賃了個場子，高高的天棚，寬寬的板凳，又涼爽，書又說得好，天天高朋滿座。連闊如叫座兒的力量就仗着那道活的《東漢》。

陳榮啟為人憨直，係評書界說《施公案》陳福慶之子，拜薹福慶為師，先說《施公案》，後說《精忠傳》。在民國十年前後，評書界人才濟濟，本領弱者受擠，無法掙錢，紛紛出外另謀生路；後起之人，有老前輩擋着，不易發展，也都出外另謀生路。陳榮啟乃評書界後起之秀，能說袍帶書《精忠傳》，短打書《施公案》，實是不可多得的人才；在民國十年前後，往大連、煙台、營口、天津、東三省等地獻藝，到處受人歡迎。在北平雖沒立住腳兒，在外穴大轉（即在外地掙了大錢了）了。自民國十八九年始歸北平，願侍高堂，不願遠行，又趕上評書界的前輩名角潘誠立、張智蘭、田嵐雲等都去了世，後起無人，缺乏人才之際，在北平獻藝，四九城各書館，都能叫滿堂座兒，足見北平人士歡迎他了。他為人怪癖，不願在各書館說書，專喜愛在天橋。前幾天，我老雲往天橋去了一趟，見他在爽心園前佔了個場兒，與他師兄許榮田說前後場書哪，前場許榮田說「醜官」（《施公案》），後場陳榮啟說「丘山」（《精忠傳》），還真叫座兒，有愛聽評書的，快去聽吧。

在天橋城南商場的南邊，有個評書場兒，說書的藝人叫郭品堯，他是一年四季不挪地方，長期的上那場兒，無論春夏秋冬，總上滿堂座兒。他所說的書有《粉妝樓》、《五代殘唐》、《飛龍傳》、《施公案》等。我老雲聽過他多少次玩藝兒，聽他說的幾部書都不是北平的評書界道活，也不是書局裏賣的墨刻兒（書），我向評書界的人探討過幾次，才知道他說的那些書是竹板書改的。據某江湖人說，郭品堯是北平人，曾在清末拜馮昆治為師，學說相聲，起名郭伯全。他在外省改唱竹板書，改名郭鑫德。後又在天津拜福坪安為師，改說評書，更名為郭鶴鳴。按着北平評書界傳流的支派，與說《水滸》的蔣坪芳、徐坪鈺、劉鶴雲等是同門人。不料，郭到北平時，評書界的南北兩派正起內訌爭持不決之時，他投南未入北，幾與本門人決裂；便在天橋上地（說書），概不聯絡，獨樹一幟，不進書館。他所說的

◇ 陳榮啟（1904—1972）在
表演評書。（照片由徐雯珍
提供）

雖不是道活（輩輩相傳的），係竹板改造，也有些人歡迎。外江派的評書演員，能在北平久佔的，只有郭品堯一人。老雲曰：郭亦人傑矣哉。

苗闊泉是梨園行人，自少年嗜好評書，專喜愛聽大小黑臉兒（評書界管《三俠五義》即《包公案》那部書調侃兒叫大黑臉兒，管《小五義》那部書調侃兒叫小黑臉兒，大小黑臉兒乃指包文正的黑面也），拜金傑華為師，學說大小黑臉兒，進了評書界。雖沒登峰造極，也成了二路角色，久在彰儀門、報國寺、山澗口、西安市場上館子，能叫七八成座兒，頗為不弱。他除了這幾處之外，受同業人們排擠，就沒有館子可上。苗闊泉也有志氣，他除了這幾處館子他上，別處約他還不去，沒有館子便上天橋打個場兒，露天講演。別看他上明地（露天演出），較比在書館還多掙錢。故此我老雲常說，有真本領的人是不怕排擠的。

近幾年來，閒散階級的人日日見少，聽評書必須有閒工夫，閒人少了，說書的座兒也受影響。那位說，北平的閒人有的是。我說那不是閒人，是失業的人，他們雖閒着，吃飯還困難哪，哪有錢去聽評書？聽評書的閒人，是有資格的閒散人物，不是沒有錢的閒人。如今我調查了幾處，各評書館的座兒全都減少，開館子的維持不住的已有數家，其餘的都是扎掙勁兒，勉強支持。評書演員有許多的都往天橋找地，據我預料，今年夏天天橋的評書場兒要比往年多得很哪！有些說書的藝人還想不開，認為在天橋上地（說書）是寒碜，還不肯去上明地。其實，早年的評書演員都是在大街的路旁拉場子，露天講演，在天橋上明地何足為辱？掙錢養家便算好手，何分彼此？我很希望說書的藝人迎合聽主，往天橋上地，來個說書的大比賽，倒是熱鬧。好聽書的人們乘此機會，又逛天橋，又聽評書，不可錯過這個好機會。

評書界之藝人哈輔元與《永慶昇平》

哈輔元是蒙古旗人，乳名叫雙兒。在少年時被象用鼻子捲起過一回，那象並沒摔他。有些人說：「雙兒命大。」他長得品貌端正，口齒伶俐，

長於言談。專愛養吧狗兒，善於修飾，北平人都說他是個漂亮人物。

有姜山東者，在北平經商有年，後因營業虧累，賦閒無事，常往各市場、廟會遊逛，聽相聲說的小八段：《張廣太回家》、《五龍捧聖》、《康熙私訪》、《馬成龍救駕》。幾日，聽會了，窮極無聊，就在路旁講演這幾段玩藝兒。他雖是山東人，說北平話最好，不知者難料其為山東人也。他學馬成龍講山東話，較比各種藝人靈通（山東人說山東話豈不說來就行），很有人歡迎。姜山東以說小八段兒掙錢餬口，生活無憂，惟恐有藝人阻擋，乃投入評書界，拜師認門戶，藝名姜振明。

哈輔元見姜鬻（yù，賣）藝餬口，頗為羨慕，每日必聽此短段評書，歸家時，茶餘酒後就以說評書消遣。親友見他頗有心得，勸他拜師鬻藝，他遂拜姜振明為師，按本門支派賜名為哈輔元。哈輔元自從登台獻藝就大受社會人士歡迎，都說他是挑簾紅（出門就紅）。

我老雲在讀書時，曾因逃學去聽姜振明的高足弟子哈輔元說評書，受責數次。哈之藝業頗有幾種特長，為同道人所不及。《永慶昇平》這部書說康熙私訪月明樓，捉拿四霸天，五龍捧聖，大鬧興順鏢店。據評書界人說，在清室時代，北平居民以滿蒙漢的旗人為多。旗人是每月關（發）旗餉，按春夏秋冬四季關老米，衣食無憂，提籠架鳥，茶館聊天，按廟期遊逛。所謂閒散階級人，清時最多，評書是閒散階級人消磨歲月愛聽的藝術。《永慶昇平》這部書，是以北平舊社會倉庫（官私）兩面，跳寶案子、耍人的混混兒為主體，旗人是歡迎的，是愛聽的。哈輔元對於虛字譜、光棍兒論、混混兒派兒，大有研究。每逢登台獻藝，說到這種事時，模仿得最好，使聽書的人們聽着真如身臨其境，處處逼真，是其驚人之處。並且他「變口」（管北平人學說山東的話兒，學說南方人口音，學說山西人口音，評書界的侃兒叫變口）討俏，哈之台風最好。評書界的人常說，我們說評書的藝人，不出一怪，得出一率，才能響萬兒（出名），火穴大轉（zhuàn）（在一地方演出掙了大錢了）。雙厚坪以說評書夾雜當場抓哏，臨時的相聲，頗受社會人士歡迎，稱為評書大王，叫座兒的魔力為同道所不及，即是藝人中之怪也。說評書的藝人，相貌端正，身上衣服乾淨，口齒伶俐，語言流暢，是為一率。哈輔元就以此成名，他的叫座兒魔力也為同

道人所不及。有這種特長，焉能不享大名，不坐頭把交椅？

從前沒有《永慶昇平》這部書，只有撂明地（露天演出）的藝人評講《康熙私訪》、《五龍捧聖》、《張廣太回家》等等的八段兒。姜振明、哈輔元師徒將天地會、八卦教串入書中，編出二馬下蘇州、大逛虎丘山、鬧福州會館、馬成龍衞輝府搬兵等等節目。是書由五龍捧聖起，直到破了天地會為緊湊止，穿插緊湊，情節逼真，枝葉搭得嚴密。他師徒完成此書，評書始增一部道活（輩輩相傳的），然也煞費苦心也。在清室的時候，《永慶昇平》書運最佳，說得好了便大紅大紫；說得不好也能掙錢，不過少掙而已。在那時說《永慶昇平》的藝人，佔評書界全部人十分之四，並且評書場兒都在西單牌樓南北，西四牌樓一帶，阜成門裏外，東單北，東四一帶。交道口等處還是書場相連，不遠就一場。如若四五場評書，有一個場說《永慶昇平》，最附近的場子都受影響。書運好，同業人也都懼怕。至今時代變遷，社會風氣也與從前不同，《永慶昇平》這部書又不合時代，凡是說他的藝人，無論好壞，全不叫座兒，無人歡迎，《永慶昇平》是落了伍啦。回思往年，不勝今昔之感。

哈輔元家住西城宮門口，夫妻二人並無子女，惟有愛犬有如愛子。每至冬令好睡熱炕。不料某年臘月三十日，度除夕，天至四更方安歇，被角落於炕下，被火引着，一片紅光，火光大作，烈焰飛騰，小火引起大火。哈輔元夫妻與其愛犬同被火焚而死。當時，故都人士於茶館酒肆、街談巷議中對於哈輔元毀譽皆有，其死之慘，令人鼻酸。其故後，一般老聽評書之人每念哈輔元，猶不勝懷憶也。

張杰鑫與《三俠劍》

現在北平說書的藝人最有名的陳士和、金傑麗也都是在天津上書場兒，真掙錢。我老雲調查天津的露天書場，北開、地道、乾德莊雖然都有，還是三不管最多。在三不管久慣說評書的藝人有個顧桐俊，他父親叫顧瞎子，水性最大，說書未享大名，可是他兒子要說書，不能父子門，

◇ 張杰鑫著《三俠劍》1948
年版書影。

得另拜師傅。他兒子乳名叫小鱉，投在喬雲章的門下，藝名叫顧桐俊（北平說評書的藝人傑字輩是英雄豪傑的傑字；天津英致長、王致久收徒弟，另使《四杰村》的杰字。英致長的徒弟，還有叫雲字的，喬雲章就是雲字的，喬係天津說《封神》的名人喬墨林後人）。顧桐俊體胖面黑，有點麻子，調（diào）侃兒叫「梅花盤」，專在三不管上場子，會說《大宋八義》、《善惡圖》、《于公案》，很有叫座兒的魔力。不料我老雲在五月節前到了天津去聽評書，那顧桐俊已然沒了，和三不管的人打聽，都說顧桐俊已然土啦（江湖人管死了調侃兒叫土啦）。三不管說評書的人，由北平去的藝術最好是金傑麗說的《三俠五義》，陳士和說的《聊齋》，頗有叫座兒的魔力，可稱是頭把交椅。說《三俠劍》的有幾處，都是張杰鑫的徒弟徒孫，馬軫元、曹楓林、董楓敏等輩是也。

張杰鑫，北平人，在天津拜王致久為師，將北平評書界道活（輩輩相傳的）的《清烈傳》改革了，獨創一派，由清末民初就在天津埠獻藝，很受人歡迎。他是挑簾紅（開門就紅），叫座兒的魔力最佳，提起張杰鑫來，幾乎無人不知，可稱天津的評書大王。為人忠厚耿直，品行端正，紅了二三十年，始終不衰。其藝術之精，實是爐火純青了。他收的徒弟共有四個，頭一個叫馬軫元，二個叫孔軫清，三個叫杜軫明，四個叫佟軫芳。至於王旭佩、曹楓林、董楓敏等二三十人，皆四大軫字之徒也。天津的評書支派門人弟子之盛，就數着他們這門了。

馬軫元是金家窯的人，自幼學習掃苗的（江湖管剃頭的調侃兒叫掃苗的），因嗜好評書，投在張杰鑫門下為徒，藝名軫元（天津的軫字的說書藝人與北平的闊字的是平輩，同一門戶，馬軫元等與連闊如、馬闊山等，皆是本門的師兄弟）。他出藝最早，我老雲頭次逛三不管時，他就拉順（江湖人管拉個場子調侃兒叫拉順）了，至今數十年始終沒響萬兒（即是未成名）。據我考查，他不成名不是師傅的傳授不真，是他碟子不正（江湖人管口齒不利落調侃兒叫碟子不正）。在民國十年前後，我老雲到營口去過幾次，那次夏天，走在窪坑甸露天市場，也見着馬軫元在那裏說《三俠劍》，在天津雖不叫座兒，在那裏可有叫座兒的魔力，馬軫元的團（tuàn）柴生意，轉（zhuàn）在外穴（團柴是說評書的，轉在外穴是在外省發達了）了。

孔轳清好穿道服，在天津各茶館各露天市場講演評書，黏箔（nián
bo）們與詢家（江湖人管開書館的主人調侃兒叫黏箔，管聽書的人們調
侃兒叫詢家）都很歡迎。孔轳清人緣最好，乃張杰鑫得意弟子，是頭路角
色，不只在天津做藝，他在大連、營口、安東、瀋陽、長春等地獻藝，也
有叫座的魔力，他這個說評書真是到處響萬兒（有了名兒）了。最近我在
天津聽人傳說他在東省做藝，因為喪女哀痛，得了不治之疾，已然不能登
台。張杰鑫故去後，他又如此，說《三俠劍》的藝人，又該別人成名了。

杜轳明在民初時專在北開上地（說書），演說《三俠劍》，使短家伙
的數他第一。後因不願剪髮，離了天津，改走外穴石家莊、保定府、張家
口、唐山、濟南、青島等地，很有個萬兒（名兒）。現在來平，每日在天
橋爽心園前上地。我老雲往天橋巡禮，曾聽他三段，說得雖好，只太歲海
（hāi）了（江湖人管年歲大了調侃兒說太歲海了），氣力不佳，發托賣像
（江湖人管做藝的人們到了表演的時候，臉上能夠形容喜怒哀樂叫發托賣
像），不如從前。二十年前的藝人，今日再見，使人更信做藝的道兒不養
老不養小了。

在三不管有個說評書的藝人劉慶和，身矮體胖，台風最好。我曾聽他
說過幾回《小八義》，只是不像評書的味兒，向外方探問，才知道他是使
長家伙，柳海（hāi）轟兒改為短家伙（即是唱大鼓改說評書）。他是山海
關的藝人牛德興弟子，與唱大鼓的王慶發、李慶來為親師兄弟，在天津頗
有一部分人歡迎，也能立住腳兒。與北平去津的陳士和和金傑麗等比較，
也不甚弱。其餘的評書藝人，不是藝術不精，就是人才不濟，皆不足稱
道的。

順桂全與《鐵冠圖》

當初北平說評書的有個順桂全，專說《鐵冠圖》。那是明末的故事，
極不好說，說得不好沒人聽，說得慘了也沒人聽。大凡聽書聽戲都是解悶
兒，越聽越煩的書，哪能叫座兒？《鐵冠圖》又名《崇禎慘史》，說到崇禎

到煤山自縊的時候，書座兒就光了。藝人指着多叫座兒掙錢，要是越說座兒越少，那還掙誰的錢？評書界的人不說這部書就是這個原因。可是順桂全偏說定了《鐵冠圖》，直到死也沒掙錢。他還收了個徒弟名叫桂殿魁，北平的說書藝人，殿字的、聚字的，比哪門人都少。殿字的最早有個梁殿元，住家在西四牌樓，先掃苗兒（剃頭），後改行學說評書，專說「黃臉兒」（《隋唐》）。在平他未能得志，開了外穴（到外地去掙錢），到瀋陽獻藝，享了大名。東三省的說書藝人，他算最有萬兒（名兒）。現在北平說《隋唐》的名角兒品正三，他父親叫士殿城，現已故去。北平只有王殿遠尚在，除他之外，沒有使殿字的了。桂殿魁學說《鐵冠圖》也不叫座兒，走到天津三不管撂地，盤槓子（練武術）圓黏兒，改賣藥糖了（指練武術招徠觀眾，好賣藥糖）。

王致久師徒與《雍正劍俠圖》

王德寶是個江湖藝人，他有兩個名兒，又叫王致久。有人說他是窮不怕的徒弟，那實在是瞎聊。按：窮不怕藝名叫朱少文，他的徒弟叫徐永福，焦德海就是徐永福的徒弟。窮不怕是焦德海的師爺。凡是德字為名的說相聲之藝人，都算是窮不怕的徒孫。即或不是他的嫡孫，就是旁叉兒，也得按着藝人傳流的支派論輩數，不應當妄給他們胡論輩兒。王德寶是說相聲德字輩的藝人。按着少、永、德三個字推論，絕不是窮不怕的徒弟了。

他說相聲專以「貫口活」掙錢。使貫口活，必須嗓音圓潤，口齒伶俐。百八十的詞兒，由頭到底一氣數說完了，句兒分明，中間不准斷節，沒有氣力也是不成。王德寶的「貫口活」有《餑餑陣》、《百鳥名》、《百蟲名》、《滑梁子》、《菜單子》（江湖人管說相聲淨是地名兒的段子調〔diào〕侃兒叫滑梁子，管他們說的淨是菜名兒的段子調侃兒叫菜單子），頗受故都舊社會的人士歡迎。他又拜關德志（關係評書界名人花瑞生弟子，《大宋八義》即花瑞生所編纂道活〔輩輩相傳的〕，他師徒以說《大宋八義》成名）

◇ 常杰淼著《雍正劍俠圖》
1935 年版書影。

為師，學習評書。按着評書界的支派，他們那門是：廷、瑞、德、致、傑、闊、增。關賜他藝名王致久。故此王德寶是春口（相聲）的生意他也做，評書的玩藝兒他也說，算是個又團（tuǎn）春（說相聲）又團（tuàn）柴（說評書）兩樣都幹的藝人。

他在北平未能得志，離京赴津獻藝，在津埠說評書未久即享大名。凡是北平的藝人，無論是說相聲、說評書，只要到了天津，他全都扶助，薦館、賃場子，竭力維持。江湖人因他義氣最重，無不尊敬。他在津門收了幾個徒弟，我所知道的有：吳杰森、許杰泉、常杰淼。吳說《大八義》未能得志。許杰泉說《小五義》，久走東三省，每逢夏季，有蒼蠅從他面前飛時，他伸手就能捉住。東三省聽評書的人們全都知道的，許杰泉亦怪人也。常杰淼自己攢弄（zuàn nong）（創作）了一部道活兒《雍正劍俠圖》，是書雖在雍正年間，事由兒可是清末年間的。該書之膽童林童海川，即八卦門的名人董太監董海川也。王之弟子以常杰淼名望最大，今已故去數年。

英致長、王致久在津埠為了另立支派，所收的徒弟，不用傑字，另用杰字，如喬杰章、常杰淼等。與北平說評書的藝人王傑魁、袁傑英、李傑恩，雖是本門的師兄弟，支派大同小異，尚有雲、杰、傑的區別。

有人說王德寶是花瑞生的徒弟，那又不對了，按他們的支派是廷、瑞、德、致，他叫王致久，論輩數也是花瑞生的徒孫了。說錯了的先生你再打聽打聽，王德寶是不是窮不怕的徒弟？是不是花瑞生的徒弟？就知道我改正得如何了。錯給老合安萬兒（錯給江湖人找錯了門戶），我老雲也咧瓢（liě piáo，大笑）兒掉了海（hāi）柴（海為大，柴為牙）呀！

海青腿兒

江湖的藝人，金（算卦相面）、皮（賣藥）、彩（戲法）、掛（武術）各行各業，都是有師傅有徒弟，在早年要有外行人挑出個剃頭的挑子，沒有師傅，不懂得掃苗擦尖（掃苗是剃頭的，掃苗擦尖是剃頭的對面遇見剃

頭的）的問答話，被同行的人盤起道（問對方行裏的事和所學的功夫）來問短了，能把剃頭挑子給留下。修腳的若是沒有門戶，不論是擺攤子，串街巷，被同行的人遇見了，盤起道來問短了，能把刀包子給留下。諸如此類，江湖人的門戶是很有秩序的。早年吃生意的老合（走江湖的），沒有師傅是吃不開的，有一種生意人，他做上買賣也會圓黏子（招徠觀眾）饙杵頭兒（要錢）。若是盤道，講究江湖的規矩，都不懂得，就是他沒有門戶，沒拜過師傅。江湖人管這種人調（diào）侃兒說：「說他沒有老帥（即是沒有師傅），叫他海青腿兒。」據江湖中的老前輩說：「越是海青腿兒的人，越有能耐，人情世態、社會的閱歷越深。」此話誠然不假。就以說評書的這行兒說吧。北平這個地方是他們的發源之地，論道中的規矩，較比外碼頭實在嚴得多。不論是誰，若想入這行兒，都得先找個人介紹，拜說書的為師，先下帖請人，在飯莊內定下酒席，磕頭拜師傅遞門生帖。得將同行有門戶的先生們請了來，先磕頭、吃飯，大家也受了他的頭啦，也吃了他的酒菜啦，同行的先進之人才承認這行裏有他這麼個人。然後學好了能耐，不論是上書館獻藝，或往市場攔明地（露天演出），拉場子說書，才沒人攔擋。

在清末民初的時候有位松先生，長得人樣很好，也有嗓子，脣齒伶俐，學問很好，他就沒認師傅沒拜門戶，到館子說書頗有叫座兒的魔力，一般聽眾無不贊成，他要是幹長了這行，可坐頭把交椅。不料同行的人說，他沒有門戶，沒有師傅，警告開書館的掌櫃，如若用他，全體的人員都不進這書館。「黏箔（nián bo）」（書館掌櫃）們不敢得罪大眾，居然沒人敢用。那位先生也有志氣，棄了這行不幹了，另謀他業啦。

在打破封建制度的時候，因為同行人不願沒門戶的人側身擠入，還把他排擠出去；若在封建制度的時候，不用排擠，去個同行的人，能夠一瞪眼不叫吃這碗飯。若以這些推論，評書界就應當沒有海青腿兒吧？不料在光緒年間還真有一位海青腿兒。這說書的海青腿兒名叫范友德。有人說叫范有德的，那可錯了。據我知道他是朋友的友字，不是有無的有字。說《西遊記》的門戶是永有道義四個字兒。說《西遊記》的恆永通是永字輩的，慶有軒（即老雲裏飛）是有字輩的，如若范友德是這個有字，他就

不算海青腿兒啦！那就算老雲裏飛的師兄弟了。范友德是朋友的友。因為什麼評書界人能容范友德這個海青哪？說起來也有一種原因。范友德會說《安良傳》，評書界的人曾攜過他的家伙（說書的道具），叫他認了門拜了老師再幹這個。范友德也願意拜個師傅，只是評書界裏沒有人收他。不是他品行不好，是因為鬍子都白啦，年歲太大了，收他為徒，那師傅得八十多歲，在那時候找不出八十多歲的老說書的。若有人收他做徒弟，晚輩人也有五十多歲的，平空跑出個年歲相仿的師叔誰也不幹。後來評書界的人們因為他入門的事兒不大好辦，大家商議好啦，不用叫他入門啦，算是海青腿兒吧！故此評書界裏才有范友德這個海青。可是，江湖的老合許有海青腿兒，可不准海青腿兒收徒弟。他既沒有師傅，又沒有門戶，傳了徒弟算哪門的人哪？誰花錢請客拜師傅也是為有門戶好吃得開，出來做藝沒有攔擋。誰給海青腿兒磕頭啊？惟有范友德這個海青腿兒，他就收了個徒弟，名叫陳紀義，並且評書界人還承認了。陳紀義算是評書界的人，范友德徒弟在海青腿兒裏也是特殊的人物了。

如今破除了封建的制度，江湖亂道，藝人的規矩漸漸地都不重視。沒有規矩，怎能有同行的義氣？藝人也應重視規矩才好啊！我說的這話，不知江湖的先生們以為然否？

天橋的瞪眼玉子

評書場、大鼓書場、竹板書場，都是上有天棚，下有板凳，沒有在平地上說的。在前幾年，我逛天橋見有個說書的，衣服破爛不堪，他蹲在地上，左手拿着一把笤帚，右手用白沙子往地上寫字。他就憑用手撒白沙子寫幾十個字圓黏子（招徠觀眾）。人圍他站着，上無棚帳，下無桌凳，立着聽他說書。他會說《捉拿康小八》、《康熙私訪》、《乾隆下江南》、《張廣太回家》。雖不說整本大套的書，能在這小段的玩藝兒裏加上幾句相聲，也能叫聽主兒咧瓢（liě piáo）兒一笑，說完了真有人給錢。只是他那嗓子和叫街的乞丐一樣，有些人不愛聽。他向來是蹲在地上，低着頭

連寫帶說，到了要錢的時候猛抬頭，能把膽小的人給嚇跑了。那臉上的顏色和地皮一樣，只有那白眼珠是白的。他是方字旁的人（即是旗人），姓玉，因為他抬起頭來使人害怕，江湖人都叫他瞪眼玉子。他的本領也還不弱，染有不良的嗜好，也和常傻子一樣，在大前年的冬天，連癮帶餓凍死街上。

江湖藝人十有五六都有嗜好，被嗜好所累的實在不少，只是他們都不覺悟，全往那條路上去走。啃（kèn）海（hāi）草（抽大煙）的老合（江湖藝人），常傻子、瞪眼玉子就是你們的前車之鑒，若不猛醒，也難免追他二人再陷覆轍呀。我老雲也是黑籍（抽鴉片）同胞，一蹉腳又改白籍（煙捲）了（可不是又弄上高射炮）。望江湖的朋友快快脫離黑籍。

江湖藝人老雲裏飛

說評書的藝術分為兩派，一為袍帶，二為短打。《東西漢》、《明英烈》、《隋唐傳》等書稱為袍帶，《濟公傳》、《施公案》、《包公案》等書稱為短打。使鑽天兒的（管說《西遊記》的調 [diào] 侃兒叫鑽天兒，係指孫猴兒而言）非評書界的活兒，另一派也。

說《西遊記》的藝人最早是潘青山，他的徒弟叫安太和，學孫猴兒最好。聽玩藝兒的人都不叫他安太和，管他叫猴安（有人說猴安叫安天會，實是妄談）。至猴安時，說《西遊記》的藝人始入評書界。

評書界有各門之門長，如族長一樣，凡他的門戶中傳流下來的人，都歸門長一人管轄，門長受本門人之尊敬，比一姓之人尊重其族長有過之而無不及。猴安在評書界內為說西遊之門長，其支派傳流僅定為四個字兒，係永、有、道、義。永字輩的藝人如恆永通，有字輩的藝人如李有源、慶有軒（即老雲裏飛），道字輩的藝人如奎道順、田道興，義字輩的藝人如邢義如、石義舫。他們這門傳流下來的人，以恆永通、奎道順的藝術最佳，頗有叫座兒魔力。其餘的俱皆平凡，皆未響名。如今，這些人俱皆故去，所存的人只有慶有軒、田道興師徒而已。田道興係瓦匠，雖拜慶有軒

◇ 說《西遊記》的藝人最早
是潘青山,他的徒弟叫安太
和,學孫猴最好。

為師，也未久在各處獻藝，「鑽天兒」這碗飯他是吃不成的。老雲裏飛雖拜了恆永通為師，說的日子不多就改春口（相聲）啦！說《西遊記》的支派原定為永有道義四個字，不料傳至四字上，該門藝人也至此終了。是有預兆呢？實不可料也。

慶有軒係方字旁人（北平人稱八旗人為方字旁人，係指旗字之方字旁而言），自幼入松竹成科班學戲，曾冠其祖姓為白慶林。出科之後，因好聽「鑽天兒」，拜恆永通為師，按着評書界的支派賜名慶有軒。說了幾年《西遊記》，也未大轉（掙大錢）。因家中人口眾多，為解決生活，與他的長子白寶山（即今還在天橋獻藝之小雲裏飛）和次子白寶亭（曾拜焦德海為師學習相聲，台風、賣像、口白、夯［hāng］頭，樣樣都好，惜其自誤，將能掙錢便因嗜好喪命，實可歎也），父子三人在各廟會各市場以白土子寫字，在地上寫「平地茶園，特約超等名角雲裏飛、雨來散、風來亂父子三人唱《探親家》、《三盜九龍杯》」。他們父子們每逢要唱哪齣之前，先在地上寫明，在寫字的時候，黏子（觀眾）就圓上了，三個人隨便柳着（唱着），臨時現抓包袱兒（管當場抓哏叫現抓包袱兒）。在民初時，雲裏飛的父子班演唱的《戲迷傳》，盛行一時，不過唱的是俗鄙無聊歌曲，難登大雅之堂。如今在天橋演唱《戲迷傳》的是小雲裏飛，他們的杵門子最硬（即能往下要錢），一家數口，頗可溫飽。

老雲裏飛在前幾年獨自一人往各處擱地說《西遊記》，使吧嗒棍（管說零段書使人愛聽，淺而易懂的段子調侃兒叫吧嗒棍），挑（tiǎo）罕子（即是賣那沉香佛手餅，江湖人管賣藥糖調侃兒叫挑罕子），也很掙錢。近年來，小雲裏飛因他太歲海（hāi）了（管年歲高邁叫太歲海了），曾勸其父在家享福，不料，老雲裏飛子孫雖盡孝道，章年兒不正（管運氣不好調侃兒叫章年兒不正），得了癱瘓病，行動甚難。他雖吃了一輩子生意，為人忠厚，說書的時候守本分，既不端鍋（不要人家飯碗），又不撬欛（即不奪別人之地），是個忠樣碼子（即厚道人），為何如此？恐其故後，說《西遊記》的就沒有了。

老雲裏飛學戲是入的科班，學說《西遊記》是拜過恆永通，改了半春半柳（半說半唱）的相聲，乃算是海青腿兒（沒拜師的藝人）。

江湖藝人大本玉子與連寶立、連寶志

　　在北平這個地方，說評書的藝人都說，清初時代在北京這個地方還有說評書的。弦子書最受歡迎，因為每遇帝王晏駕（駕崩）時，停止百日娛樂，不能說唱，無法維持生活，臨時改說評書，以維百日收入。有些個唱大鼓的、說弦子書的，因為受國孝的影響，改說評書。評書是大鼓書、弦子書所改，也不虛也。

　　在西四牌樓、西單牌樓久唱弦子書的藝人，能在一個場子說幾年書也不挪地方，萬子（名兒）最長的就數着玉廣崑了。他所說唱的幾部書，既不是大鼓的道活（輩輩相傳的），也不是評書的道活，是由書舖買部書來從頭到尾看了一遍，上場就說，他的靈機好，記性好，改的詞好，大受人們的歡迎。書舖裏有的是書，說完了這部，再買那部，日久天長，叫聽書的人都知道了，都不叫他玉廣崑，改稱大本玉子。他所唱的，實是大本的書，大本玉子名副其實也。

　　有一次我問說評書的藝人連闊如，玉廣崑是不是他的師祖？據連說他是李傑恩的弟子，李係李致清之徒。其師祖李致清係北平人，久居三里河河泊廠，初學廚行，後入評書界。當其初次說書時，未認師傅，彼時江湖藝人若無門戶，就有人阻攔，不能以藝掙錢。如若以藝掙錢，必有同行人攜他們的家伙（說書的道具）。李曾受某藝人所攜，為了此事，投在玉廣崑門下，賜名李寶志。初次獻藝，就在西單一帶，有些人歡迎，算是出門紅，所說的書是神冊（chǎi）子（評書界的人管說《封神榜》的調 [diào]侃兒叫神冊子）。原有個老前輩叫王文和，是個六品領催（官銜），久說《封神榜》，頗有叫座兒的魔力。李寶志說了神冊子，王文和大受影響，好聽《封神榜》的人們都不聽王文和，改聽李寶志。玉廣崑見徒弟掙了錢，百般勒索，擠得李寶志無法做藝，又惹不起這位師傅，就跳了門兒，另拜評書界名人程德印為師，改名李致清，與英致長、王致廉為師兄弟。又學會了說「串花」（管說《濟公傳》調侃兒叫串花），學濟公時，姿態仿真，聽書的人們都叫他「濟公李」。

　　直到李致清大紅大紫之後，有東城的連某喜愛評書，投在玉廣崑門下

為徒，藝名叫連寶志，專說《東漢》、《隋唐》、《五代殘唐》、《飛龍傳》，但未大紅，僅能餬口而已。其弟也拜了玉廣崑為師，藝名叫連寶立，也說那幾部書。連寶志說了幾年評書，藝術漸有進步，不料囊錐尚未脫穎，鼓了夯（hāng）兒（江湖人管嗓子壞了調侃兒叫鼓了夯兒），不能再說，回家養病，未癒而死。連寶立久在朝陽門外、花市、草市講演評書，其兄故後幾年的光景，他也去世了。玉廣崑這支兒，到如今算斷了門戶了。

第 五 章

團門原是團春

　　江湖藝人管說相聲的行當調（diào）侃兒叫「團（tuǎn）春」的，又叫「臭春」。一個人說的相聲叫「單春」，兩個人對逗叫做「雙春」。用幔帳圍着說相聲，隔着幔帳聽，看不見人，叫「暗春」。

　　北平這個地方就是產生藝人的區域，就以相聲這種藝術說吧，其發源就係由北平產生的。自明永樂皇帝遷都於此，至崇禎皇帝時，吳三桂請清兵，滿人入主中華，康乾時代，歌曲暢興，各貴族家中遇有喜慶之事，皆有請堂會，奏以各種富貴昇平的歌曲。在斯時最盛行的為「八角鼓」了，相聲這種藝術就是由八角鼓中產生的。

　　按：八角鼓之源流係始於清朝中葉，乾隆時代有大小金川之戰，帝命雲貴總督阿桂兵伐金川。詎阿桂統兵前往，戰鬥日久，戰績毫無，因所率之軍皆為滿人，不習山戰。後阿桂思一攻山之法，命兵士以草料和泥，用布為斗，將泥置於斗中拋到山嶺之上，幾經雨侵，泥中草滋生甚長，阿桂曉諭將士攻山之法，然後進兵攻山，鼓聲擊動，清兵攀起登山而上，踏破敵軍之營寨，因之獲勝。當於戰息之時，阿桂見軍中將士思歸，想以安慰軍心之法，乃以樹葉為題，編就各種歌曲，教導軍兵演唱，使其樂而忘返。所歌之曲兒，姑曰「岔曲」，以樹本生岔而言，相傳如此，也無可考。

　　在早年所唱之岔曲，有「樹葉黃」之舊曲調。即乾隆降旨召還帝都時，阿桂統兵回京，鞭敲金鐙響，齊唱凱歌還。其凱旋之歌也岔曲也。兵至帝都，乾隆帝躬迎至盧溝橋畔。因用兵金川有功而為興建碑亭，賜宴獎功。帝復聞兵在金川時曾以樹葉編為歌曲之詞，又經臣宰上奏，遴選八旗子弟，成立八角鼓兒。排演日久，甚見優美，滿民爭相演習，八角鼓兒普及於故都矣！

　　當奏曲時所用之八角鼓，其八角即暗示八旗之意，其鼓旁所繫雙穗，分為兩色，一為黃色，二為杏黃色，其意係左右兩翼，至於鼓之三角，每角上鑲嵌銅山，總揆其意即三八二十四旗也。惟八角鼓兒只是一面有皮，一面無皮並且無把，意指內、外蒙古，鼓無柄把，取意永罷干戈，八角鼓之意義不過如此。斯後曲詞盛興，有內務府旗人司徒靖轄者，別號隨緣

樂，寓居城內，因不堪繁華市井之囂煩，乃往西山投一別墅而休養，感於身世，研究八角鼓曲詞，編有雜牌子曲，是乃單弦漸興也。八角鼓兒迭經變遷，又產生相聲之藝術。

按：八角鼓兒之八部，分為乾、坎、艮、震、巽、離、坤、兌，由此八卦中分其歌曲之藝術為八樣，即吹、打、彈、拉、說、學、逗、唱是也。八角鼓的班兒，向有生、旦、淨、末、丑，其丑角每逢上場，皆以抓哏逗樂為主。

在那時八角鼓之有名丑角兒為張三祿，其藝術之高超，勝人一籌者，仗以當場抓哏，見景生情，隨機應變，不用死套話兒，演來頗受社會人士歡迎。後因其性怪僻，不易搭班，受人排擠，彼憤而撂地（在露天演出）。當其上明地（露天演出）時，以說、學、逗、唱四大技能作藝，逛的人士皆願聽其玩藝兒。張三祿不願說八角鼓兒，自稱其藝為相聲。相之一字是以藝人之相貌形容喜怒哀樂，使人觀之而解頤；聲之一字是以話的聲音，變出癡茶（nié）呆傻，仿做聾瞎啞，學各省人說話不同之語音。蓋相聲之藝術，能圓得住黏兒（招徠觀眾），饋得下杵來（掙得下錢來），較比搭班作藝勝強得多。

張三祿乃相聲發始創藝之一，其後相聲之派別分為三大派，一為朱派，二為阿派，三為沈派。

朱派係「窮不怕」，其名為朱少文，因其人品識高尚，同業人不肯呼其為少文，皆稱為窮先生。彼自於場內用白沙土子寫其名為「窮不怕」三字。他較比普通藝人知識最強，能夠當場抓哏，俗不傷雅，故在生意人中可稱為特殊的人物。其長處為身居知識階級，腹有詩書，心思敏捷，能夠隨編隨唱，心裏出活最好，是不用死套子的玩藝兒，諧而不厭，雅而不俗，為婦孺所共賞。雖是個撂土地的生意，聽他玩藝兒的人，也是有知識通文的。

當其使活時，蹲於場內，地上放個小布口袋，內裝白沙土子，他是左手打「義子」（說相聲唱小段的時候，左手拿着兩塊小竹板兒，長約五寸，寬約三寸，嘴裏唱着，手中用竹板啪啪啪打着板眼，江湖人管他使的那竹板調侃兒叫義子。在清朝時代，在沿街商店乞討的花子使用此物，義子這

東西乃窮家門〔唱數來寶的〕物也），右手用沙土子往地上畫字，隨畫隨唱。比如他畫個容字吧，他嘴裏必唱：「寫上一撇不像個字。」地上就畫一撇，接着又唱：「饒上一筆唸個人，人字頭上點兩點唸個火，火到臨頭『灾』必臨，『灾』字底下添個口唸個容。勸眾位得容人處且容人。」他每唱一字必有一字的意義，按着字兒解釋明白，最奇是寫完了一個字，能把人逗得「咧了瓢」（管笑了調侃兒叫咧了瓢兒）。窮不怕驚人的意思是淨「抖摟碎包袱」，用法子把人逗笑了；雖把人逗樂了，還不失那字原意。

敝人在幼年曾見他寫過對聯一副，上聯是「畫上荷花和尚畫」，下聯是「書臨漢字翰林書」。初瞧也甚平常，及至他說出這副對子意思，從順着唸，還能倒着從底下往上唸，字音一樣，頗有意思。在光緒年間「窮不怕」三字是無人不知的。

團春的這行裏，雖稱為朱、沈、阿三大派，但沈二的門戶不旺，其支派下傳流的門徒也是很少，並且沒有怎麼出奇的角兒。阿剌三的支派也是和沈派相同的。如今平津等地說相聲的藝人，十有七八是朱派傳流的。今將敝人所知朱派的藝人寫出來報告於閱者。

窮不怕的徒弟是徐永福，生意人都稱他為徐三爺。徐永福的徒弟為李德祥（現在津埠）、李德錫（即萬人迷）、玉德隆、馬德祿、盧德俊（即盧伯三）、焦德海、周德山（即周蛤蟆）。

現在北平獻藝的只有焦德海、劉德志（盧德俊代師收劉德志為徒，故劉係盧德俊的師弟）。這些個德字的藝人以焦德海的徒弟最多，就以敝人知道的為張壽臣、于俊波、尹麻子、白寶亭（即小雲裏飛的兄弟，現已故去）、湯金城（即西單遊藝場的湯瞎子）、朱闊泉、緒德貴（也同湯瞎子在一處作藝）。還有票友下海的高玉峰、謝瑞芝、華子元，均是萬人迷收的徒弟。在東安市場說相聲的有趙靄如（係唱「什不閒」〔蓮花落〕的名角奎星垣的胞姪）、馮樂福（即小駱駝）、陳大頭（係盧德俊的門徒）。在天津給張壽臣捧活的陶湘如，係玉德隆的門徒。

說相聲最難的是「單春」，一個人的相聲能把聽主逗樂，實是不易。過去的窮不怕就以使單春成名。在說相聲這行裏使單春的，窮不怕可以算是他們的開山祖。阿剌三、沈二也能單雙並行，但藝術之高超以窮不怕為最。

◇「窮不怕」本名叫朱少文，
能在場內用白沙土子寫其名。

晚近以來，說相聲的藝人一躍千丈，能在雜耍（曲藝形式的綜合叫法）館子壓大軸，可演末場玩藝兒的為萬人迷一人。他可稱得起是個完全的人才，從入了生意門就去正角兒（兩個人的相聲，一個逗笑，一個捧活，誰有能耐誰逗，逗的為主角，捧的為副手）。張麻子、周蛤蟆兩個人的玩藝兒雖然不錯，和萬人迷聯了好多年的穴兒（管搭伙調侃兒叫聯穴），總是給萬人迷捧活，永遠都沒去了正角兒。萬人迷能夠在館子說兩三個月的單春不掉座兒，活頭兒（會的東西）最寬，兩三個月才翻一回頭，除他之外都是半個月裏就翻一回的。

　　萬人迷最驚人的是向不咧瓢兒（說相聲的逗笑，把聽主逗笑是為掙錢，如若自己也笑了，同行人就恥笑他藝術不精，自己咧了瓢兒）。今日之藝人，無不失其規矩，人笑也笑。在電影片中之陸克、賈波林（即卓別林）之成大名，也是把觀眾逗得笑了，他本人是始終不笑的，那個面孔就是他成名的特長。萬人迷自從作藝以來，無論在場上使什麼活兒，抖摟出去包袱兒都是響的，向來沒有抖摟悶了（說完了笑話，該着使人發笑，聽的主兒沒被他逗樂了，調侃兒是包袱兒抖摟悶了。抖摟悶了活兒較比笑場格外得丟人。如有其事，同業人皆輕視他藝術不精）的時候。萬人迷雖然故去了，津埠曲藝界的人士無不思念的。在萬人迷大紅特紅的時候，他能在場上一言不發，用他那有哏的臉孔使人發笑，在同行裏都稱身上有活，最能攏神。彼一登台，全園觀眾之目力皆注射其身，為同行人所不及也。

　　萬人迷之相聲灌了不少話匣子片子，計有《跑梁子》、《菜單子》、《怯封錢糧》、《八扇屏》、《挑（tiǎo）春》等等的段兒。其中最好的是《挑春》（即《賣對子》），其對聯之精妙，皆為彼個人心中所發，如：「北燕南飛雙翅東西分上下，前車後轍兩輪左右走高低。」「南大人向北征東滅西退，春掌櫃賣夏布秋收冬藏。」「道旁麻葉伸綠手，要甚要甚；池內蓮花攢粉拳，打誰打誰。」這些對聯都很絕妙。萬上台之拿手的能為是以鎮靜態度，使聽玩藝兒的人們聽着也同其鎮靜。其票友下海者，每逢上場大呼怪嚷，使人見了他那窮兇極惡的態度，有如湯沸，不能攏神壓場，實為缺點。

　　萬人迷紅了三十餘年，以在平日少，在津最久。曾往上海獻藝，他在

場上使活，段段的包袱兒皆悶，南方人聽了不笑，以至狼狽而歸。萬在南方失敗以後，滬上評曲家深致不滿，對於滑稽大王之頭銜大肆攻擊，然萬再不返滬，攻擊也無損於他，毫無可懼也。

在江南滬、杭等地說相聲的藝人，只有「吉三天」。吉之藝名為評三，稱其為三天，係其在平時曾說評書，雖然叫座，只能說三天，到了第四天其技已窮，另換新地獻藝，時人譏誚不呼其名，皆叫他吉三天。吉係相聲藝人馮六之徒。馮六為春口（相聲）裏沈二支派中的人物，馮在清末時代拜認評書門戶，藝名馮崑治，與評書界中玉崑嵐、德崑平、福崑鈴為本門崑字師兄弟。吉評三拜馮六為師，一門兩吃，又能使春（說相聲），又能團柴（說書）。他說相聲以「貫口活」（以帶有連貫性的韻白為主要特徵的段子）最拿手。彼於民國五年間離平南往，他一人懂上海、寧波、江蘇等地土話，在江南大紅特紅，惜其染有嗜好，至今北返於津，晝夜奔忙，依然兩袖清清也。

萬人迷南下失敗，吉評三南往成名，非江湖人厚於吉薄於萬，乃萬不通南方語言之故也。生意人常說：「南京到北京，人生話不生。」藝人以到的地方最多者稱為腿長，吉評三在生意行裏也算是腿長的江湖藝人哩！

說相聲的藝人能成大名，單春、雙春不擋的（單口、對口都能說），迄至今日只有張壽臣一人，自萬人迷故去之後，以他為說相聲第一流人物了。

天橋的相聲場和杵門子

天橋的雜技場有相聲場、摔跤場、把式場、戲法場、槓子場、大鼓書場、竹板書場、評書場、戲場、河南墜子場、空竹場、賣藥場、賣糖場、高蹺場、中幡場、砸石場、雙石頭場、電影場。這些場子，都不是華麗壯觀有屋子的場子。冬天是一塊平地，擺些桌椅，露天地兒；夏天才有席布棚帳，可稱得起是平民化。

相聲場在爽心園前邊，這個場子最早是張壽臣、劉德志、尹麻子、郭起如（一為啟儒）、于俊波幾個人。自從滑稽大王萬人迷死在了奉天之後，

說相聲的第一路人才缺乏，張壽臣夠頭路角色，被天津雜耍（曲藝形式的綜合叫法）館邀了去，充各館子的台柱。

張到津埠大紅特紅，頗受各界人士的歡迎，不惟不能返平，也不能再撂明地（在露天演出）了。張去後只有劉德志、于俊波每日上地（做生意），劉德志與焦德海為正副手，每天夜內在青雲閣、玉壺春上館子，有時還在各公館做堂會，去廣播電台給各商家作營業的廣告宣傳員，劉德志的相聲也是不到天撟了。即或有到天橋的時候，也是恰巧館子停業、沒有堂會的日子，恐也不能常見。

天天準在那場子獻藝的，還是尹麻子、于俊波、郭起如等靠長兒（在固定的演出場地不動）。在民國十年至十六年之間，他們這相聲場，每逢到了「杵門子」的時候總有邊黏子（江湖人管說完一段相聲要錢了調〔diào〕侃兒叫杵門子。要錢的時候，場子外邊站立的人不走，還要等着再聽下去，調侃兒叫邊黏子不動），那幾年社會裏還不像如今這麼窮，聽相聲的人們也不像如今這麼窮，他們雖然不進場子裏坐着聽，站着聽也是照樣兒「掉杵」（給他們往場內扔錢，調侃兒叫掉杵，又叫拋杵）。

每逢他們說完了一段相聲，先是由坐着的聽主往場內扔錢，他們說那是「頭道杵」；將錢都拾起來，數數是多少錢，再湊個整數兒，然後還要錢，他們說叫「二道杵」；如若再向圍着場子立着的人要錢，叫做「托邊杵」。再不能要錢了，才重新另說相聲、抓哏逗哏，哄人大笑。他們要錢的情形就是這樣。

在近兩年大不如從前，每逢說相聲的時候，凳上坐着的人坐着聽，圍着場邊站着的人站着聽，及至說完要錢哪，立着的人呼啦一散，各奔東西。坐着的人往場內扔完了錢就走，絕不接着再聽下回。他們錢也要完了，人也都走沒了。說他們的行話，管這種情形調侃兒說「起棚兒」。「每逢到了杵門子就起棚兒，這個年月怎麼好啊！」早年一天他們這場玩藝兒若掙六七元錢，每人能分一元多至兩元；現在他們這場玩藝兒才掙兩三元錢，一個人才分幾角錢，時常不夠塊兒。別看他們買賣不如從前，還算是天橋兒最掙錢的玩藝兒場哪！別處也有相聲場子，說相聲的人也不齊全，玩藝兒也少，活頭兒也窄（會的活也少），掙錢也是有限，都是上個三天

五天就散，從未見別處能有立長了的相聲場子。凡是好聽相聲的人，到了天橋都奔爽心園前頭去聽他們的相聲。這個場子在那裏有十幾年的歷史，是個久長的玩藝兒場兒。

江湖藝人萬人迷

戲台上的丑角兒是將聽戲的逗樂了，他自己不樂為是。電影上的陸克、賈波林（即卓別林）的笑片，叫人看着能笑得前仰後合的，那陸克、賈波林總是板着面孔，毫無笑容，那才是他的藝術高超哪！說相聲的藝人按着規矩也是應當將聽主逗樂了，他們不能笑的。如若聽主也笑，他們也笑，那就算壞了規矩，說行話叫「笑場」。說相聲的藝人不笑場的就是萬人迷。

萬人迷姓李，名叫德錫，按說相聲的支派，是德字輩的。焦德海、劉德志就是他同輩的師兄弟。他父親叫老萬人迷。提起萬人迷三個字來，平、津一帶幾乎婦孺皆知，其魔力之大更可想見。相聲有雙春，是兩個人說，一個正角兒逗哏，一個配角兒捧活兒，使出活兒來容易將人逗笑了。「單春」難說，一個人的相聲要把人逗樂了，實在是不容易了。說單春成名的有已故的萬人迷，現在的是張壽臣。

萬人迷係北平人，自幼就學相聲，他總算是門裏出身，凡是好聽相聲的人，都知道他口才最好，能言善辯。江湖人都說他夯（hāng）頭正（嗓子好），噴口好（字音真），使上活兒發托賣像（指演員在表演時要惟妙惟肖，通過喜怒哀樂刻畫藝術形象）最能攏神。他是個單雙口的相聲，明春（明場說相聲）、暗春（隔着幔帳說相聲，看不見人叫暗春）都成的，不惟會的段子多，並且他能攥弄（zuàn nong）活兒（管自己會編相聲調 [diào] 侃兒叫攥弄活兒），能夠俗套子不說，臨時現來，當場抓哏。

單春（單口相聲）的活兒是葷的多，素的少，萬人迷能以素包袱兒叫響兒。蓋素包袱兒的段子都不大火熾，說相聲的藝人都願意說葷的，誰也不願說素的。他們說相聲的藝人如若說了一段沒將聽主逗樂了，行話叫使

「悶子活兒」啦！同行人知道了，皆恥之。故此素包袱兒是不輕動的。萬人迷專以素包袱兒叫座兒，婦女可聽，雅俗共賞。在他未成名之先，與張麻子在平、津等地也上場子，擱明地（在露天演出），自入民國以來，他響了萬兒（成了名）啦才進館子。那些年是使雙春（對口相聲），他逗哏，張麻子捧活兒，人都以為張不如他，其實張麻子捧活兒最嚴，素為同業人欽佩，實在不弱於萬也。

在張麻子故去之後，馬德祿給他捧過活兒，周蛤蟆給他捧過活兒，皆不如張麻子捧得好，故萬人迷時常表演單春。在他「火穴大轉（zhuàn）」（大紅大紫）的時候，他只要人一上台往椅子上一坐，板起面孔，衝大夥愣着，全場的聽主就能夠都笑了。這點特殊的技能是人難會的。

他自早年就啃（kèn）海（hāi）草兒（管抽大煙調侃兒叫啃海草兒），染成不良的嗜好，時常的「朝（cháo）翅子」（打官司調侃兒叫朝翅子），皆賴有口才能將翅子逗得咧了瓢兒（能把官長逗笑了），釋放出來。萬又嗜賭如命，在民國八九年間，天津某館主人交給他千元大洋往北平邀角兒，時至除夕，臘月三十的白天，千元盡皆輸去。歸寓見有人頂牛兒，每次以二毛錢為數，他又頂了一宿牛兒。天津開館子的都說他好鑾把（bǎ）（管賭錢叫鑾把），此話誠然不虛。

在某將軍得意之時，每至津門，必招萬做長夜之談，頗為喜愛。一日某將軍在某小班推牌九，連連敗北，忽見萬入，命他看牌，兩張牛牌到手，萬視之，一張大天，一張大四。憑此天槓吃了個通兒，百元的籌碼十根數兒，盡賜予萬人迷。萬在某「庫果窯」認識某「庫果」（管娼窯調侃兒叫庫果窯，管妓女叫庫果），得此巨資，接某妓從良，深感某將軍之德，至死不忘。未過二年，某巨顯做壽，邀其出關，不料滑稽大王竟癮死在途中。當局恐有別情，已然驗屍。萬之生前快樂有餘，何其死後之不幸若此，良可歎也！

萬人迷土點（死了）之後，繼其頭把交椅為焦德海之大弟子張壽臣，至今在津獻藝，頗受該地人士歡迎。蓋張也給萬捧過活兒，頗得其妙，故能承其衣缽而享大名。「江湖人常云「藝不錯轉（zhuàn）」（江湖人管藝人有特別的本領調侃兒叫藝不錯轉），張壽臣也有驚人的能耐呀！

三不管的相聲場兒

說相聲的藝人在天津紅的年數最多要數萬人迷了。當三不管（天津市南市的一個露天市場）發達的時候，萬已成名，每日在燕樂昇平壓大軸兒，大紅特紅了，焉能到三不管去上地（說相聲）？可是我老雲久遊三不管，有好幾次見萬人迷在那裏攔地。

據我調查，他為什麼在那裏攔地？江湖人因為他的藝術高超，尊他為相家，或稱為老相法，在社會人不以為然，江湖人則以此稱呼為至尊至榮。有說，相家都有一控（江湖人管為人若有錢好養鳥、抽大煙、嫖娼、賭錢等等的嗜好調 [diào] 侃兒叫控門。為人只要好一樣，江湖人就譏誚誰有一控），萬人迷「控鑾」、「控海（hāi）」（管好賭錢調侃兒叫控鑾，管好抽鴉片調侃兒叫控海），上館子掙包銀，幾百元一次到手，肘海草兒（江湖人管買鴉片煙調侃兒叫肘海草兒），鑾把（bǎ）兒，幾天就花個乾淨。他要念了杵（江湖人管沒錢了調侃兒叫念了杵），就找人展杵頭兒（江湖人管拉虧空、借債、使利錢調侃兒叫展杵頭兒）。他是周蛤王的徒弟，永遠債台高壘。到了債主逼得緊啦，他就跑到三不管去攔明地（露天演出），凡是好聽玩藝兒的人，都很捧他，有個幾十元的虧空，三兩天就能補上。

萬人迷控鑾、控海，是造成三不管的遊人聽他玩藝兒的機會。我也聽過多少次，還是在三不管說的相聲比在館子還好。後來長腿將軍喜愛他了，就不到那裏去啦。

焦少海雖是門裏出身，他的聯絡不好，北平的相聲場子都不能做藝。說相聲的藝人老不能留鬍鬚，少不能留分頭，焦德海活到六十多歲就沒留鬍鬚。我問過他，那麼大年歲為什麼不留鬍？據他說，自己幹的這行當要留了鬍子不能胡說。做藝的因為「有柵欄」（江湖人管留鬍鬚調侃兒叫柵欄）礙口，所以不留。說相聲的人不能往美式上修飾，因為他們的嘴最損。別人不好，他們抓哏，他們若好修飾，也是樣樣礙口。

焦少海就留分頭，擦生髮油，同行人見他修飾頭臉，都不願意和他「聯穴」（江湖人管合伙、搭班調侃兒叫聯穴）。東安市場趙靄如、馮樂福

的場子，西單湯瞎子、小高二的場子，天橋郭起如、于俊波的場子，他都不能上，只好開外穴（到外地掙錢）到天津去做藝，在三不管上權仙的南邊找了個場子說他的相聲。

他慣使雙春（對口相聲），不慣於單春（單口相聲），沒有伙伴做不了生意，有「挑（tiǎo）厨供（gòng）」（江湖人管賣戲法的調侃兒叫挑厨供）的趙希賢，叫他兒子拜少海為師學說相聲，少海給他徒弟起個藝名叫小齡童。師徒每天上場子，小齡童逗口，焦少海捧活，很為火熾，算是一檔子玩藝兒。

直到如今，小齡童已然出師，因為他有天賦的聰明，口齒伶俐，發托賣像（指演員在表演時要惟妙惟肖，通過喜怒哀樂刻畫藝術形象）都能傳神，抖出去的包袱兒響的多，不悶活，很受津埠人士歡迎。雜耍（曲藝形式的綜合叫法）館子邀了他去，也能上倒（dào）第三的場子。真應了那句話了，「有狀元徒弟沒有狀元師傅」，小齡童響了萬兒（有了名兒），成了名角兒，越過其師。江湖人說「藝不錯轉（zhuàn）」（江湖人管藝人有特別的本領調侃兒叫藝不錯轉），他一定有驚人的好處。

在老焦去世以後，我老雲去往他家行人情，焦少海對我說，小齡童每日上館子以及廣播電台上說相聲，有十數元收入，對於他很為盡孝，收這個徒弟，總算有良心，不忘本。飲水思源，焦少海在前幾年曾拜文福先為師，學說評書。可是文福先說《施公案》，他不學《施公案》另學《永慶昇平》。可惜他下米就要吃飯，在北平上了幾個茶館，起初還有人聽，到了後來簡直就沒人聽了。說相聲他是幼年坐科，說評書他沒用過功夫，藝術原就平常，那《永慶昇平》在清末的時候有人歡迎，到了如今書運已然過去，說得多好也沒有人聽了，何況再說不好呢。他團（tuàn）柴（說書）不成又歸了本行，仍往天津三不管上地說他的相聲。

在前幾個月，焦德海染病，因有不良的嗜好，掙多少花多少，一點積蓄皆無，沒錢醫治病症。觀音寺玉壺春的三胎亥在天橋相聲場遇見我老雲，他正為焦德海奔走。凡是聽過老焦玩藝兒的人都有捐款，各名伶也都有幫助。三胎亥求我代為登報宣傳，以為多收些錢，好辦理善後。我對於他為藝人熱心很是欽佩，不過我老雲不肯在報紙上掛招牌，免得有人譏我

◇ 天津三不管的相聲，最
可聽的是常連安、小蘑菇的
相聲，一捧一逗，又火熾又
嚴，甚為精彩。

受××××。不料事情未過三天，老焦與世長辭。享名數十年的相聲家焦德海，身後蕭條，無有辦法。幸而北平有張德山、劉德志、于俊波、尹麻子，天津有張壽臣盡力維持，沒有什麼困難。當我到焦家行人情時，見了焦少海，因喜愛他的脾氣好，略進忠言，勸他立志向上，不然老焦一死，全家數口賴彼為生，就無法維持了。他葬老人事畢，仍返津獻藝。

三不管的相聲，焦少海倒是能立腳步，不過難享大名吧。最近我在北平常聽見天津廣播電台播來的各種雜技，最可聽的玩藝兒是常連安、小蘑菇的相聲，一捧一逗，對口相聲，又火熾又嚴，甚為精彩。包袱抖得真響，他二人的藝術受人歡迎了。在民國十四五年的時候，小蘑菇還在三不管上地。

說起他父子的歷史來也有意思。常連安係北平人，弟兄一人，侍母最孝，曾入富連成科班學習老生。常連安的連字還是富連成的哪。他出科之後，因為「鼓了夯（hāng）兒」（嗓子壞了），戲飯不能吃，改學「彩立子（lìzi）」（江湖人管變戲法的行當調侃兒叫彩立子），拜某幻術家為師。初入江湖，在張家口獻藝，掙錢不少，頗可養家，反又往天津、大連、煙台、營口等地做藝。生齒日繁，人口多，行動不便，在天津三不管上明地（露天演出）變戲法。常連安的全家都能上地，個個會變。在玉林春的東邊賃了個場子，每天的黏子總是不酥（江湖人管場的四面觀眾調侃兒叫黏子。如若圍着的人不走，調侃兒叫黏子不酥）。

小蘑菇是常之長子，五六歲就能上地，會使「苗子」，會使「小抹（mǒ）子活兒」（管變仙人摘豆叫苗子，管各種小茶碗變的戲法叫小抹子活兒）。他父親夾磨（jiá mo，傳授真本事）的，隨使活，隨抓哏，能把觀眾逗笑。幾歲的幼童，若非天賦的聰明，恐難辦到。每逢使活的時候，有他舅舅給墊場子。到了「杵門」（江湖人管變完了戲法，向眾人要錢叫杵門）的時候，觀眾都給了錢不走。小蘑菇還能「托邊杵」（指向圍着的人去要錢調侃兒叫托邊杵），如若他衝某人說：「這位給一個吧。」那人要說：「我沒帶着。」他必說：「沒帶着那麼大的肚子。」（婦人受孕都是大肚子，俗說帶肚子，他指肚子抓哏）那人不能惱，覺着小孩伶俐可愛，伸手還多掏給他錢。他連要錢帶逗笑，哪天也掙個幾塊錢。他全家的生活仗他能夠維持。

可是變戲法的行當，以能逗笑能掙錢；江湖人說萬象歸春，不論哪行生意，也是以能逗笑為美。電影笑法為上，滑稽玩藝兒無不歡迎。常連安見其子可以夾磨，就一段一段地教他說相聲。小蘑菇相聲化的戲法，在三不管火穴大轉（zhuàn）（在一地方演出掙了大錢了）。

說《精忠》的陳榮啟，與常連安係盟兄弟，代為介紹叫小蘑菇拜了相聲名家張壽臣為師，正式學相聲。小蘑菇的台風、發托賣像全都不錯，經其師夾磨數載，藝術進化得堪稱絕藝。天津的各雜耍場子、各電台爭相延聘。他逗常捧，父子二人生活快樂，衣食豐足。張壽臣夾磨之力也。

三不管雖然平常，他們能夠發達成名，一半是仗自己聰明，一半是介紹人陳榮啟有眼光，才造就成了小蘑菇的藝術。常連安的次子叫二蘑菇，與侯彝臣一處做藝，他使對口活，和白銀耳分為上下手。他們爺兒三個要說《訓徒》的段子，甚為可觀。有人說侯彝臣叫猴頭，再搭上二蘑菇、白銀耳，很有意思，都是乾果子舖的貨。日後侯彝臣再教徒弟，可以叫燕窩、魚翅了。

天橋的臭春場子

在前幾年，我老雲逛天橋常見有個六十多歲的老人，長得細條身材，滿臉的皺紋，嘴裏的牙掉得剩了一半，說話是京東的口音，在天橋上地（做生意）。他那場內有個九根細竹竿的小藍布帳子，桌上放着大小竹管笛兒，到了時候，他能吹各樣小曲，圓上黏子（聚好了觀眾）使「臭春」。一般人都叫他管兒張。

他使臭春之法，將竹竿帳子在場兒當中立起，他鑽到內裏使活兒。場子圍着的人們隔藍布帳帳往帳裏頭聽。他在帳內一個人能學兩個人說話，變出來的嗓音叫人聽着還真像一男一女。

不過，他學的是大奶奶住在娘家，大爺拉着驢去接大奶奶，走在高粱地，大爺要鑽進高粱地裏拔高粱，使人聽了雖然可笑，也覺有興趣。臨完了，他還學一回驢叫，抖起銅鈴鐺，嘩啷啷地響起來，真像驢叫，叫完了

鑽出帳外要錢。聽說他在二十年前，學完了大爺大奶奶鬧高粱地還有人給錢；這些年可不成了，他在帳內的時候還有人圍着，等到學完驢叫鑽出帳來再要錢哪，場子就光了，也掙不了幾個銅子。

據江湖人說，管兒張的玩藝兒調（diào）侃兒叫「臭春」。在庚子年前，做那種生意的倒有幾檔子；自從庚子年後，做這種生意太缺德，各市場全都取締。這種玩藝兒到了管兒張的晚年也就淘汰盡了。這幾個月，我老雲到天津、北平、張家口各處去了，始終沒看見管兒張，向江湖人打聽他的動靜，有幾位說大概是「土了點」（死）啦！雙春（對口相聲）是大興其道，臭春是斷了擼（絕）啦！

江湖藝人湯瞎子、田瘸子

我中國的禮教，到如今有新舊之分。這兩種人的見解不同，至於新禮教好，舊禮教好，社會的人士自有真正的認識，公平的評論，不用我老雲饒舌。可是江湖中人的一切的知識，處世待人，交際往來，也隨着社會的潮流變化。

在早年，江湖人都講究義氣，如若大家頂神湊子（江湖人管趕廟會調 [diào] 侃兒叫頂神湊子），倘若廟場內地方窄狹，去的各種的生意多，拉不開那些場子，容不下那些個生意，有地方拉場子、擺攤子都能掙錢吃飯，那沒地方撂生意的，遠路風塵白來了，賠了路費不掙錢，如何能成？江湖人不是資本家，十有八九都是平地摳餅（沒有本兒要憑真本事掙出錢來），誰也沒有錢賠墊。江湖人遇見了這種情形都有辦法，賣藥的與賣藥的聯穴，相面的與相面的聯穴，說書的與說書的聯穴，一個場子能撂兩檔子生意，一個地方能有兩個人做買賣。什麼叫聯穴哪？他們江湖人管合伙做生意、搭班合幫上地（做生意）、大家組班等事，調侃兒都叫聯穴。如若地方寬敞的，一個說書的佔一個場子，本領好的多掙錢，本領不好的少掙錢。惟有地方窄小，臨時聯穴，兩個說書的上一個場子，雖分前後說書掙錢，可不論誰多掙誰少掙，誰有能耐，掙了錢放在一處，到了晚上按股

均分。又公平又有義氣，那才是江湖人的美德，值得人佩服。

江湖人合作的精神，是最有義氣的。譬如江湖人遇見這地方窄小，容不了許多的生意，他們還有不願意聯穴願意往別處去，不願大家擠着的，可是不走的人都給走的人湊路費，那種義氣也是難得。在早年還有某江湖人病在店內，將東西當賣一空，病好了，沒有法子做生意，往各處告幫，只要和江湖人見了面，把自己是幹嗎的，調侃兒說上來，就能多多少少地得到幫助些錢；還有儘量幫助，傾囊而贈的。

現在社會上的人心險惡，虛偽詭詐，打破了禮教，不顧信義，不講道德。江湖中人對於同道也是這樣了，講義氣的甚少。江湖亂道，此其實也。

在前幾年，天橋的雜技場很是發達，不論什麼玩藝兒都能掙餞。相聲場子，暗春（隔着慢帳說相聲，看不見人）、單春（單口相聲）、雙春（對口相聲）很有幾檔子。張壽臣、劉德志、尹麻子、白寶亭在一個場子做生意，數着他們那場玩藝兒火熾。再次的還有高二父子。田瘸子、湯瞎子兩個人不與別人聯穴，佔個場子做生意。可是張壽臣、劉德志、尹麻子、馮樂福、趙靄如、于俊波、郭起如、焦少海這些人說相聲，使的那玩藝兒如同科班角色的戲詞一樣，哪齣也有準詞，他們不論是誰，都能臨時合演，說的哪段相聲也不能砸鍋。惟有田瘸子、湯瞎子說的相聲，與他們這些的玩藝兒全不一樣，大概是無師自通，自己研究的，或是拆改人家的活兒。尤其是湯瞎子，能夠坐在場內學飛禽走獸叫喚，學磨剪子磨刀的吹喇叭，消防隊的警笛，鬥蛐蛐，樣樣仿真，不過沒有真的聲音大就是了。他最驚人的是學蚊子叫喚，聲小可聽。在早年沒有說相聲的，有一種能以口技掙錢的玩藝兒，或隔房間，或用帳子遮避，學學飛禽走獸、各樣的草蟲叫喚，江湖人調侃兒叫做「暗春」。

清末的時候，張三祿使「暗春」最拿手，可稱「暗春」泰斗。百鳥張、百鳥王也興旺些年。不過他們不按着「暗春」的規矩做生意，形如乞丐要錢，雖掙得不少，也自低身價。管兒張倒是在帳子裏使活，可惜他學的是老兩口子鬧房，瞎子鬧高粱地，淫聲浪語，有傷風化。他是暗春中的臭春，淨使臭包袱兒，文明的人都不肯聽。別看不好，他死了還斷了莊，沒

地方找那玩藝兒哪。

湯瞎子的口技頗有精彩，惜其不多，一場兒了事，若再進步研究，能有幾天的玩藝兒，灌話匣子片、播廣播電機、上館子登台、做堂會，也就成了大名。他與田瘸子搭了幾年伙，平平常常，僅顧衣食而已。自西單商場開辦，他們賃了個場子做生意，因為那裏的遊人都是火碼子（江湖人管有錢的闊人調侃兒叫火碼子），掙錢容易，他們兩個人可就火穴大轉（zhuàn）（掙了大錢了）。

湯瞎子受過折磨，為人勤儉，絕不妄為，也無嗜好，安分守己。田瘸子剛得了地，能多掙錢，就忘了以前的苦處，成天去逛「庫果窰兒」（江湖人管娼窰調侃兒叫庫果窰兒，管妓女調侃兒叫庫果）。日子多了，患了花柳病，藥不離身，體弱身虛，又「咯（kǎ）了光子」（江湖人管吐血的病叫咯光子）。湯瞎子很有義氣，煎湯熬藥，盡心地服侍。他病見了輕，仍去宿娼，後來又「扯了風子」（江湖人管夢遺滑精的病調侃兒叫扯風子），兩頭忙可治不好。他那「黏唒（nián kèn）抹不作」，年數有餘，就「土了點」啦（江湖人管病調侃兒叫黏唒，管治不好調侃兒叫抹不作，管死了調侃兒叫土了點啦）。湯瞎子總辦喪儀，把他送入土內，真成了土裏的點兒。他死後拋下老戧（qiāng）兒（江湖人管父親調侃兒叫老戧兒），無人奉養，湯瞎子念田瘸子與他搭伙的義氣，每日給田瘸子的父親送些錢去，維持生活。這些事北平的老合（江湖人）全都知道。

在這江湖亂道的時候，江湖人都不守規矩，做生意還能講義氣嗎？像湯金城（湯瞎子）這樣人實在少有。以我的眼光看，能遇見這樣有義氣的人就不錯了：能厚待於他，可不是煎湯熬藥送他的終，是待他好就得了。在早年江湖藝人做生意有義氣，講究老不挨，少不欺，如若挨着老年人上地（做生意），老年人沒力氣，受影響，少掙錢，那就算欺老；少年人剛學到些能耐，還沒有火候，久慣做藝的人再挨上地，還不受影響嗎？有不肯欺老欺少的，都躲着老少人做藝，那是江湖人的義氣。如今可不那樣了，挨着老弱殘兵，他們好逞強。我說這話閱者不信，到了各市場、各廟會一看就知道。

故都之八大怪

　　有一天我老雲走到琉璃廠某書舖，買了一本書。據那書上所載，天橋的怪人有韓麻子、田瘸子、窮不怕等。我老雲自幼就到北平，雖然常出外去遊各省，可是年年到這裏，幾十年也不斷去逛天橋，就是沒見過這幾個怪人。我向北平的老江湖人打聽這些人怎麼叫八大怪？是否在天橋做過藝？據老江湖人說，入民國以來，時代改變，漢滿蒙二十四旗人，沒了鐵桿莊稼，丟了老米樹（在清朝，生一個孩子就領一份米，等於有了鐵飯碗），方字旁的（旗人）落了價。城裏頭除了隆福寺、護國寺還有各種雜技場有人遊逛，其餘的地方就都燈消火滅了，天橋才日見興旺，也是香廠新世界、城南遊藝園陪襯着興旺起來的。

　　在庚子年前，北平沒修新式馬路，土甬路兩旁都是生意場。凡平市四五十歲的人都見過那些雜技場。窮不怕、醋溺膏、韓麻子、盆禿子、田瘸子、醜孫子、鼻嗡子、常傻子八個人都是甬路兩旁擺地的江湖玩藝兒，個個形狀怪異，平市人又敬他們又譏諷他們，起名叫「八大怪」。

　　這八個人，除常傻子弟兄活得長久，民國十五年前，在天橋挑（tiǎo）過將（jiàng）漢兒（江湖人管賣壯藥的調 [diào] 侃兒叫挑將漢兒的），其餘的怪人早已去世，並不是在天橋久佔。韓麻子是說相聲的，他嘴沒德行，刻薄已極，到了要錢的時候，刮鋼（說髒話挖苦人）繞脖子淨罵人；盆禿子是半春的生意，他敲打瓦盆唱各種小曲，隨唱隨抓哏，抖摟臭包袱兒，引人發笑，到了時候要錢；田瘸子是殘廢人，專以盤槓子（練單木槓）的技藝掙錢，他較比不殘廢的人功夫還好，也能在練玩藝兒的時候抓哏、抖包袱兒，歸杆門子（到要錢的時候叫杵門子）向觀眾要錢；醜孫子是在場子說相聲，摔喪碟子哭他爸爸，向觀眾假以湊錢發喪事歸杆門子；鼻嗡子是身上帶洋鐵壺，竹管一根插入鼻孔內，順竹管出音，敲打洋鐵壺唱曲要錢；醋溺膏是專唱小曲，柳裏加春（江湖人管唱曲的帶說相聲調侃兒叫柳裏加春），向人要錢；至於窮不怕、常傻子，我老雲已然說過，老江湖人說我說得很對。至於有人將八大怪都說在天橋那兒，簡直是醉鬼上天——胡云（糊雲）了。還有人以大兵黃、大金牙、雲裏飛稱為八大怪。你要問他們

八個怪人都是誰，可又說不出八個人來，此等拾人餘唾的事兒實是可笑了。

天橋的大兵黃

我老雲前幾天到天橋巡禮，巡到公平市場南，見有百數人圍了個大圓圈兒，裏邊有個人直嚷，嗓音洪亮。他隨說隨嚷，圍着的人們也都隨着他笑。我老雲不知道是什麼生意，擠進人羣裏一看，見場內站着一個人，身體魁梧，大腦袋，鬍鬚、眉毛俱都蒼白了，大眼睛，高顴骨，大鼻子，大耳朵，大嘴。這人面上淨是皺紋，看他的年紀足有七十多歲的樣子。頭戴緞子小帽，迎門嵌塊寶石，藍緞子夾袍，又肥又大，黃緞子夾坎肩，身旁挎着個大布袋，手裏拿着根棍，又說又罵，圍着的人們聽他罵得慷慨淋漓了，痛快得笑起來沒完。

我平心靜氣聽他個水落石出，倒要瞧瞧他到底是幹嗎的！及至聽了一個多鐘頭我才聽明白了他是幹嗎的。原來，他就是專以說笑話「圓黏子」（招徠觀眾）的賣藥糖的大兵黃。

我向江湖的人們探討，他是哪門的玩藝兒？據老江湖人說：他是當兵的，退伍之後，不願當差，賣糖餬口。對於江湖的事，他全都懂得。他有個胞兄叫大黃，專打走馬穴（穴是指演出地點；走一處，不能長佔，總是換地方掙錢，江湖人叫走馬穴），往各處去「頂神湊子」（趕大廟會），柳海（hāi）轟兒（唱大鼓的），長得身材高大，人式「壓點」（yā diǎn，震得住人為壓點），專唱《黃楊傳》，以黃三太鏢打猛虎，指鏢借銀，楊香武盜九龍杯等等的段子掙錢。沒有整本大套的萬子活（管說長篇書目叫萬子活），憑幾段小吧嗒棍兒就能成名。每逢唱時，抓哏取笑，能使人捧腹笑倒，抖摟包袱兒是他拿手的玩藝兒。

大兵黃是以海（hāi）冷打萬兒（管當大兵的調［diào］侃兒叫海冷，管以當過大兵為名調侃兒叫以海冷打萬兒），他說的笑話是隨宋慶打過旅順，隨張勛打過白朗，隨張岳挖過河工。不知道的人，都說他能罵人，其實他是藉着鑽鋼兒（根據社會現狀）抓哏、抖摟包袱兒，他能迎合社會人士心

理，隨時代的變遷團（tuǎn，說）鑽鋼兒。一些個心直口快的人們，成天價到天橋圍着他聽笑話，覺着他那些話像《水滸》的李逵，快人快語，給人打不平，發牢騷，比吃服開胸順氣丸還痛快。他的笑話雖然不少，使人聽了不厭是他的抓哏逗笑一天一換樣，改良的單春（單口相聲），哪能不受歡迎。

大兵黃身體魁梧，江湖人說他壓點；嗓音洪亮，江湖人說他夯（hāng）頭子真正；有多少人也能叫人聽清了他說的是什麼，江湖人說他有噴口；面上能夠形容滑稽態度，江湖人說他有發托賣像（指演員在表演時要惟妙惟肖，通過喜怒哀樂刻畫藝術形象）；他能在沒有人的地方招一圈子人，說他的笑話，江湖人說他專能做掉地（不掙錢的地）。凡是生意場、雜技場的藝人，都不敢挨着他做藝，江湖人說他的本領能扯「黏子」（觀眾）。他淨躲着雜技場兒做買賣，江湖人說他有義氣。他說完了一段笑話，賣一回藥糖，江湖人說他是「挑（tiǎo）竿子」（江湖人管賣藥糖調侃兒叫挑竿子），他那糖賣兩大枚一包，總有人買。江湖人說，杆門增了（錢掙多了），買賣孝順（生意好了）。

這就是我老雲向江湖人探討來的大兵黃的內幕，是與不是，我不負責，好在是他們江湖人說的。電影的滑稽大王陸克、賈波林（即卓別林），在銀幕上能受各國人士歡迎，就是能使人解頤，捧腹笑倒。滑稽藝術不止於北平人們歡迎，全中國的人士俱都歡迎。不到百段的相聲，幾十年來，有幾百個藝人學會了，都能以它掙錢養家。不止於中國，全世界人士也是歡迎這滑稽玩藝兒的。

我老雲希望江湖中的人們，不拘什麼玩藝兒，也要加些滑稽藝術，管保能夠火穴大轉（zhuàn）（掙大錢）。這話是與不是，老合們（江湖藝人）的攢（cuán）兒（心裏）是亮的，一定能夠明白。

窮家門兒

要飯吃的花兒乞丐，沿門乞討：「老爺太太行點好吧，積德行善吧，賞給我花子點兒剩的吃吧。」凡是這種調門的要飯的人，不論男、女、老、

少，瘸、瞎、聾、啞，都是真正的乞丐，是沒有家門的。

凡是拿着塊竹板子，且說且唱挨戶討要的，拿着撒（sā）拉雞（撒拉雞的形狀是二尺多長的兩塊窄竹板兒家伙，上安鐵釘，再安幾個銅鈸，左手執之，右手另拿一窄長如鋸齒的竹板，窮家門管這種家伙叫三岔板）的乞丐，使漁鼓、簡板的乞丐，使竹板的乞丐，都是窮家門（唱數來寶的）的人。雖是向人行乞，不叫爺爺奶奶，不要剩吃剩喝，最低的限度是要一小枚銅元。

在早年最厲害的乞丐為「女撥子」，都是年輕的小媳婦、大姑娘。青布包頭，手拿竹板，三五成羣，到各商家、舖戶強索惡化，或說或唱，或笑或罵，商家、舖戶對於彼輩畏如蝎虎，倘若得罪她們，能夠日日來攪，並且人數日見增加，在門前吵鬧騷擾。最奇者官廳並不取締，任彼輩橫行，商家為避其囂亂，顧其營業，少不得託人說合，然也犧牲許多銀兩而散災。自從官方取締後，「女撥子」的惡化丐婦全然消滅了。

如今在省市都會所能存在的只有數來寶的，在鄉鎮廟會尚有叫街的、擂磚的、削破頭的（都屬乞丐，不過用不同的方法而已）。窮家門的乞丐在早年都供奉范丹，如今都供奉朱洪武。敝人曾向彼輩探討，為什麼供奉朱洪武？據他們所談，朱洪武係元朝文宗時人，生於安徽省濠州鍾離縣，父名朱世珍，母郭氏，生有四子一女，三子因亂失散，女已出嫁。四子即洪武皇帝，自幼異於常人，都說這個嬰孩不是尋常的人物，將來定然出色。生他的日子是元文宗戊辰年，壬戌月，丁丑日，丁未時。在他出生時，人們還不太注意他的生辰八字，到後來他做了大明朝頭一位皇帝，便有許多的術士們推考他的八字，說那八字辰戌丑未四庫得全，不得時的時候孤苦零丁，得了時便可貴為天子。

朱洪武名叫元璋，字國瑞，到了他會說話的時候，叫爹爹亡，叫娘娘死，剩下他一人，跟他王乾娘度日。及其長大，送往皇覺寺出家，長老給他起名叫元龍和尚。長老待之甚厚，廟中僧人待之甚薄。長老圓寂後，僧人將朱元璋驅逐出廟，他王乾媽將他送到馬家莊給馬員外放牛。放牛之處為亂石山，但他時運乖拙，牛多病死，或埋山中，或食其肉，被馬員外驅逐。王乾媽又因病去世，朱洪武只落得挨戶討要，因他命大，呼誰為爺誰

就病，呼誰為媽誰也生病，後鍾離縣人民皆不准他在門前呼爺喚媽。朱洪武在放牛之處自己悲傷：十幾歲人，命苦運蹇，至誰家討要誰家之人染病。不准在門前喊叫，如何乞討？他忽見地上有牛骨兩塊，情急智生，欲用此牛骨敲打，挨戶討要。於是天天用此牛骨敲打，沿門行乞。鍾離縣人民皆恐其呼叫爺媽，每聞門前有牛骨聲至，都將剩的食物拿至門前，送給朱洪武。直傳到今日窮家門的乞丐，都不向人呼爺喚媽，即其遺傳也。

社會人士管那牛骨就叫牛骨頭，窮家門的人管那牛骨頭稱為「太平鼓」，上有小銅鈴十三個，也為朱洪武所留。相傳有一個銅鈴能吃一省，有鈴十三個可吃十三省也。至元順帝時，北地燕京城考場開科取士，朱洪武曾北上趕考，功名未中。行至良鄉縣土地廟內，忽患傷寒病症，倒臥殿內。至日落時，有兩個乞丐攜瓦罐而入，二丐見洪武倒臥在地，用手去摸他周身發燒，知為感冒傷寒所致，將他抬至殿後方磚之上，有狗皮兩張，給他鋪一蓋一，將磚下掘洞，燒以柴草。到夜內朱洪武周身出汗，筋骨止住疼痛，二丐將其扶起，又將他們討的剩菜剩飯用柴草熱熟給他食之，至次日病已痊癒。問二丐姓名，則稱梭、李二姓，為范丹的窮家門人。今日之鄉鎮廟的乞丐，或稱為梭家門人，或稱為李家門人。每逢盤道問答時，常說「梭李不分家，多親多近」。

後朱洪武北逐胡人，恢復漢人疆土，駕坐金陵城為一統大皇帝時，忽然染傷寒之症，太醫屢治不癒。朱洪武忽然想起來，昔日在良鄉縣土地廟中曾染此病，為梭、李二丐所療癒，今之病與昔日相同，如能尋着梭、李二丐來至，吾病不難除去。於是命人在各處尋找梭、李二丐。

未幾，竟將梭、李二丐尋至。洪武帝召見於寢宮，二丐拜伏於地。帝問曰：「你二人還認識我嗎？」二丐說：「不識。」帝命二人抬頭仰視，二丐連道不敢。帝強令仰視，二丐抬頭觀瞧時，見帝面白如玉，有無數黑痣，惟印堂有塊硃砂紅痣，兩眼是上眼皮短，下眼皮長，耳大孔衝上，地閣闊大，口也衝上，鼻孔仰露，五漏朝天。忽然想起早年在良鄉縣土地廟中，曾遇一病漢，面生瘢痣，五漏朝天，他們用狗皮鋪蓋霸王炕為其療病，以雜和菜食之，該人病癒後，問他二人姓名而去。不料那人竟是今之洪武大皇帝。帝問：「識我否？」二丐說：「認識。」帝問：「何處見過？」

二丐雖然想起這事，不敢說明是他，遂道：「早年在良鄉土地廟曾遇一病人，我二人為他療病，那人卻與萬歲相似。」帝笑道：「那人便是朕。」二丐叩頭問道：「萬歲尋我二人何事呢？」帝說：「今朕仍患前病，命你二人調治。」二丐說：「霸王炕不敢復用。」帝說：「雜和菜能否再做？」二丐答：「可以再做。」於是帝命二丐往御膳房去做雜和菜。太監導引二丐至御膳房，二丐將雞湯一鍋放於院中，在御膳房靜坐直至日暮。用雞鴨湯摻各種菜飯，雜和一鍋，在灶上熬熟，命太監進食，不料洪武帝食之，竟覺香甜味美，飯後周身見汗，次日病即大癒。再召梭、李二丐，欲封他二人為官，二丐連稱：「命小福薄，且無才幹，仍願為丐。」

於是洪武帝傳旨，命二丐討要使用太平鼓，且命鼓上安十三個銅鈴，下綴黃穗，其他乞丐不准用黃穗，俱用藍穗。使藍穗乞丐不准入城。凡梭、李二丐討要之處，不論商家、居民、文武官職都要給錢。於是梭、李二丐叩頭謝恩。二人出宮之後，深悔未向洪武帝討得住處，竟在通濟門內挖城牆掘洞而居。地面官人不敢攔阻，後城外乞丐不得入城，欲入城者，或投梭為師，或投李為師。梭、李之徒日見增加，支派傳流最為昌盛。

今日窮家門人，稱其門為六大支派，即丁、高、范、郭、齊、閻六姓是也。在昔帝制時代，南京乞丐之多為各地之冠。通濟門內花子洞，即乞丐居留之所。至今南京之花子洞已由官方封鎖，禁止乞丐居留了。在明太祖朱元璋太孫建文帝在位時，燕王朱棣由北京至南京，逼走建文皇帝，朱棣篡位之後遷都於北京，還有許多乞丐隨駕北來，在北京藉勢惡化。傳至清室未亡之先，北平尚有許多「杆上的」（即乞丐頭兒）各轄一方。每有住戶辦紅白喜慶事時，都邀杆上的在門前保護，防止窮家乞丐擾鬧。如有賓客入門時，杆上的尚替本家招待。商家舖戶新張以前，舖長必須向本街杆上接洽，並許以每節給銀若干，杆上的便肯為其阻止乞丐惡化。

早年「逼柳（liū）琴的」（江湖中的生意人管窮家門的乞丐調 [diào] 侃兒叫逼柳琴的。蓋生意人以一文錢調侃兒為柳琴，他們強討惡化，也不過為一文錢柳琴擾鬧而已。為逼柳琴使人生厭，江湖人皆輕視彼輩）在社會上任意擾亂，於秩序上極有妨害。現今強討惡化已被取締，窮家

門多不化鍋（窮家門管沿門乞討調侃兒叫化鍋，社會人士稱為串百家門的），改在各市場、廟會、拉場子摞地（露天演出）。江湖人常說，昔日江湖人都嚴守規矩，在早年窮家門人不敢上地（做生意），擺地設場之人，更不賃給彼輩桌凳，倘若賃給他們桌凳，江湖中的金（算卦相面）、皮（賣藥的）、彩（變戲法的）、掛（練武術的）各行人也不肯依的。如今窮家門的人們能在各市場、各廟會賃桌凳上地。二十餘年前恐也不多見也。

庚子年北京城中所見窮家門的乞丐，家伙多是掛黃穗的，掛藍穗的乞丐入城也有一定日期，須在每月初二、十六以後，否則入城必被杆上的率眾痛責一頓，逐出城外。但如今靠扇的（生意人又管他們要飯的叫靠扇的）隨便入城，杆上的也天然淘汰了。

天橋數來寶的場子

數來寶的這種人不能算江湖藝人，他們是窮家的乞丐。在早年是串百家，沿戶乞討，向來沒有到市場上地（做生意）攔場子的。江湖人調（diào）侃兒管他們叫逼柳（liū）琴的（見人要一文錢與要一大枚，調侃兒叫逼柳琴的），又叫化鍋的。有幾個老江湖人常和老雲我聊大天，說：「如今這年月簡直是江湖亂道，化鍋、逼柳琴的也都上了地啦。」據他們這話考證，數來寶的在早年是不能上地（做生意）的。

在天橋久佔數來寶的是小海，約三十多歲，他向來沒有準場子，因為他掙的錢少，擺地的人有場子都不願租賃他。哪塊場子閒着，他就上哪塊場子。小海每逢上地的時候是拿着兩塊牛骨頭，牛骨頭上有銅鈴鐺，敲打起來是「呱的呱」。他們這行人所唱的玩藝兒都是淺而易懂的詞兒，可是全按着十三道大轍編出來的，每到唱時還能帶點滑稽詞兒，能招得人們聽着笑了。小海他一張嘴就唱：「天怕無時地怕荒。賣砂鍋的就怕狗打架，害眼的就怕瞧太陽。羅鍋子就怕仰着面來睡，洋車怕走泥塘。賣豆汁的就怕杵鍋底，長禿瘡怕癢癢。開店的就怕沒有客，窰姐就怕長瘡。」這些詞

兒粗俗下賤，上等的人、有知識的人絕不愛聽。偏有些販夫走卒沒知識的人，專愛聽他們這種玩藝兒。別的數來寶的都是兩三個湊成一檔子，逗起哏來，才有人圍着聽；惟小海、曹麻子兩個人是專能一個人唱，有人圍着聽。兩個人會的玩藝兒較比別人也多得多，故此能比別人多掙錢。

小海是久佔天橋，至遠到隆福寺、護國寺、土地廟趕個廟會，從不出北平的。曹麻子是專走外穴（到外地掙錢），北平要不掙錢，就往各村鎮去趕集場、廟會。天橋雖然還有些個數來寶的，但是藝術不強，比不上小海、曹麻子，也沒有人注意。我老雲云別的，不願云他們。

◇ 數來寶的這種人不能算
江湖藝人，他們是窮家的乞
丐。數來寶的每逢上地，總
是拿着兩塊牛骨頭，牛骨頭
上有銅鈴鐺。

大鼓竹板

柳海轟兒的生意

　　江湖人管唱大鼓的行兒調（diào）侃兒叫「柳海（hāi）轟兒」的。據他們說，大鼓的起源是很早的，大約着有幾千年了。在堯舜的時代，朝堂裏設立諫鼓，雖是以下諫上，也是一種教化的意義。敝人向他們鼓界的人探討，他們為什麼都供周莊王呢？他們說：周莊王曾在古時擊鼓化民，他們唱大鼓也是正風化俗，勸化人民的。本着周莊王擊鼓化民的意思，就以周莊王當作祖師了。北平的各雜耍（多種形式的曲藝演出）場子、各坤書館兒後台都有一張神桌兒，桌上設着個牌位，上邊寫的是「周莊王之神位」。他們的大鼓，若按規矩是應當有一百個銅釘，其中的意義是仿着文王百子圖的。大鼓的鼓架子是六根竹子做的。據江湖人說，那鼓架子是窮家門（唱數來寶的）的東西，他們是借着使用的，到了鼓界裏那架子的尺寸就失傳了。唱大鼓的人身材高些，那鼓架子也高點兒；身材矮點兒的，那鼓架子也矮點兒。那板是木板兒，也有一定的準尺寸，如今也都不按着規矩做了，尺寸的大小隨個人的心意啦。

　　唱大鼓的支派，黃河往南，山東、河南等地是孫、方、蔣、張四大門（一說孫、財、楊、張四大門），此外還有孫趙門兒；黃河北是梅、清、胡、趙四大門。

　　他們收徒弟的時候，在某處敝人曾見過一次，是由收徒弟之人先下帖，將本門中老中少三輩人全部請來，屋中也設擺神桌，供上周莊王的牌位，將弦子、鼓、醒木也都擺在神桌之上，臨往桌上放弦子之時，嘴裏還得祝上一套詞贊是：「絲與竹來乃八音，三皇治世他為尊。師曠留下十六個字，五音六律定君臣。位按那宮商角徵，後有文武弦兩根。祖師留下文武藝，弟子學藝入了門。老祖留下為有寶，雖然應手又趁心。四海朋友把弦供，如要有藝論古今。」供鼓的時候，供醒木的時候，也有一套詞兒。到了把字兒（即門生帖兒）寫好嘍，大眾給祖師爺磕頭完了，新入門的徒弟跪倒磕頭，嘴裏得說：「盤古辟地與開天，伏羲始有八卦傳。坎水離火坤為地，震雷巽風艮為山。兌澤中央戊己土，八卦西北乾為天。白黑碧綠黃赤紫，行藏至引聖神仙。寶頂呈祥吉瑞彩，香煙繚繞半空懸。莊王祖師

上邊坐，弟子進香到面前。」徒弟入門得給師父效幾年力，先學彈弦後學唱，鼓界的老人都是會彈會唱，到了如今可不然了，有會唱不會彈弦的，有會彈弦不會唱的。

海轟兒的板兒，向來分為鐵板、木板，腔調兒大不相同，有犁鏵調兒，有靠山調兒，有梅花調兒，有西河調兒，有京調兒，有奉天調兒，有樂（lào）亭調兒，有怯調兒。犁鏵調兒以山東人唱得最佳，唱那調兒的吃得很寬。江南北幾處倒都是以鴛鴦檔子為多（男女兩個人唱對口大鼓，江湖人調侃兒叫「鴛鴦檔子」）。靠山調兒是天津的土產，非天津人唱着不美，還是在天津唱着好聽。梅花調兒是費力氣不討好，以北平人唱之最為相宜。其餘奉天調兒、樂亭調兒，也是各行其道。

劉寶全、白雲鵬唱的是怯口大鼓，美其名叫京音大鼓。架冬瓜、老倭瓜、大南瓜、大茄了等所唱的為滑稽大鼓，按早年海轟兒沒有這宗玩藝兒。唱滑稽大鼓藝人以老倭瓜最早，社會的人士都以為是他興的這宗滑稽曲兒。據敝人所知，柳（唱）的最早是老倭瓜，響了萬兒（有了名了）是老倭瓜，跑的穴眼兒（演出地點）最多也是老倭瓜；攢弄（zuàn nong，創作）那種活兒可不是老倭瓜。老倭瓜姓崔叫崔子明，京北三旗營的人，原是玉器行兒人，他自幼好習大鼓，亦先票後海者也（先是票友，後下的海）。京北三旗營有張雲舫者，係故都倉中人，當差有年，多才多藝，心靈性敏，攢弄滑稽曲詞，編歌曲是個高手，惟有他不善於歌唱。老倭瓜羨慕張雲舫之歌詞，與他交友，盡得其妙。恰在清末民初鼓界盛興時期，老倭瓜每逢登台演唱，有張雲舫之絕妙好詞，他又能形容，發托賣像（指演員在表演時要惟妙惟肖，通過喜怒哀樂刻畫藝術形象），使人望而解頤，能夠咧瓢（liě piáo，大笑），老倭瓜漸漸成名，大受社會人士歡迎，因為他是票友，沒有門戶，在前門外演唱，被本行人所攜（被有門戶人將家伙拿走，調侃兒叫被攜）。老倭瓜已然看出紅來，焉能改行？由白雲鵬介紹，給史振林叩瓢（磕頭拜師），乃脫離票友，實行下海。白雲鵬亦史之弟子，二人即係師兄弟「排琴」（師兄弟調侃兒叫排琴）的關係，受白提攜，獻藝平津滬漢，老倭瓜三個字無人不知了。大南瓜、大茄子、架冬瓜，接踵而起。海轟兒這行裏，又興出相聲化的大鼓了。滑稽大鼓的曲詞

◇ 收徒弟的時候，由收徒弟
之人先下帖，將本門中老中
少三輩人全部請來，屋中也
設擺神桌，供上周莊王的牌
位……

乃張雲舫所編，為老倭瓜闖盪開了，可惜張沒獲利，崔已家成業就，時也運也命也，信不誣也。如今張雲舫所編之滑稽曲詞，《拴娃娃》、《勸五迷》、《藍橋會》、《妓女過節》、《家敗歸天》、《蔣幹盜書》、《醜女出閣》、《海三姐逛市場》、《闊四姐推牌九》、《勸國民》那些段，盛行了一時。惜張最美之《胭脂判》、《戰宛城》等段未能授人。現張已五十多歲了，若無人學習，《胭脂判》、《戰宛城》恐將失傳了。有王×延者，為人記憶最佳，腦力很好。無論何種曲詞，不拘長短段兒，只要叫他聽見，便能一字不少的全然記住。張雲舫搜索枯腸精心之著品，不肯輕授於人。若是王×延在座，張則避席，或不一語。有人問他為何如此？張則笑而不言，蓋王×延「榮活兒」（管偷學曲詞調侃兒叫榮活兒）的本領，素有大名，不由張不生畏也。望柳海轟兒的人們留心張之曲詞，倘無人能學習，《胭脂判》、《戰宛城》等段子，必被張攜之入地了。

海轟之十三道大轍

唱大鼓不論什麼調兒都離不開十三道大轍。十三道轍：一中東轍，二人辰轍，三江陽轍，四發花轍，五梭波轍，六灰堆轍，七衣齊轍，八懷來轍，九由求轍，十苗條轍，十一言前轍，十二姑蘇轍，十三叠雪轍。如「少爺的大運未通，猶如蛟龍困在淺水中」，即是中東轍。如「一日離家一日深，好似孤雁宿寒林」，即是人辰轍。如「小少爺休要慌忙，細聽我說個端詳」，即是江陽轍。如「聽他說了這句話，叫我心中似刀扎」，即是發花轍。如「不由人珠淚雙落，尊賢弟細聽我說」，即是梭波轍。如「叫人聽了傷心落淚，實使我痛傷悲」，即是灰堆轍。如「我本是書香門第，出門來尋找妻」，即是衣齊轍。如「聽他言來淚滿腮，叫聲我妻細聽開懷」，即懷來轍。如「他二人好比龍虎鬥，不知何時方罷休」，即是由求轍。如「打洋鼓來吹洋號，叫人聽聽這一套」，即是苗條轍。如「要等我兒站門前，好不叫人眼望穿」，即是言前轍。如「賣國求榮不顧主，背主求官把官圖」，即是姑蘇轍。如「來清去白慷慨正，說明就此拜君別」，即是叠雪轍。

鼓界所難學的為萬子活（管說長篇書目叫萬子活），整本大套的書，沒個幾年功夫是說不了的。萬子活教法都是口傳心授，即或有冊（chǎi）子（書），筆錄的也都是「梁子」（江湖人管祕本的筆記書裏的結構穿插，調侃兒叫「梁子」），外人瞧着也是不懂。唱段的鼓兒詞，有一種河南齊家本兒，是老合（江湖中唱大鼓的人）全都能會，惜其詞句不雅，僅能合轍。子弟曲兒都是清時票家韓小窗，民初莊蔭棠、全月如幾個人攢弄（zuàn nong，編創）的，這些年齊家的本兒漸漸地消失了，韓、莊、全的曲兒頗受社會詢局（聽書的）的歡迎，總算盛行一時了。

鼓界之白雲鵬

唱大鼓書的這行兒，江湖人調（diào）侃兒叫「柳海（hāi）轟兒」的，柳是唱，海轟兒是指着大鼓而言。在民國以前，柳海轟兒的人們都是做明地（露天演出），在市場內支棚設帳，拉場兒。所唱的玩藝兒都是「萬子活」（整本大套的書叫萬子活），什麼《呼延慶打擂》、《前後七國》、《楊家將》、《跨海征東》、《薛剛反唐》等等的說部，一套書要唱好幾個月，說唱起來是沒結沒完。自從清末時代子弟玩藝兒興開了，「唱片（piān）兒」（管一段一段的曲兒調侃兒叫唱片）普遍了，那時候唱的最有萬兒（名）就數着胡十和霍明亮了。到民國以來，時代所趨，把藝人身價抬高了，繼胡、霍之後為張小軒，惜其身段不好，沒有台風，每逢演唱的時候，荒腔走板添虛字兒，實不警人。就以《活捉三郎》那段曲兒說吧，一張嘴唱頭一句是「天堂地獄兩般虛」，他偏給添字兒，唱成了「這天堂，那地獄，兩般都是虛」，由七個字兒添成了十一個字，平、津、漢、滬等地的詢局的（聽曲的人調侃兒叫詢局的）人，都評他四個字：窮兒極惡。在劉寶全、白雲鵬未露頭角之前，平、津、滬、漢還有人聽他的玩藝兒；劉寶全、白雲鵬成了大名，張小軒三個字幾乎無人知道了。

白雲鵬字翼青，現年六十一歲，係河北省唐山二里村人氏。自幼即嗜

◇ 唱大鼓書的這行兒，江湖
人調侃兒叫「柳海轟兒」的，
柳是唱，海轟兒是指着大鼓
而言。白雲鵬，身小神足，
多演文段，開創了白派大鼓
藝術。

好歌曲，在本縣有名票陳某曾傳藝於彼，漸得其妙。自光緒十五六年赴津獻藝，未享大名。四五年後來平，在各市場廟會獻藝，因是作藝人無門戶不能作藝，遂給鼓界名人史振林叩瓢（磕頭拜師）兒，經名師指導，藝業乃進；又兼其好學，不恥下問，精心研究，數十年之間，始造就成鼓界名角兒，誠不易也。白在民初間尚以萬子活兒見長，從袁項城（袁世凱）執政時始棄了萬子活兒，改柳唱片，在新世界開辦時漸成大名，在津、滬、漢等地獻藝，頗得各界詢局的人士讚美，能夠與劉寶全並駕齊驅，實是各有所長。劉則身體雄壯，多演武段，如《華容道》、《戰長沙》、《長阪坡》、《甯武關》、《截江奪斗》等等段兒；白則身小神足，文質彬彬，多演文段，如《寶玉探病》、《寶玉娶親》、《哭黛玉》、《探晴雯》、《太虛幻境》、《竇公訓女》、《千金全德》、《罵曹訓子》等等段兒，二人各盡所長。劉每逢登台，吐痰挽袖子；白每逢登台，先鞠躬後說話，言詞謙恭。說些鋪墊的話兒，也各有不同。

　　白係鼓界四大門戶，梅、清、胡、趙，梅家門支派中人。在天橋兒柳海轟兒萬子最海（hāi，大）之田玉福、吳玉海，皆其師兄弟也。白係童子禮兒，自幼入禮門，不動煙酒，人情世態，閱歷最深。江湖人都說他的腿兒最長（江湖人管為人河路碼頭、省市商埠去的地方最多的人，調侃兒叫腿長。若受藝人敬重的人，調侃兒叫是份腿兒），可不是能跑。數十年來，置有恆產，家道小康，惜以乏嗣，宗祧（tiāo）難繼，過繼一子，人品頗正，不想未能永壽，在前年已去世了。其女已三十許人，為其操弦之韓德全乃白之乘龍佳婿也。

　　敝人曾與白雲鵬請論所唱之曲詞，是江湖祕本為佳，還是票友們編纂的為佳？據他所說，江湖的曲詞都是平俗粗劣，還是子弟票友們攪弄（zuàn nong，江湖人管編纂曲詞調侃兒叫攪弄活兒）的活兒為美。今日鼓界盛行的曲詞，以早年韓小窗攪弄的為最佳。民初莊蔭棠攪弄的活兒也頗可取。韓小窗先生攪弄的活兒，當初有賣唱本的「百本張」售賣。自從百本張故去之後，韓小窗的活兒已然無處去「肘」（江湖人管買東西調侃兒叫肘）了。現在若能有人重印百本張所售的曲兒，足能獲利，惜以無人進行為憾。

天橋的大鼓書場

唱大鼓的這行兒江湖人調（diào）侃兒叫「柳海（hāi）轟兒」的。他們這行兒所唱的有奉天調、樂（lào）亭調、西河調、梅花調、梨花調。

奉天調兒的大鼓，別處不論，天橋是沒見過的，即或有了也是沒人聽。樂亭調的大鼓在北平這個地方是不興的，只有每天夜間在煙花柳巷串下處，唱大鼓的唱這樂亭調兒。梅花調兒的大鼓是最難學的，天橋簡直就沒有這玩藝兒。唱這個調兒的男角以金萬昌最佳，坤角以郭小霞最好。他們向來是上落子館兒，露天地是見不着的。在民國十年以前，香廠開辦新世界，山東的坤角謝大玉唱梨花調兒的大鼓，頗受北平市顧曲的人們歡迎。近幾年來，天橋來了許多梨花調大鼓的坤角，李雪芳、段大桂、于寶林、劉大貴等，在各場內演唱，也是曇花一現，不能持久。在天橋久佔大鼓書場的還是唱西河調兒的。清末民初的時候，史振林唱得最叫座兒，史係大鼓名角白雲鵬之師。史故去之後，以田玉福稱為第一，他所唱的書有《楊家將》、《呼家將》、《春秋戰國》、《反唐傳》、《跨海征東》、《馬潛龍走國》，那些書都是萬子活（成本大套的書）兒。江湖人常說，上明地（露天演出）的海轟兒，非得說整本大套的萬子活兒，才能唱得長久。田玉福在天橋唱大鼓書，使長長的萬子活兒，可稱為第一。他也是鼓界名人史振林門徒，他很紅了二十多年。如今，年歲大了，氣力小，不能整天地唱了，其聲望漸漸退化，收入也是日日見少了，索性離開了天橋，開了外穴（到外地去掙錢），往各碼頭跑腿去了。藝人的藝術，不養小，不養老，也甚可歎也。

在天橋能夠久佔書場的，是唱兩河調兒大鼓的王雲起父子。王係河北定興縣城西陶小村人，昆仲二人。其兄王雲峰，也是柳海轟兒的，曾到過天橋，因為人們不太歡迎，他不在北平，專在保定獻藝，其藝術也不如王雲起，故不能在北平天橋立足。王雲起所唱的大鼓書只有《楊家將》、《呼家將》，按說活兒不寬，按萬子不長（不夠整套書），他為什麼能在天橋久佔呢？我老雲調查過他久佔的情形，他的藝術毫無特長，只有能迎合天橋好聽大鼓書座兒的心理，能夠天天滿座兒。王雲起的書是沒有知識分子去聽的，凡是無知識的人都愛聽他的書，他唱的書詞也是俗不可耐，一張嘴就是：

「大眾的佛台，穩坐壓言，貴耳留神聽。前回說了半本《呼家將》，還有半本沒有說清。哪裏丟，哪裏找，哪裏接着說。書中單表那一位，表的是，人前顯貴，鰲裏奪尊，出乎其類，拔乎其萃的呼延慶。」費了十幾句唱詞兒，才唱出個呼延慶來。知識階級的人聽着是膩煩的，一般沒有知識的最低級的人們，卻是愛聽。據江湖人說，他的書詞是開門見山，有皮兒薄的好處，能夠叫座兒。我問過江湖人，什麼叫開門見山？什麼叫皮兒薄兒？江湖人說：「他們唱的書，書中人物各有不同，如若張口就唱班超，是沒人懂的，想班超是漢朝名將，當初他是個讀書人，因未能得志，將筆桿兒扔掉，棄文就武，投筆從戎。以十數人平西域十數國，汗馬功勞，受封為定遠侯，那實是中國的偉人吧！可是有一樣，唱出的這個人，沒唸過書沒讀過歷史的人，更不知道班超是何等人物。我們管唱出來的書詞聽主不懂調侃兒叫皮兒厚。生意人做藝的地方，都是露天市場，逛露天市場的哪有闊人？哪有知識分子？即或有些個闊人，有些個知識分子，較比普遍的人數，比較起來，也不及十分之一。故此江湖藝人學習藝術的時候，是不學皮兒厚的玩藝兒，不學下層社會人士不懂的書曲。譬如，唱大鼓的藝人，一張嘴就唱李逵、宋江，不讀書，不識字的人，聽到耳內立刻就能知道，這兩個是《水滸》梁山的人物，宋江坐樓殺過閻婆惜，李逵鬧江州還奪過張順的魚。江湖人管唱出來的書詞、書中人物，聽主立刻就懂，立刻明白，調侃兒叫皮兒薄，調侃兒叫開門見山。如若張嘴就說孫猴、八戒、武大郎來，無論什麼人都能知道，都能懂，那還叫真正皮兒薄，真正開門見山。」我聽他們江湖人說，皮兒薄、皮兒厚、開門見山的議論，才知道大鼓書的詞兒是深入低層社會，不能登大雅之堂。可是他們不迎合下層社會人的心理，不迎合沒知識的人們，是不掙錢的。

柳海轟兒的藝人，第一要人樣長得好，說行話叫人式順溜。第二要口白清楚，說行話叫碟子正。第三要嗓音洪亮，說行話叫夯（hāng）頭正。第四要身段表情形容出來有喜、樂、悲、歡的態度，要學得像生、旦、淨、末、丑的樣子，說行話叫發托賣像（指演員在表演時要惟妙惟肖，通過喜怒哀樂刻畫藝術形象）警人。有這四種特長，才能學好了書詞，上場去唱玩藝兒。此外還得會看地勢，如若地勢不好，上的座定受影響；若是地勢好，本人的技能再好，一定多上座兒。江湖人常說：「生意人不得地，

當時就受氣。」這話誠然不假。唱大鼓的藝人最好要懂圓黏子（招徠觀眾），將黏子圓好了，還得有好「駁口」。我問過江湖人，什麼叫「駁口」？他們說：「唱大鼓書的，每逢唱到要錢的時候，那末一句的詞兒，行話叫駁口。」我問：「什麼叫好駁口呢？」江湖人說：「譬如唱的是《楊家將》，唱到楊七郎天齊廟打擂，打死了潘豹，楊繼業知道了，將七郎綁上，拔出寶劍要殺，唱到拔劍就殺當作駁口，那聽書的人們都怕楊繼業真殺了楊七郎，很不放心，坐在凳上不走，往外掏錢，想再聽下回。能全場的座兒一個不走，那才算好駁口。有些唱大鼓書的，不會使駁口，他唱到楊繼業要殺楊七郎，列位要問怎麼樣？下一回是綁子上了殿……要幾個銅子，再往下說，他這駁口就壞了，聽書人們聽他唱出來下回綁子上殿，就知道楊繼業不殺他兒子了，還綁着七郎往金鑾殿見皇上哪，不用聽了，楊七郎不能死了。若是使這樣的駁口，保管一要錢，滿場的座兒能走一半，像這樣就叫駁口不好，使用得不洽，不能掙錢。」他們掙錢能力的高低，全由會使駁口與不會使駁口而定。王雲起就是人式好，碟子正，夯頭好，發托賣像好，會圓黏兒，會瞧地勢，會使駁口。他還能放大大的回頭，長長的段兒，傻子的豌豆——多給，他能有這幾種迎合人心理的技能，才能在天橋久佔。據江湖中的名人說，王雲起的大鼓不算頭路角兒，只算二路角兒。可是他在天橋能久佔。有些個二路角兒到了天橋，都不能持久。故此，我以他能久佔天橋而論，算是天橋第一個柳海轟兒的。至於鼓界的頭二路角兒來到天橋站不住，也有個原因。據江湖人說，唱大鼓書的藝人以趙玉峰、黃福才、二狗熊為頭路角兒，在各省市做藝，每天能有十數元的掙項。郝英吉、馬連登、王慶和等為二路角兒，在各省市做藝，每天都有五、六、七、八元的掙項。天橋這個地方，唱西河調大鼓的藝人，最有本領的能掙三元錢，也有掙兩元的，甚至於本領不濟的還有不得溫飽的。就是將他們的頭路角邀了來，憑天橋這個地方，要每天掙十幾塊錢哪，簡直是辦不到的。就是二路角兒來了，也掙不出七八塊大洋來。故此頭二路的角兒都願到天津、大連、濟南去做藝，誰也不願到北平來的。他們在天津上地（做生意），一個書場能上二百多座兒，因為天津那個地方是個碼頭，賣苦力氣的人，在社會上撞現鐘（看見什麼能掙錢的活兒就幹）的人，下層社會無知識的人是最多的。這些人要

第六章 ｜ 大鼓竹板　　　　　　　　　　　　　　　　　　　　　201

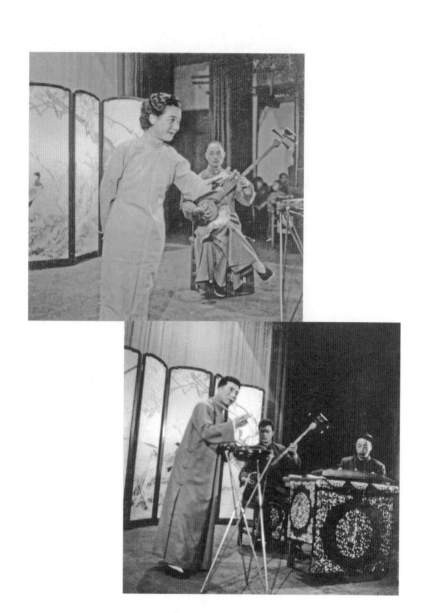

◇ 北京宣武說唱團演員蔡金
波、劉田利在表演西河大鼓
書。(照片由徐雯珍提供)

忙裏偷閒聽會兒玩會兒，是適合聽大鼓書的。江湖人調侃兒說：「天津的人式旺得很（江湖人管人多調侃兒叫人式很旺）哪。」故此，頭二路角兒在三不管（天津市南市的一個露天市場）一帶上地，能上三二百座，掙個十元八元的很容易。能夠養得住頭路角兒，就養得住二路角兒。

北平乃過去之都城，數百年之歷史，年代本深，知識分子、高尚的人是很多的，與天津大不相同，故此一些個沒知識的勞動人也沒天津的多。唱大鼓的藝人唱得多好，也上不了二百座兒，至多上個七八十人，就算好極了。柳海轟兒的頭二路角兒，都說北平這個地方人式太減（管歡迎他們的人少調侃兒叫人式太減），都不願來了。年前有二路角兒馬連登曾在天橋上地，他唱的是《盜馬金槍楊家將》，與王雲起對抗，來了兩個多月就走了。並不是他敵不住王雲起，誰放着有能多掙錢的地方不去，在這裏少掙啊！有些不知其中細情的人，都說馬連登敵不住王雲起，那實是不明白江湖事了。王雲起有這種種的原因，能在天橋豎頭桿大旗，也不願往別處去，就在北平做藝。他父子二人克勤克儉，並無嗜好，十數年的光景，聽說很落下幾個錢，在他們定興縣置了些地，就是不說書，歸家種地，也能維持生活。都說藝人不富，我是不信的，梨園行的名角兒，有幾十萬財產的，北平很有幾位，那不是藝人嗎！

天橋的墜子場子

天橋的玩藝兒也時常地變遷，前幾年以來，唱河南墜子的又盛行一時了。我老雲在河南的時候曾向唱墜子的人們探討過他們的墜子源流，是哪時有這宗玩藝兒的。走闖江湖的藝人，差不多都只知道掙錢吃飯，哪管這些個，我問了許多人，一無所得。年前，在津埠遇一藝人×××，是唱墜子的老手，我向他作最末次的探討，如彼不知，我老雲就再不向他們去探討了。不料，這位唱墜子的，侃侃而談，原原本本，說得很有趣味，可是其中也有些個荒誕無憑的話語。我將他所說的一古腦兒寫出來，貢獻於閱者。至於說得對與不對，敝人不敢下斷語，好在是他說的，寫出來是我替他學舌，人云亦云罷了。以下係唱墜子老藝人所說。

「我們唱墜子的，是先高後低。高的時候，是道情歌兒；低的時候，是串百家門，逼柳琴兒。我們這玩藝兒都說是在唐朝有的。當初，唐明皇在位時，在山西省晉汾之間有個修行的老人，年歲高邁，髮似三冬雪，鬚賽九秋霜，神清氣爽，仙風道骨，常在恆山一帶敲打漁鼓、簡板唱道情歌，勸化世人。他能數日不食，精神不衰，人多奇之。有人問他姓名，自稱姓張名果，生在堯舜時代，鄉人無不尊敬，稱他張果老。相州刺史韋濟聞張老之名，探驗屬實，欲討好於玄宗皇帝，上表奏聞。那唐明皇乃風流皇帝，內信李林甫，外倚安祿山，寵愛楊貴妃，因色身虧，精神衰弱，欲學長生術益壽延年。恰見韋濟奏聞恆山有張果老，立命通事舍人裴晤往恆山去召張果老入都。裴晤奉旨前往，至恆山尋着果老，並無敬意，迫其入都。果老行至途中，忽然倒地身死，裴晤疑其有詐，在屍旁守候數日，屍身僵臥，實是無詐。裴晤命人葬埋，果老忽然站起，談笑自若，不飢不渴。裴晤驚訝不已，覺其非凡，不敢強迫，命人入都奏聞玄宗。唐明皇又遣中書舍人徐橋，齎奉璽書，優禮往迎，果老始隨入都。唐明皇賜乘肩輿，請入宮中，問出神仙術。果老只說，息心養氣，便可長生。唐明皇留他居於集賢院，數日不准人等進他酒食，果老累日辟穀，毫無倦態。玄宗奇之，命人賜以美酒，酣醉之後，長睡數日不醒。弄得唐明皇不知他是仙哪，是鬼呀！莫名其妙。時有術士邢和璞、歸夜光二人，邢能算生死，歸能查看鬼神，素為玄宗所信，將他二人召至宮中，命算果老生死，查他是鬼是神。邢和璞占算半日，竟不能算出果老生在何年，死在何日。歸夜光查看兩晝夜，不敢斷他是鬼是神。唐明皇密語高力士說：「飲堇酒無害，方為奇士。」乃召果老，命其飲堇酒，果老飲之三大杯，忽然倒地，仰面朝天，張開大嘴。帝與高力士見其口中齒皆焦縮，果老伸手拔齒收入囊中，眨眼間，齒竟重生。君臣歎服，仍命果老宿於集賢院，時有唐睿宗之女崇昌公主在玉真觀為尼，明皇欲將公主嫁與果老，命祕書監王迥質、太常少卿蕭華往集賢院商於果老。果老說：「娶女婦得公主，平地升公府，人以可喜，我以可畏。」言罷大笑不止，問蕭、王二人道：「皇上以果為仙，果實非仙，若視果為塵俗人，也可不必。果從此辭，將歸山了。」二人回奏，玄宗尚欲挽留，果老再三懇求歸山，玄宗乃命人畫其圖形懸掛集

賢院，授為銀青光祿大夫，賜號通玄先生，賜帛三百疋，命人護送歸於恆山蒲吾縣。張果老歸山之後，仍在山中敲打漁鼓、簡板，唱道情歌勸化世人。民間之人多仿學漁鼓、簡板，唱道情歌。後由山西流傳至河南。傳至宋元時代，道人化緣，乞丐討飯，俱用漁鼓、簡板，沿戶唱歌，化緣討要。至清末時，道情歌曲竟歸了窮家門（唱數來寶的），是由高而低也。」

自從民國，時代變遷，打破專制思想，階級平等，男女社交公開，准許男女藝人合演。有許多的婦女演唱河南墜子，並將漁鼓撤掉，改換大鼓一面，左手執拌，右持簡板，唱起活來，所唱也非道情，穢詞污語，引人入邪，雖然有礙民俗，聽主卻多歡迎。唱山東大鼓的坤角見大鼓日漸衰落，墜子火穴，紛紛改唱墜子。近來平、津、滬、寧各雜耍（是曲藝雜耍形式的綜合叫法）館中都得約檔墜子才算齊全。喬清秀馳名平、津、汴、濟，海報上也大書「墜子大王」。有糖業大王、汽車大王、煤油大王、滑稽大王、梨園大王、電影大王、評書大王、鼓界大王、梅花大王，如今墜子大王又應運而生，不久，我老雲也要成為雲遊大王、神聊大王了。

唱墜子的除喬清秀之外，董桂枝、宗玉蘭、盧永愛也都不弱。天橋的墜子，開荒（頭一個唱的）的不是坤角，還是個男角，滿臉的麻子，一個人自拉自唱，很有滋味。社會的人士喜見奇怪，瞧着他又拉又唱，都聽他唱會兒，也聽不出什麼意思，看得樂了，扔錢就走。那時正在民國十二三年，社會裏還沒嚷窮哪！做藝的人們掙錢也容易，被當作怪物瞧的唱墜子的藝人，每天能掙兩三元，說江湖的行話，梅花盤兒在天橋火穴大轉了（管麻臉的人調［diào］侃兒叫梅花盤，管能掙錢叫火穴大轉）。江湖藝人耳朵最長，聽見哪裏興旺就往哪裏奔，憑梅花盤兒都能掙錢，色藝兩全的坤角來了豈不更佳？於是，唱墜子的男女班紛紛來平，爽心園、天華園都約了墜子，各露天場子也都邀了墜子。最近，我到天橋雲遊了幾天，見天橋墜子較比從前還多，魁華舞台後邊有個墜子場兒，爽心園北邊有個墜子場兒，馬場道北邊有個墜子場兒，倒是「水深流去慢，貨高價出頭」。我聽了幾回，露天場唱墜子的坤角，「盤兒念嗭」（管長得不好叫盤兒念嗭），「柳得也是念嗭」（管唱得不好叫柳得念嗭），無怪乎他們不能進館子，只在露天兒演唱，色藝兩念嗭，掙不了大錢，館子哪能約請啊。盧永愛、

◇ 民國以後，時代變遷，男
女社交公開，准許男女藝人
合演。

大老黑兩口子對唱，江湖人說行話叫鴛鴦檔子。盧永愛唱做俱佳，身段好看，表情細膩；大老黑（他名叫任永泰）專會抓人，形容態度，使人解頤。在天橋上明地（露天演出），唱大棚，哪天也能掙十元以外。到了天華園內，啊！他們兩口兒下場，聽玩藝兒的人們就能起了堂，走了個乾淨。姚俊英，長得身材窈窕，黑漆似的大辮子，唱的時候，透着風騷浪漫，論藝遠不及盧永愛，在天橋卻頗受人歡迎。看起來，聽玩藝兒的人們還是重藝的少，重色的多。大老黑、盧永愛憤而離平，在南京唱了未久，夫妻來了出離婚後會，如今在天津破鏡重圓。據我老雲所料，天橋是不來了。

大老黑夫婦走了以後，小桃園後玉明軒掌櫃的由天津約來一班墜子，台柱子是坤角趙金蘭，每天演唱時也是鴛鴦檔子，男角趙勤堂，不是趙金蘭的丈夫，係其養父，父女演唱，雖然能叫滿堂座兒，並沒有十元八元花錢的闊主。不料演唱未久，趙金蘭就鳴了警啦！告他養父趙勤堂強姦虐待，打了官司，過了幾堂，趙金蘭就與趙勤堂脫離父女關係。趙勤堂失掉了搖錢樹，又往別處種搖錢樹去了。趙金蘭沒有趙勤堂捧活兒，藝術似見退化，在平津演唱，連個怪聲叫好的都沒有了，她又擰了萬啦（江湖人管更名改姓叫擰了萬啦），在天華園演唱，貼海報叫李玉芳了。

最近，董桂枝、宗玉蘭姑嫂來平在玉明軒演唱，姚俊英、李玉芳、段大桂在天華園演唱，大鼓、墜子男女兩色十數人兩下裏對台；燈晚也打對台，董桂枝、宗玉蘭在觀音寺華樓、賓樂軒演唱，姚俊英、李玉芳在青雲閣、玉壺春演唱。還是董、宗姑嫂的色藝雙佳，能唱能捧。江湖人曰「藝不錯轉」（這個轉字是能掙錢的侃兒，藝不錯轉就是藝術定有高超的意思）。好聽墜子的快快聽吧！我老雲瞧着他們這玩藝兒有一興必有一衰，將來這種玩藝兒唱不長，若不相信，咱們就慢慢地瞧着。

天橋的竹板書場

天橋的雜技場樣樣都很多的，惟有竹板書是不多的，只有兩三個場子唱竹板書。能夠久佔在天橋唱竹板書的藝人就是關順貴、關順鵬昆仲，江湖人

管他們唱竹板書的調（diào）侃兒叫使扁家伙的家伙（管唱大鼓書的調侃兒叫使長家伙的，是指他們使的弦子而言；唱竹板書的叫使扁家伙的，是指他們使的竹板而言；管說評書的叫使短家伙的，是指他們使的扇子而言）。

我老雲雲遊了幾省，唱好竹板書的我也見得多了，第一路的角兒有余來榮、王來有、趙華軒、邱玉堂、張德貴。這些人在各省市、各碼頭，無論上館子上場子，哪個人每天多了能掙十數元，少了也能掙五六元，可是這些人都不往北京來。只有東安市場初立之時，余來榮在雜技場內唱過竹板書，叫座的魔力甚為可觀。凡是唱竹板書的藝人都佩服他的，認為他是使扁家伙的特殊人才了。不料，他掙錢的能力好，受了金錢之害，早早斷送了他的性命，甚為可惜。藝人不能理財，財多傷身，實可歎也！

在清末的時代，唱竹板書的角色最有名的是賈寶山，他們傳流的支派，是寶、順、呈、祥，賈寶山是寶字輩的，他的大徒弟叫張順明，曾在民初時獻藝於天橋，叫座的魔力也頗不弱。關順貴、順鵬雖是賈寶山的徒弟，拜師未久，賈寶山就去世了，他弟兄兩個唱竹板書，沒得着師傅的傳授，是由他們的師兄張順明代傳的。關氏昆仲只學會了吧嗒棍，還沒學好萬子活（江湖人管能叫座兒的小段子曲兒調侃兒叫吧嗒棍，管整本大套的書調侃兒叫萬子活）哪，不幸，張順明死在奉天。他們哥兩個淨唱吧嗒棍僅能餬口，實是不易發達。在民國十年前後，先就能掙幾角錢，始終沒能火穴（大紅大紫）。在民國十六七年，又向大鼓名角田玉福學習萬子活兒，學會了《跨海征東》、《戰國春秋》、《楊家將》等書，藝業大有進步，哪部書都能唱幾個月，天天叫滿堂座兒。在民國二十年前，漸漸發達，如今火穴大轉（zhuàn）（掙大錢了）了。凡是久逛天橋的人，都知道關順貴、關順鵬的竹板書唱得不錯，可聽。在這一二年，關順貴忽然棄了扁家伙，改使長家伙，又柳海（hāi）轟兒，唱大鼓書啦！在樓外樓的南邊佔了個場子，比唱竹板書上的座兒格外見多，總算他有心向上。世上無難事，就怕有心人。前兩天，我到東安市場雲了一趟，走在東跨院，見關順貴在院內的東南角上弄了個場子，正唱《楊家將》。他又挪到東安市場去了。天橋的竹板書只剩下關順鵬一人，他佔的場子在沈三的場子南邊，有好聽竹板書的到那裏聽吧！

◇ 關順貴、關順鵬兄弟在
表演竹板書，關順鵬唱，關
順貴貼板。（照片由徐雯珍
提供）

附錄

漫話江湖　萬象歸春

　　江湖者，如江湖之水，能通三江，可達五湖，周流天下，無窒礙，無壅滯，無有一人，不被其澤。人若被人稱為江湖，是其技能，如江湖之水，暢行天下無阻也。江湖人自稱「老合」，這兩個字的意義即是：以人家之意見，他們都能合作，隨人之意而進，事無不成了。江湖人，又自稱「擱（gé）念」。這兩個字的意義是：他們江湖人，都得百行通，才能吃得開；如若哪行行不通，就有阻礙，擱住必念了。什麼人都是江湖呢？五花八門的人物，就是江湖者也。五花八門又是什麼呢？偷竊的小綹（xiáo liu），是「老榮」；販賣人口的，是「老渣」；捕盜捉賊的，是「老柴」；使腥賭的，是「老月」；走闖江湖的，是「老合」。這五老，即是江湖中的五花。什麼是八門呢？算卦相面的，是「金門」；賣藥的，是「皮門」；變戲法的，是「彩門」；打把式賣藝的，是「掛門」；說書的，是「評門」；說相聲的，是「團（tuǎn）門」；賣各樣假東西的，是「調（diào）門」；唱曲的，是「柳門」。這就是八門。此外尚有六扇門裏、六扇門外，陰陽兩面的朋友，都在其中。這五花八門的人物，在我國的社會中都有一種特殊的技能，特別的勢力。說起這些行來，亦很複雜，非三言兩語可能說盡。先以他們最重視的「包袱兒」為題，我說一回「萬象歸春」。

江湖人以「包袱兒」為重　有葷、素、響、悶之別

　　什麼是包袱兒呢，哪又是萬象歸春呢？這兩句是江湖人的調（diào）侃兒。包袱，這日中所用的一種物件，爛七八糟的東西都往裏包，使用完了，必須得把包袱抖摟一下，是什麼東西，亦都抖摟出來了。江湖人有一種極幽默的特別技能，如若使出這種方法，就能把人逗樂了！江湖

管這種逗笑的方法調侃兒就叫「抖摟包袱兒」。那笑料兒就是包袱兒裏邊的東西。可是抖摟包袱兒，仍有「響了」、「悶了」之別。什麼叫響了呢？如若江湖人用一種逗笑的話料說給眾人聽，如能把人逗樂了，調侃兒就叫「包袱兒抖摟響啦」。如若他們的笑料向聽眾說完了，聽眾都沒「咧瓢兒」（江湖人管人笑了調侃兒叫咧瓢兒。瓢兒即是人的腦袋，如能咧了，便是笑啦。如若人沒笑哪，調侃兒就叫沒咧瓢兒），那就是「包袱兒抖摟悶了」。包袱兒抖得最好，調侃兒叫「哄堂」。其意義是，全場的聽眾都樂了，哄堂大笑也。江湖人以包袱兒抖摟響了為榮，以抖摟悶了為恥！有了哄堂的時候，抖摟包袱兒的江湖人，認為莫大之榮幸！江湖人對於抖摟包袱兒之重視，亦可想見矣。包袱兒亦不同，有「葷包袱兒」，有「素包袱兒」。什麼是葷包袱兒呢？凡是婦女不可聽的笑話，就算葷包袱兒。什麼是素包袱兒呢？俗不傷雅，男女老少都可聽的笑話，就算素包袱兒。江湖中的人物，能抖摟包袱兒的，極不易得，人才亦是有限哪。

江湖中能抖包袱兒的藝人與藝術之調查

大戲的角色，分為生旦淨末丑。小丑兒，不論文武，以能逗笑當場抓哏為美。銀幕上的電影明星，最難得的人才是能逗笑的滑稽角色。近些年來，只有陸克、賈波林（即卓別林），能有聲價，有人歡迎。江湖中的滑稽人才亦是難得。早年的隨緣樂、人人樂、張三祿、徐永福、德壽山、老張麻子、小張麻子、老萬人迷、小萬人迷、盧伯三、馮崑治、袁桂林、徐狗子、雙厚坪、焦德海、陳大官等百數十個，與現在的張壽臣、侯一塵、常連安、小蘑菇、老倭瓜、架冬瓜、山藥蛋、吉評三、大茄子、陶湘如、劉德治、高玉峰、謝瑞芝、華子元、安青山、恆永通、老雲裏飛、小雲裏飛、大兵黃等數百餘人，都是江湖中滑稽中的人才。別看他們都能抖摟包袱兒，藝術是不同的：笑料有高有低；形容有優有劣；幹的行當又不一樣；他們做藝的地方，有上中下之分別；受人歡迎，亦有上中下之別；他們的藝術人品、魔力，都有研究的價值。按着萬象歸春的意思，分

門別類，逐段寫出來，閱者諸君，茶餘酒後，消遣解悶。我的東西寫在報上，是駱駝的下巴頦兒——奔拉嘴兒，六指兒撓癢癢——伸個小手兒。

窮不怕首創「單春」有「攥弄活兒」的特長

我這段「萬象歸春」，五花八門的人物之技能都得說說。以哪個江湖人作為首談哪？先以窮不怕作為首談，然後再按五花八門，一種一類地往下談。窮不怕是三十年前的江湖藝人，他是久做「單春」的老合。什麼叫單春哪？說相聲的行當，調（diào）侃兒叫「春口」。一個人的相聲，調侃兒叫「單春」；兩個人的相聲，調侃兒叫「雙春」。以這兩樣而論，是單春難說。兩個人的相聲，一捧一逗，顯得火熾，一裝巧，一裝愣，憑說憑逗，都容易引人發笑。一個人的相聲顯着冷，又不火熾，把人逗笑了實在不易。據相聲行人說，他們這行使單春的人才最少，以窮不怕為第一，可以稱為「單春大王」，前無古人，後無來者，實是他們行中空前絕後的人物。窮不怕姓朱，名叫少文，滿清的時代，漢軍旗人。早年讀書，博學強記，學識深淵，心思敏捷。曾以舌耕為業，心志不遂，憤而投入江湖的門戶，改說相聲。向不搭伙伴，從未與人「聯穴」（兩個人合作說相聲調侃兒叫聯穴），獨樹一幟。可惜他生不逢時，那年月的相聲不似今日之盛，社會的人士對於滑稽藝術尚未公認，實在沒有「拱開」（社會的人士對於什麼玩藝兒公認了，即是拱開），雖有高尚的玩藝兒，亦難登大雅之堂。他若生在今日，「滑稽大王」的頭銜就歸不了萬人迷了！

窮不怕做藝，向來是「摺地」（凡是在露天地做藝的，都說摺地），還是用平地，低窪地不相宜。他以地皮為紙，白沙當墨，戳朵兒圓黏兒。這是什麼話呢？江湖人對於寫字調侃兒叫戳朵兒，對於引人圍觀調侃兒叫圓黏兒。凡是江湖的玩藝兒，都得有人圍觀，才能掙錢，其圓黏兒之法是江湖人初步基礎的技能。至於圓黏兒的方法，各有不同。變戲法的以敲鑼擊鼓，把人招來圓黏兒。他們是武黏兒，有響動，圓着容易。像窮不怕，夾着一把笤帚，手拿小布袋，舀着白沙末子，往地上寫字圓黏兒，那夠多

難！敲鑼打鼓圓黏兒，是有耳朵的人（聾子不算）都能招引來，不在乎識字不識，招的人界限很寬。窮不怕寫字招引人，不識字的人吸不住。有這層關係，他圓黏兒更難，招的人界限亦窄。在早年是說相聲的人，都會寫地皮上的白沙子字，可是寫得好歹，大有分別。窮不怕的字，橫平豎直，字兒端正，人家的手寫不弱於用筆。不論大小字，皆有字體，愈寫大的，愈有帖氣。可是別人只能寫字圓黏兒，圍上人，還得說相聲掙錢。窮不怕的特長是寫字圓黏兒，隨寫隨柳。什麼是「柳」哪？江湖人對於唱調侃兒叫柳。他隨寫隨唱，寫完了一遍，連說帶唱，隨唱隨抖摟包袱兒，臨完了，惹人一笑！所有一切科諢笑話掌故之類，皆由字義內抖摟出來。

現今說相聲的，都以「火」做；唯有窮不怕，專以「水」做。什麼是水，什麼是火哪？江湖人以穿着闊綽調侃兒叫火，以衣履缺殘調侃兒叫水。窮不怕雖然水做，他的玩藝兒可是高尚極了，向來不「團（tuǎn）鑽鋼」（江湖人對於撒村罵人調侃兒叫團鑽鋼）。他腹有詩書，能戳朵兒，知識高尚，心思敏捷，所說的玩藝兒諧而不厭，雅而不村，「果食碼子」、「抖花子」都能聽（江湖人對於婦人調侃兒叫果食碼子，管姑娘叫抖花子），純粹是檔子文明玩藝兒。別的藝人學什麼玩藝兒，都是口傳心授的死套子活，怎麼學來的怎麼賣，絕不能更改。窮不怕可不是套子活，他的本領是能「攥弄（zuàn nong）活兒」（江湖人對於會編段子調侃兒叫攥弄活兒）。每逢上地做藝的時候，就能隨唱各樣歌詞。先以字意兒說吧，他有「容」字，由寫「人」字唱：「寫上一撇不像個字，添上一筆唸個人。人字頭上添兩點兒，唸個火。火字頭上加寶蓋兒，唸個『灾』。火到臨頭『灾』必臨，『灾』字底下添個口，唸個容。勸眾位，得容人處，且得容人。」他這個字唱完了，還是以讓勸人。最奇的是他以五百齣戲名編了一段曲兒，當初很有人歡迎，我把他這個曲兒在紙上再唱一回。

窮不怕編的《五百齣戲名》曲兒

窮不怕的《五百齣戲名》曲兒，以「殷家堡」為主，唱：

昔日有一人姓殷，名叫《殷家堡》，家住在《文昭關》城西，《五里碑》的《四杰村》。居住的這日正月十五，《武當山》赴《英雄會》，身穿《打龍袍》，腰繫《乾坤帶》，足蹬《借靴》，頭戴《封冠》，上安着《海潮珠》、《慶頂珠》，腰別《斷密澗》，馬棚拉出《盜御馬》。《殷家堡》上馬出了《四杰村》，進了《文昭關》東門，出西門，路過三座山：《青石山》、《百草山》、《翠屏山》，來到武當山頂《金頂山》，山上有兩桿《盜旗》，上寫《賜字》。《殷家堡》下馬，上了高山，《山門》洞上寫《法門寺》。《殷家堡》進《山門》，見有三座廟：《靈官廟》、《關王廟》、《八蜡廟》。他掏了香錢，在《關王廟》磕個頭求保佑，《天官賜福》。磕罷了頭將站起，來了看廟的一個老道，將他讓進了《五福堂》。小老道拿過《落馬湖》放下《搜（來的）杯》。《殷家堡》正要喝茶，又來個小老道，拿過文房四寶，叫《殷家堡》寫個佈施。他掏出了《花子拾金》，老道是哈哈笑。《殷家堡》一出廟門，做買賣的真不少，《賣絨花》、《賣餑餑》、《賣胭脂》，《三進士》、《四進士》、《張三跑馬》《大賣藝》，《河糧會》、《湘江會》、《金蓮會》。《殷家堡》正往前走，抬頭看，見有他盟弟《五人義》，騎着一匹《五名駒》，他二人一同去喝茶。往西不遠有個《鐵弓緣》，母女開茶館，門前列着《兩把弓》。他們進了茶館正喝茶，《殷家堡》問《五人義》：「兄弟要往哪裏去？」《五人義》說：「我到你家去《探母》。」《殷家堡》說：「不必《回令》。」

　　他二人出了《鐵弓緣》，往回走，路過《白良關》、《牧虎關》、《陳塘關》，出了《趕三關》，路過四條吊橋：《清河橋》、《灑金橋》、《太平橋》，還有《斷橋》，來在《渭水河》邊。有《釣金龜》釣魚，有《打柴訓弟》，《跑坡剜菜》，《母女揀柴》。走過《探寒窯》、《雙別窯》前下了馬，渴得咳咳叫。《苦水井》有貧婆汲水，名叫《羅衫計》。他們將馬飲完，哥兒兩個沒錢給，取出《一疋布》送與貧婆，貧婆一見《心歡樂》。哥兒兩個上馬過了幾個鎮店，《清風嶺》、《蜈蚣嶺》、《金沙灘》。《三家店》在《二龍山》，

山南有個《辛安驛》，有許多過路人《指路觀山》，《打馬起解》，《小放牛》，《大金鐘》，《大鋸缸》，全都不看。《快活林》跑出《花子騎驢》，手拿《演火棍》，來到跟前《打槓子》，要他們的買路錢。《殷家堡》說：「殺他還不如《殺狗》。」嚇跑了《打槓子》的。

他們到了《高平關》，哥兒兩個上前《叫關》把城進。《十字街》前《悅來店》，他們住在店中，天氣晚，伙計擺上《七星燈》。哥兒兩個落座，問：「掌櫃的貴姓？」掌櫃的說：「姓梁，叫《梁子峪》。」言說吃麵沒別的飯。哥兒兩個正然用飯，來了兩個姑娘，一個叫《鳳儀亭》，一個叫《宇宙鋒》，懷抱琵琶就要唱。《殷家堡》問她們都會唱什麼曲兒，這個姑娘說會唱《夜宿花亭》，那個說會唱《洪武放牛》。兩個姑娘唱完了曲兒，哥兒兩個無錢就《贈珠》。次日早晨出了《高平關》，路過三座洞：《金絲洞》、《無底洞》、《五花洞》。他們到了《惡虎莊》，天氣陰沉下了一陣《梅絳雪》。《五人義》說天氣冷，《殷家堡》馬後就《贈袍》。過了《雲羅山》，《走雪山》，才到《文昭關》。進東門，出西門，回到《四杰村》。

哥兒倆門前下了馬，外邊有個《倒廳門》。上前《拜門》，裏邊有人把門開放。《殷家堡》說：「賢弟入府，我這府亞似《十王府》。府門洞上掛《逛燈》，上寫《金馬門》。家裏還有三座樓：《黃鶴樓》、《坐樓》帶《跪樓》。」哥兒倆逛了《黃鶴樓》，上擺几凳，凳上《忠義俠》《哭靈牌》。《雙官誥》《聽琴》《掛畫》《觀棋》《盜書》，這叫琴棋書畫。還有四張圖：《百壽圖》、《鐵冠圖》、《八義圖》、《四美圖》。哥兒倆落座，家人看過《落馬湖》，放上《對銀盃》。哥兒倆正喝茶，《殷家堡》吩咐家人，《九龍峪》上擺《九龍盃》。四個碟子都是炸食，《鍘判官》、《鍘包勉》、《鍘知縣》、《鍘陳世美》。又上四個大碗，一碗《拿黃龍基》，一碗《斬蔡陽》，一碗《黃一刀賣肉》，一碗《偷曼倩》。哥兒倆吃了一個飽。

《五人義》要教學，《殷家堡》門外貼個帖，言說有個盟弟會教學。這裏《教子》，那裏《送學》，那裏《訓子》，《五人義》

樓上教學。《殷家堡》的媳婦長得美貌，白裏套紅，紅裏套白：白是《白水灘》，紅是《洪洋洞》。身穿《借衣》，腰繫繡《和鳳裙》，足蹬繡鞋，頭戴《採花》，兩耳掛定《賜環》，一隻胳膊上帶《點翠鐲》，一隻胳膊上帶《拾玉鐲》，臉上搽《汾河灣》，嘴抹《胭脂血》，名叫《遺翠花》。《五人義》見她長得好看，就得《相思寨》。《殷家堡》病送被褥《三疑計》。《五人義》不到兩月就死了，《殷家堡》《哭喪計》，《葬靈》買了《大劈棺》。《殷家堡》的媳婦，因為和《五人義》到不了一處，《三世修》《三上吊》。

《殷家堡》死了媳婦，他來了個《火焰駒》，將家燒得片瓦無存出了外。《當鐧賣馬》，《借當》《賣水》，《賣畫兒》來在《坐窯》，找個《烏盆記》要飯。他要的東西吃不飽，有個朋友送他倆錢，教他把買賣做。他買了個扁擔，買個斧子，上山打柴。打了三天，得了《溫涼盞》。《殷家堡》去《進寶》，皇上封他《狀元譜》，換《斬黃袍》《宮門帶》，賜給他兩口印：一口《雙合印》，一口《血手印》。明天《算糧》《大登殿》。第二天《誇官》碰見西宮娘娘，他《砸（了）鑾駕》。《殷家堡》到公館，修表下書這就《辭朝》。皇上不准他跑了，有一吏部天官《忠保國》《趕黃袍》。

《殷家堡》《過江》上了船，過得江走了一箭遠，有《扇墳》，有《碰碑》，上寫該死該死《殷家堡》。他一怒，《碰碑》撞死了。《忠保國》《大回朝》，說《殷家堡》是個《忠烈臣》。《十里亭》《祭江》，西宮娘娘接皇上，她說《忠保國》有欺君之罪，討了《假金牌》，要斬《忠保國》。四外聞聽全反了，《反延安》，《反西涼》，《反唐》《大鬧翠花宮》。皇上急了亦《逼宮》，文武大臣上殿，《打金磚》《罵楊廣》《上天台》，《紫微星》亦歸了位。

他這段《五百齣戲名兒》，亦沒準詞兒，唱的時候亦常更改。窮不怕「攢（zuàn）柳」（江湖人對於戲通經調〔diào〕侃兒叫攢柳），梨園行人都佩服他。在這段玩藝兒之外，還有些個關係戲劇的玩藝兒，不過失了

傳，亦無人知道了。他還有一段兒《百家姓》，很有意思，現在還有人唱，總算沒失傳。

窮不怕的玩藝兒，隨便換轍。他有詩唱《五百齣戲名兒》，還用調（即遙條）轍。那段轍口是：「我唱一回《天官賜福》雨順風調，《卸甲》封王在唐朝。這位爺戴着一頂《遇龍封官》帽，上鑲着《海潮珠》、《慶頂珠》放光毫。腰中緊繫《乾坤帶》，身穿一件《斬黃袍》。《借靴》一雙蹬足下，《秦瓊賣馬》上了鞍轎。今日我一到《八蜡廟》，為的佛會把香燒。《進香》為的是陰詣與陽詣，保佑我一家《三娘教子》《長生樂》來《太平橋》……」這段是要錢的玩藝兒。

小段兒是墊場活，我再把他的小段兒寫一段。他唱的有《一面黑》：「霸王生來一面黑，擺上酒宴請李逵。上座坐着是王剪，下首李剛又把客陪。牛皋按着兀朮（zhú）打，直急得侯公淚雙垂。惹禍本是包文正，只皆因周倉去做賊。三個人商量去偷焦贊，盜的是鄭子明衣甲與頭盔。敬德聞聽失了盜，招惹得姚期往西追。一追追到西山後，瞧見了豬八戒王彥章灶王爺他去拉煤。」這段玩藝兒是灰堆轍。說書、唱曲和唱大戲，講究音韻，十三道大轍。沒本領的江湖藝人所唱的玩藝兒，都是師父向徒弟口傳心授的，死套子活，有轍口兒都不敢改。江湖的藝人十有八九都「不鑽（zuǎn）朵兒」（管不識字調侃兒叫不鑽朵兒）。窮不怕「朵兒上清頭」（管識字通文理調侃兒叫朵兒上清頭），他的玩藝兒都是活的，能夠隨便拆改。

窮不怕的對子和其他小段兒

窮不怕的對子，極有趣味。我說他幾個對子：「北燕南飛雙翅東西分上下；前車後轍兩輪左右走高低。」「南大人向北征東滅西退；春掌櫃賣夏布秋收冬藏。」「道傍麻葉伸綠手要甚要甚；池內蓮花攥緋拳打誰打誰。」「風吹荷葉如捲餅；雨打菱角疙瘩湯。」「船載貨物貨重船輕輕載重；丈量地土地長丈短短量長。」「書童研墨墨抹書童一目墨；梅香添煤煤爆梅香兩

眉煤。」「羊入楊林羊吃楊葉芽；草廬駝草草壓草廬腰。」這些個對子還
不算好，他有個倒唸正唸的對子：「畫上荷花和尚畫；書臨漢字翰林書」。
這對子倒著由底下往上唸，還是一樣的音韻，不過字兒不同：「畫尚和花
荷上畫；書林翰字漢臨書。」此外還有三個字，同是三點水，草字頭，什
麼「大丈夫」「江海湖」「芙蓉花」「姐妹媽」「常當當」「吃喝唱」，「只因
我吃喝唱，才落得常當當」。

　　他的玩藝兒最好是合轍押韻，由莊而諧，不失勸人的宗旨。不似別
人，玩藝兒雖是逗笑，抓的包袱兒都是無理取鬧。還有一小段兒，亦很有
趣。他唱：「匡公打馬出西城，瞧見兩個蛐蛐吹牛皮。這個說一口咬倒大
楊樹，那個說一口咬死大叫驢。兩個蛐蛐正說大話，由南邊來了個大公
雞。蛐蛐一見，『呦嗒』一聲喂了雞。」他的《百家姓》亦唱得好，是：
「唸書的君子樂安康，千字文百家姓細說衷腸。這位爺戴高冠陪輦，穿一
件乃服衣裳。腰中繫的岳宗泰岱，費廉岑薛蹚一雙。帶的本是日月盈昃
晨對字表，荷包裹裝的晨宿列張。手裏扇的福緣善慶，叫一聲孔曹嚴華細
聽端詳。槽頭上拉出我的魯韋昌馬，背上了一盤郝鄔安常。用手接過來邊
扈燕冀，丁宣賁鄧淵澄取映。今日已到俯仰廊廟，為我娘燒的駭躍超驤。
一路走的是池橋陰鬱，瞧見些個俞任袁柳。買賣街上，東街上住的一個曾
毋沙乜，他家有聞莘党翟經房，女慕貞潔珠稱夜光。諸姑姐妹往裏讓，孔
懷兄弟拉住衣裳。一進門走的本是暨居衡步，卑闌屠蒙放在中場。四個陪
客趙錢孫李，四個厨子周吳鄭王。上來一碗海鹹河淡，端上一碗菜重芥薑
（姜）。一碗姬申扶堵，找補了一碗詩贊羔羊。淳于單于兩盆菜，高夏蔡
田端在中央。這位爺吃一碗具膳餐飯，泡了半碗雷賀倪湯，吃了碗雲蘇潘
葛，找補半碗奚范彭郎。頓時間吃了個飽飫烹宰，將我讓在苗鳳花方。手
裏拿着樊胡凌霍，點着一盞銀燈輝煌。丫環端上金生麗水，喝下了柏水竇
章。外邊進來了女慕貞潔，與他說的四德五常。覺忽下身杜阮藍閔，來人
攙到了談宋茅龐。沒容解開計伏成戴，拉了一褲子鄧鮑史唐。」

　　「一字寫出來一見方，二字寫出來上短下長。三字本是川字模樣，四字
四角四方。五字本是半邊俏，六字三點一橫長。七字鳳凰單展翅，八字分
陰陽。九字金鉤模樣，十字一橫一豎站中央。」這段玩藝兒，是《千字文》

帶《百家姓》，有時唱大段，有時小段。這段雖是江洋轍，可是他唱大段另使別的轍口。

窮不怕的大段玩藝兒

窮不怕的大段玩藝兒有《百山圖》，唱出一百個山來，還帶古人名。他的《百山圖》唱的是：

打獵之人進山口，層層密密山套山。閒來無事山頭上站，四面八方把山景觀。東至福山高萬丈，南至華山永無邊，西至靈山我佛地，北至汴山半邊天。金山銀山離不遠，銅山鐵山緊相連。太行山有萬丈，四川有座峨眉山。須彌山高無有人見，崑崙山上景致全。山東有個蓬萊島，七十二座有名山。伯夷叔齊不吃周家飯，弟兄餓死在首陽山。渭水河邊太公請，點將封神在岐山。王禪道號鬼谷子，歸隱荒野雲蒙山。騎牛架拐燕孫臏，修行得道天台山。黃伯英怒擺陰魂陣，金泥一座萬塔山。壽星本是掌教主，打坐參禪白鶴山。大鬧天宮孫大聖，扯旗為王花果山。唐僧西天把經取，牛魔王大戰火焰山。黑風山前袈裟盜，奎木狼獨霸平頂山。石頭山，石頭洞，獬豸洞在麒麟山。陷空山無底洞，蝎子精獨霸琵琶山。度朔山有東方朔，行者壓在五行山。漢高祖起義咸陽破，劍斬白蛇芒碭山。未央宮中斬韓信，才有十面埋伏九里山。朱買臣打柴難度日，終朝打柴爛柯山。剷莽誅蘇昆陽破，嚴子陵下了富春山。李淵路遇賊楊廣，秦瓊救駕臨潼山。唐國公四子李元霸，英雄錘震四平山。十八國的王子揚州會，弟兄結拜兩截山。唐王御駕征東去，被困就在鳳凰山。白袍淤泥河救過駕，賣弓計三箭定天山。羅成大戰高談聖，日鎖五龍在嘉山。安敬思扔虎跳過澗，恩收養子飛虎山。回馬挑死高嗣繼，王文自刎落安山。五龍二虎彥章鎖，李敬王氣死寶雞山。陳摶老祖愛睡覺，趙

太祖下棋輸華山。晁蓋劫奪生辰綱，弟兄結義上梁山。三拳打死鄭屠戶，魯智深為王二龍山。潘巧雲勾引海和尚，楊雄石秀大鬧翠屏山。十一郎盜取通天犀，青面虎為王虎嘯山。地藏王　秦檜，河裏追僧九華山。徽欽二帝遭兵擄，岳老爺大戰牛頭山。山海關總兵吳三桂，借取清兵長白山。中華山，黃華山，鯰魚山，甲魚山，別谷沿好景致，小甸東傍羅山，雞公山緊對僧帽山，棺材山改為元寶山。三月三蟠桃山，四月初六興隆會，大會就在草帽山。熱河有個棒槌山，九層山口密雲縣，牛郎山過去有羅山。沙店緊靠廣安嶺，張家口外六青山……

這段《百山圖》，就是「皮兒薄」（江湖人對於言淺義薄使人易懂的玩藝兒，調〔diào〕侃兒叫「皮兒薄」），無論什麼人聽了都能懂。很有人愛聽這個曲兒，盛行過幾年。直到如今，相聲行中雖沒人唱，唱大鼓的坤角兒十有八九會唱《百山圖》。鼓界大王劉寶全亦唱過這段兒。《百山圖》雖是相聲裏的玩藝兒，現如今還沒失傳，可沒報遷移就搬到鼓界去了。

窮不怕是純粹單春，絕不與人合作，不說雙春（對口相聲），還有樣特別，不說死套子活，凡是別人的段子，他還不動，專以自創新活取貴。早年雖有一個人的相聲，不是明春，都是用布帳子擋着學雞、貓、狗那種口技，調侃兒叫「暗春」。相聲行中有一種單口活兒，八段《滋兒淘氣》，他亦不說。現在相聲行人會說八段《滋兒淘氣》的雖然還有，可是在場決定不說。我在早年聽過幾段《滋兒淘氣》，哪段亦有趣味。我先說他一段：

　　在某巷內住着一人，叫滋兒，好詼諧，專好和人開玩笑。他能遇事當場抓哏，湊個趣兒，招得人樂得前仰後合。可得他佔長風，本人一點虧都不吃。有天滋兒在屋中坐着，聽見街上有做小買賣的吆喝：「雞蛋呀！」他有心買雞蛋，由裏邊跑出來，大聲喊叫：「雞蛋來！雞蛋來！」那賣雞蛋的聽見這樣，他絕不答應聲「哎」。如若答應了，他豈不成了雞蛋？每逢有人這樣叫雞蛋，他不惟不答應，還這樣回答：「哪兒叫雞蛋？」如若買主說「我叫雞

蛋」，那買主就成了雞蛋。當時滋兒叫雞蛋，那賣雞蛋的就問：「哪兒叫雞蛋？」滋兒一時莽撞，說：「我叫雞蛋！」賣雞蛋小販衝滋兒一樂，滋兒就知道上了當啦，當時沒言語，把賣雞蛋的恨在心中，他要耍笑賣雞蛋的。天天聽聲兒，日久天長，把賣雞蛋的嗓音聽熟了，他記在心中。到了十一月，天氣嚴寒，凍得人伸不出手來。滋兒睡晌午覺的時候，聽見賣雞蛋的吆喝，穿着灰布棉袍兒跑出來，叫：「雞蛋來！」賣雞蛋的問：「哪兒叫雞蛋？」滋兒說：「我買你的雞蛋。」賣雞蛋的到他台階下，放下擔兒，兩個人講價錢看貨。把價兒說好了，滋兒不等賣雞蛋拿笸籮，他由筐內取出雞蛋來，往台階上就放。雞蛋要　轆，賣雞蛋的怕掉在地下摔碎了，忙着用手去扶。滋兒乘他用手扶着的時候，忙着就往台階上放。賣雞蛋的將身蹲下，用胳膊摟着雞蛋，說：「你別放在台階上，等我拿笸籮，你往笸籮內數吧。」滋兒說：「不用往笸籮裏數，我數完了，就用簸箕來端。」二三百雞蛋，眨眼之間，一五一十，他都放在台階上。那賣雞蛋的紋絲不敢動，怕摔了雞蛋。滋兒看他這種樣子，要凍會兒能成了冰。他說：「你等着，我進去取家伙，來拿雞蛋。」說完進去，將街門關上。他告訴家中的人，那外邊賣雞蛋的無論怎麼嚷，亦別理他。說完了，又去躺着。暖暖的屋子，舒服極了。賣雞蛋等的工夫大了，不見滋兒出來，他急得直嚷：「大爺！你取出家伙沒有？」他嚷了十幾聲，亦沒人答言，凍得他難受，扯開了嗓子嚷：「大爺！你快出來吧！凍得我手都疼了！」亦沒人理他。直把嗓子喊乾了，亦沒人出來。他凍得實在支持不了啦，滋兒換了一身青衣服，戴上墨鏡，由後門出去繞到前邊。那賣雞蛋的沒有那麼好的眼力，亦不認識他了。他問賣雞蛋的：「掌櫃的，你嚷什麼？」賣雞蛋的說：「先生，這門內有人買我的雞蛋，說好了價兒，數了數兒，亦不出來了。我不敢動轉，一動雞蛋就　轆地上，都摔碎了。你行點兒好，替我把雞蛋都挪到筐內吧！」滋兒說：「要挪開亦成，你得先給我作個揖！」賣雞蛋的說：「我要能動轉，還不急哪。」

這段《滋兒淘氣》要說到這裏，面上得形容賣雞蛋的急狀，變出急憤的口吻。滋兒說給他作揖，得叫聽主領會賣雞蛋的不能動轉。把人逗樂了，全憑面貌上的發托賣像（指演員在表演時要惟妙惟肖，通過喜怒哀樂刻畫藝術形象），由神氣中傳來，實在不易。

相聲行人怕說單口活，亦是單春較比對口相聲難說。雙春逗的哏，響的時候多（把人逗樂了，調侃兒叫響了；沒把人逗樂，調侃兒叫悶了）。單春的哏，只要神氣上欠點兒火候，就得悶了。以這種情形推測，相聲行人是以單春的玩藝兒當作重頭活。滑稽大王萬人迷，本領雖好，亦是雙活見長，有說單的時候，亦恐不多。

窮不怕首創單春　在某王府長期獻藝

窮不怕做了多少年的藝，總是說單春，實在不易。若不是肚子裏寬綽，哪兒能行啊。他到了晚年，把萬兒（名兒）創出去，亦做了家檔子（堂會）。什麼是把萬兒創出去哪？江湖人，甲乙相見，如不明言，欲問姓名，就調（diào）侃兒，問：「你是什麼萬兒哪？」如若某人的名姓大，調侃兒說「有萬兒」；如若某人的姓名沒有人知道，調侃兒就說「沒有萬兒」；如若某人的姓名臭了，提出某人的姓名沒有人贊成，調侃兒就說「萬兒念啦」；如若某人的品行好，人人恭敬，提起他的姓名人人贊成，調侃兒就說「萬兒正」。江湖人對於名姓亦很重視，可見哪行要把名兒做出去，亦是不易。江湖人若能享了大名，調侃兒就說「響了萬兒啦」。窮不怕就是江湖中響了萬兒的人。北城某王府的王爺聞其大名，約到府中作藝。窮不怕藝術之美，思想之奇，某王焉能不喜，待遇之優，所有的藝術人都比不了啊！每日兩餐，按月領銀，外加六品俸銀。他雖收入豐富，為人勤儉，仍然身穿破衣，撂地做藝。傳至如今，窮不怕的玩藝兒還有會的，亦不過拾其餘唾，難以「置杵」（江湖人對於不能掙錢調侃兒叫不置杵）。窮之門人小桂、徐三，亦紅過幾年。焦德海、盧德厚（盧三）等，皆徐三之徒。至今焦之高徒張壽臣又執該界牛耳了。

袁桂林當場抓哏　以抖摟包袱兒掙錢

在各省市各碼頭的市場廟會中，有一種唱戲的賣膏藥，都是弄幾件糟朽不堪的行頭，在一個場內扮出個武生的角色，頭戴一頂皂青緞色軟胎壯帽，身上不換行頭，不是有條棍，就是有條槍。在場內練起來，就能把遊逛的人們引去，在場的四面圍着觀瞧。他們的戲，總是拿嘴說，永遠不唱，說完了以賣膏藥掙錢。幹這行的北平還少，天津最多。最能掙錢的有兩個人，一個是袁桂林，一個是何小辮。袁是文做，何是武做。袁桂林口齒伶俐，嗓音宏亮。他能見景生情，當場抓哏，把四面的觀眾逗樂了。他抖的包袱兒最多。在民國三四年，他在天津三不管做藝，我聽過他幾回。他出來只帶一個小包，到了場內，打開包，戴壯帽就能圓上黏子。什麼叫做圓黏子哪？江湖人管他們的玩藝兒場四面圍着的人，調（diào）侃兒叫「黏子」。如若有場而沒人的時候，他們設法叫人圍着觀瞧，那要調侃兒就是「圓黏子」。如若四面的人都圍上了，調侃兒叫「圓上了黏子」。

袁桂林就在圓上了黏子之後，向四面說：「眾位！我亦是個唱戲的。那位若問我唱什麼，我是梆子班的。別看我這樣兒不好，我與大名鼎鼎的元元紅還是師兄弟哪。那位說，你師哥叫元元紅，你叫什麼紅呢？他叫元元紅，我叫山裏紅。」冷不防說出山裏紅來，招得聽主都得笑了。他還說：「我師兄元元紅唱戲能叫座兒，我山裏紅唱戲更能叫座兒。有一回我在協盛園唱戲，將一挑簾⋯⋯」他說到這裏，用雙手作勢說：「『嘩⋯⋯』那位說，這是叫好兒吧？不是，這是外邊下起雨來了。幹什麼亦得走運。咱姓袁，叫袁桂林，唱戲的時候很紅過幾年。那位說，就憑你這點嗓音還唱得好嗎？其實唱戲講究音韻，不在嗓門兒大小。叫驢的嗓門兒大，拉胡琴的沒法定弦。唱得好，做派還得好。」說着話，他用手一摀腦袋，說：「這叫什麼？這叫正冠。」又用雙手往下巴頦兒一捋：「這叫捋髯。」又用手一撩衣裳的大襟，說：「這叫什麼？這叫撩袍。」又用手往腰間一托，說：「這叫什麼？這叫端帶。」用手一指，說：「這叫什麼？這叫亮靴，是叫眾位看看破鞋。今天我犯了戲癮，要在這裏唱一齣。唱得好歹，眾位給我傳名。你們可別給我人傳名，得給我的寶貝傳名。那位說，你的寶貝是什

麼？我取出來，叫眾位看看。」

　　說着，他由打包內取出個紙包來，有五六寸長，四寸來寬。他用手指着這個紙包說：

　　　　我這東西，今天白送，每人一個。可有幾種人不送：聾子不送，啞巴不送，小孩兒不送，在家不知道孝順父母的不送，在外邊不懂得交朋友的不送。那位說，你這東西都送給什麼人呢？我送的是外場外面，懂得交朋友的人。那位說，你這是什麼東西呢？我這是戲班的寶貝。那位說，你這寶貝是什麼，有什麼用哪？我這寶貝治跌打損傷，閃腰岔氣，筋骨跳槽。哪位要買，我可不賣，我不是賣膏藥的。這是我們戲班裏預備的好藥，為的是自己用的。我們打武行的，成天在台上跳動，沒準兒哪陣腰腿筋骨受傷。如若要上台啦，或是正唱着戲哪，臨時有病，不能撂下戲不唱。雖然不好受，亦得掙扎着上台。如若是筋骨的毛病，當時貼上我們的膏藥，就能止痛消腫，上台唱戲。唱戲的講究喜樂悲歡，自己心裏煩，到了台上應笑還得笑，不能因為自己煩，該笑不笑。有屎有尿，亦得應付着。兩脅胛力壓泰山，三支袖箭鎮淮安。俺，費德功，今天八蜡廟會之期，孩子們，拿盆子來，我要撒尿！那成嗎？這種膏藥叫海馬萬應膏，我母親有心願，教我施捨一千張。今天我是白送，每人一張。我要自己說好，那是老王賣瓜，自賣自誇。我有個法子，真金不怕火煉，好貨不怕試驗。不論哪位要帶着病，你言語聲兒，咱們試驗試驗，可是專治筋骨疼痛，跌打損傷，不治嘔吐噁心。如若治嘔吐亦成，用膏藥把嘴貼上。哪位要有病，咱們貼張試試？

他這樣說，又逗笑兒，又往下叫點兒。

　　閱者諸君若問什麼是叫點兒，我先說說這椿。江湖中的人對於社會裏邊普通的人與能花錢照顧他們的人，調侃兒都叫「點兒」。外行人無論做什麼生意，都是等主道候客。江湖人有叫無意買東西的人當時照顧他們這

種本領，調侃兒就是往下「叫點」。

當時袁桂林這樣說，就有人貪便宜，叫他給治。恰巧這人是多年的腿疼。他叫這人將腿帶解開，褲子往上捋，好貼膏藥。由包內要拿膏藥了，他向四面說道：「你想這膏藥，有好有歹吧？我別自己拿，這包內是三十張膏藥，我找一位替我拿一張。」他說完了，就問：「哪位幫幫忙兒？」有好管閒事的人說：「我替你拿！」袁桂林說：「你替我拿，咱們還別臉兒對臉兒，別有人說我向你使眼神兒。我回過身去，將膏藥托在後邊，我不看你，隨便一張就得。」說完了，將三十張膏藥用手拈開，兩隻手一背，叫這人拿一帖。這人伸手由裏邊拿出一帖來。袁桂林的兩隻眼望四面一看，和四面觀眾一對眼光兒，向後邊問道：「你給拿出來沒有？」這人說：「拿出來了。」他故作驚慌，問道：「你給我拿出來是什麼？」這人說：「是膏藥。」他說：「好！你不說明，嚇我一跳！」他這麼一說，四面的人一琢磨，都能笑了。這亦是當場抓哏，抖摟包袱兒。不過這種包袱兒最難抖摟，這是暗包袱兒，要叫人樂呀，必須得傳神，才能有人樂。

袁桂林將另二十九帖膏藥放在一旁，用火紙將那張膏藥烤開，要給這人往腿上貼了。他矮下身去，蹲在腿旁，用嘴向這人腿上去哈。哈了會兒，將膏藥貼在腿上，向這人說：「我要給你治好了腿，你能給我傳名嗎？」這人說：「能給先生傳名。」他說：「你給我傳名，我姓什麼？」這人被他問得張口結舌，一句話亦說不出來。他說：「幸而我問你，要不然你的腿好了，有人問你是誰給治好的，你還許說是哈先生，給你哈好的。」他這一說，四面的人又都笑了。他叫這人走幾步兒，又問道：「你這腿還疼不疼哪？」這人說：「不疼了。」

我從前猜不透是藥有效力，還是有病的人是「敲托的」（江湖中對於貼靴的〔暗中幫助做生意的〕人調侃兒叫敲托的）。及至各方探討，才知道不是膏藥的力量，多好的膏藥亦不能立時生效。而是他用嘴的時候，大聲小聲，逗人笑了，乘人不大注意，用手按着腿部筋骨的穴道，「上托」（江湖人另有一種傳授，對於各種筋骨疼有一種推拿、掐拿的法子，當時能止疼，管這種掐拿法調侃兒叫上托）。外行人不知道，見這人貼膏藥立時止疼，誰不贊成哪？他連着治了幾個人，都是明着貼膏藥，暗着

上托，見了響兒，就能賣錢。什麼是見了響兒哪？江湖人管當時討好，使人立時發生信仰力，調侃兒叫「見響兒」。

袁桂林乘着人們相信的時候，還說白送膏藥不要錢，要送二十張，誰全要接他的傳單。社會裏的人都是好貪便宜，恐後爭先地搶他的傳單。把傳單接到手啦，心裏安慰了，覺着白得張膏藥。其實江湖中的人使用這種方法，是「太公釣魚──叫人上鈎兒」。及至把單子接了去，那就上了「鬼插腿兒」的當了！什麼叫鬼插腿兒哪？我將這句侃兒和這個方法解釋解釋。大家攥着傳單等他白送。他說：

> 這藥能治腰腿疼，筋骨麻木，跌打損傷……我要白送，眾位拿着心中不安，買藥沒有不花錢的。我要賣這膏藥，得賣兩毛錢一張。今天我是減價一半，賣一毛錢一張。我給君子人開條道，小人推道牆。我是不賺錢，如若賺一文錢，叫我……那位說你不是白送嗎？我說送就送。哪位要買一帖，我送一帖，不買不送，多了不送，多了不賣，三十份為止。過了三十份之外，仍賣兩毛一帖。亦許錢多了眾位不買，錢少了我不賣，哪位要，那位掏錢。

他這樣說，就是每人一毛，共是三元。明說白送，暗着要錢。先把便宜傳單教人攥，不知不覺的亦要了錢，那就是鬼插腿兒。如若先說要錢，就許沒人買。如今商家有學會了這種方法的，犧牲血本大減價白送一天，結果是在一個月內擇出一天，買東西的人以貨單為憑，按價值白送點兒最賤的東西搪塞了事！鬼插腿兒的辦法，豈止是江湖人會使。

賣戲法兒的不挑真門子　變戲法兒的腥尖都不賣

幻術是最普通的藝術。往輕了看，是種遊戲的玩藝兒；往重了看，不只是娛樂中有趣味，還能啟發民智。若好習研究戲法兒，能增進人思考之力。戲法兒實是有益於社會呀！戲法兒分為新舊。我國的幻術界中的勢

力不分新舊，都在江湖人的掌握中。魔術大王韓秉謙，以及王祝三、韓敬文、張敬扶、大天一、王福林、劉靜齋等，快手盧、快手劉、戲法楊、戲法羅、金麻子、狗熊程等，都是江湖中的人物。他們這行兒，亦不論是魔術、幻術，只要是變戲法兒的，就算彩門人。不知者以為變戲法兒的只要變幾樣乾淨利落的玩藝兒，就能掙錢成名，其實不是那麼回事。變戲法兒的人，變的玩藝兒好，不如嘴裏說得好。江湖人常說「金皮彩掛（金指算卦相面，皮指賣藥，彩指變戲法兒，掛指打把式賣藝），全憑說話」。由這句話推測，彩門的玩藝兒亦是仗着說話，三分變，七分說。說的都是什麼，能比變還重要呢？先以變戲法兒說。江湖人管這行兒調（diào）侃兒叫「彩立子」，又叫「幹子」。彩立子分文武，文的是「小抹子活」（小戲法），武是「落（lào）活」（變戲法兒的人由身上往下落東西）。他們這行兒在早年規矩很大，學會了做藝掙錢餬口成了，不准將藝術賣與外門人。在清代，市井廟會只有變戲法兒的，沒有賣戲法兒的。在近年來，我國華南、華北各省市、各鄉鎮，賣戲法兒的遍地皆是。不知道的以為他們是變戲法兒的改行，其實他們都不是變戲法兒的，是賣戲法兒的，都是另一行兒，與變戲法兒的並沒關係。他們這兩行人有個極重大的界限：是變戲法兒的，絕定不賣；是賣戲法兒的，絕不以變掙錢。

　　賣戲法兒的這種行當，調侃兒叫「挑（tiāo）厨供（gòng）的」，在早年沒有這一行兒。我對於挑厨供這句侃兒，曾有研究，和人討論過。當初的江湖人最講義氣，甲江湖人對乙江湖人絕不欺騙。如若甲欺騙了乙，乙就說：「好呵！咱們都是合字兒，你不該厨供我呀？」由這樣推測，厨供是極壞了。江湖人都怕厨供，怕的是什麼呢？就是乙對甲，得天天不間斷地供應甲的應用財物。除了對他貢獻之外，任憑什麼好處，亦怕得不着！由這種意義考究，賣戲法兒的是欺騙人的行當了。哪行人亦是有好有壞。好的放在一旁，先不用說他，先以壞的來講。凡是賣戲法兒的，都不大會變，他們下功夫的玩藝兒就是「苗子」。什麼叫苗子哪？就是他們變的那幾個紅豆兒。那種東西亦不是珊瑚子的，亦不是化學的，那是蜜蠟做的。若是不使用，放在盆中，幾十年亦不乾。那東西的體質是軟中硬，硬中軟。外行人看着，絕不知那東西的原料是什麼，絕不知道那東西的體質。那東西

是賣戲法兒的就有，是變戲法兒的就得會變。變戲法兒的學藝的時候，初步功夫就得學它。凡是學仙人摘豆的，都是小孩兒，大人絕定學不了。

變仙人摘豆的，以變戲法兒的藝人變得最好。總是他們以變戲法兒掙錢，變得不好不能掙錢。有了這種關係，是變戲法兒的人對於變仙人摘豆都下過苦功。賣戲法兒的人以賣戲法兒掙錢，對於仙人摘豆，只要會變就得，不求其精。學會了，變時亦不要錢，白變白看。白吃包子亦沒有人嫌麵黑，他們只用仙人摘豆「圓黏兒」，亦不必多下工夫。什麼叫圓黏兒呢？凡是江湖玩藝兒，都得是有人看，有人圍着聽，才能掙錢。可是他們在各廟會地方，各市場內，都有一種引人圍着場子的法子，那種法子調侃兒叫圓黏兒。仙人摘豆到了他們賣戲法兒的手內，只能圓黏兒，不能掙錢，變得好壞沒有關係。賣戲法兒的有行規，不准撂地攤兒，不准敲鑼鼓，不准往外賣真「門子」。什麼叫門子呢？家伙江湖人都知道變戲法兒的家伙上，不論是哪樣兒，亦有一種令人測不透的機關，那種祕密的機關調侃兒叫門子。我說一樣有門子的戲法兒吧。各處變戲法兒的有用「搬鑽」的，什麼叫搬鑽呢？在一個茶杯內扣個琉璃球兒，再挪開茶杯，琉璃球沒了，能變個雞蛋，這種戲法調侃兒叫「搬鑽」。茶杯內就有門子：那機關是個鐵片，三角形，有個軸兒，扳簧在杯底上。變時用右手拿起茶杯，扣琉璃球的工夫，手指暗搬軸簧，鐵片轉動，原有的雞蛋落下來，琉璃球被鑽在片上。

學仙人摘豆，都是童子功。小孩兒的筋骨又嫩又柔軟，在發育的時期，手指曲伸，「捏、掐、夾、粘」四個字的功夫都能練得會。惟有人到了二十歲裏外，筋骨長成了，再練這種功夫，筋不長，骨不軟，練亦不成。至於這種戲法變得好壞，亦由豆兒上分別出來。豆兒有大小，指有長短，手有胖瘦。以手胖肉厚，指並無縫，豆夾在指間，不能外露為好，愈能變大個的豆兒愈好。如若手瘦，指間多縫，豆夾指間，容易外露，並且那種手不敢變大個的豆兒。那種豆兒，變戲法兒的雖然都傳有，都得會變，可都不會做。「攥弄（zuàn nong）那啃（kèn）」的，是濟南府最「撮（zuō）啃」。什麼叫攥弄那啃呢？江湖人對於製造那豆兒調侃兒叫攥弄那啃。什麼叫撮啃哪？江湖人對於東西做得好，調侃兒叫「撮啃」。據彩行人說，豆兒做時很費手續，「底啃」「又沉」（江湖人對於製造物品的原料調侃兒

叫底唅，又沉是本錢不輕），「肘中個苗兒」，「汪載（zhāi）車（jū）迷杵兒」才能成哪（買五個豆兒調侃兒叫肘中個苗兒，三四塊大洋調侃兒叫汪載車迷杵兒）。變仙人摘豆的時候，必須先吞在口內，用口中熱氣、唾沫潤了，豆的黏性才發。往指間夾時，一半仗其黏性粘住，一半仗着指上功夫夾住。如不往口內放，黏性不犯，豆兒又硬又滑，恐怕夾亦夾不住啊。這琉璃球變雞蛋，就仗着茶杯內的門子。這種戲法兒，賣戲法兒的絕不賣給學戲法兒的人，那個真門子絕不能叫外行人知道。

以這一樣作為考據，是變戲法兒的玩藝兒，賣戲法兒的都不往外賣。他們所賣的戲法兒是另一種玩藝兒。賣戲法兒的這行兒，在北京是「戲法楊」，在天津是「戲法祁」創出來的。在早年他們這行人只會「做前棚」往外「挑幅子」。什麼是做前棚挑幅子呢？他們做這生意，都得會在雜技場內支攤子，變幾樣戲法兒吸引觀眾。四面的人圍上了，調侃兒算圓好黏子，然後隨變隨說他們的四門戲法兒。哪四門呢？有手法門、藥法門、彩法門、符法門四大門的戲法兒。我按着這四門一齊說就亂了，分門別類一樣一樣談。先說手法門吧。是用手變的戲法兒都是手法門的玩藝兒，有「仙人摘豆」、「巧耍連環」、「三仙歸洞」、「仙人解帕」、「仙人套環」、「霸王卸甲」、「月下傳丹」等等。別看他們把劍、丹、豆、環四樣戲法兒列入，外人學不了，這四樣不算戲法兒，那算功夫。吞寶劍是真的，非童子功不成！一個琉璃球在手中口中變起來，忽有忽無，神出鬼入，令人難測，那亦得童子功才能練成。仙人摘豆我已然說過，不必再說。巧耍連環亦是真功夫，沒有幾年的功夫練不好。這四樣，賣戲法兒的賣給外行亦學不了！用塊綢子手絹變仙人解帕，外行人當時就能學會，那挑的是「把尖托」。什麼是挑把尖托呢？凡是江湖人，賣了手兒真的，調侃兒就叫「挑把尖托」。金錢過桌的戲法兒亦挑的是尖托。這兩樣兒為什麼挑的是尖托哪？他們變戲法兒的都不變這種玩藝兒。

彩法門的戲法兒，他們賣的有「棒打金錢」、「平地拔杯」、「空盒變煙」、「空盒變洋火」、「飛錢不見」、「煙捲自起」、「破扇還原」、「扇子生財」、「杯中生蓮」等等的玩藝兒。這些樣戲法兒，怎麼叫彩法呢？因為這些戲法兒，所有用的家伙上都帶着彩兒。除了平地拔杯是變戲法兒的玩藝

兒，其餘的都是變戲法兒的人們研究出來的。如若有人買戲法兒，什麼真的都買得着，就是那平地拔杯佈內的機關絕對不賣，絕不叫外行人知道。因為哪個戲法兒亦是變的玩藝兒，變的人指它掙錢。戲法兒，不知道其中的內幕，還有意思，還有趣味，及至知道是怎麼回事了，那就沒有意思了。從前我在賣戲法兒的場內見他們將吸着了的半根洋煙捲，往左拳內順着虎口插入，再將手張開，那煙捲就沒了，覺着神妙已極。及至他們將這手戲法兒告訴我，實在是乏味。其法是用根猴筋（膠皮筋），將一頭兒繫在衣內，一頭兒由袖筒穿過，通於袖口之外，頭兒上用洋皮片做一夾子，變時左手攥着夾子，右手煙捲插入夾內，張手時猴筋即將煙捲縮到袖內了。這飛錢不見的彩門，就在那根皮筋的縮力上。煙捲到鐵片夾內立刻就滅，亦燒不着衣服。我費了許多的手續，試驗過一次，就將東西拋了，再不想變這戲法兒了。

彩門的玩藝兒在戲法兒裏還算是正經東西，那藥法門的戲法兒多是腥（假）的。就以那「小鬼叫門」說吧。「誰要學那戲法兒，可以和人開玩笑，將藥抹在誰家的大門上，夜內門上啪啪總響，如有人拍門一樣。及至出來一看，外面無人，能攪得人夜內睡不着覺，小鬼叫門很有意思。」這樣戲法兒只可聽他們說，就是別學。如若花幾個錢學啊，他們告訴你：「這種戲法兒是藥法門的，往藥舖買天南星少許，研成細末，用醋抹藥塗於門上，夜內那藥性發作，啪啪就響，如同有人叫門似的。」凡是學生都花錢買藥，依法去辦。先不用抹在別家的門上，往自己的門上抹回試試，結果沒有效力，那藥沒有那麼大的力量，它並不響，白糟踐錢。江湖人說：「他們這種玩藝兒是一腥到底，假到頭了。」還有那手「美女脫衣」的戲法，他們說得更神乎其神。如若其藥弄成了，藏在手指甲蓋內，往女子的脖領內一彈，那藥性發作，刺癢難捱，女子就脫衣裳。他們這樣說，那「臭子點」就願學（江湖人對於好色性亂，好偷香竊玉的人，調侃兒叫「臭子點」）。及至花錢去學他們這戲法兒，認為這是能夠及時行樂的無上妙法，結果賣戲法兒的告訴你：「這美女脫衣的戲法兒亦是藥法門的。將桃毛弄少許，藏在指甲內，用時暗彈在婦女脖領之內，即可生效。」這種辦法還是冤人，他只叫人去蹭桃毛，那算把人冤着了！

他們這手、彩、藥三法門的玩藝兒，雖是腥的多，花錢不多，上當亦有限。而他們掙錢的本領都是仗符法門的玩藝兒。前些年魔術家孫寶善，就專以賣手法門、彩法門、藥法門的戲法兒掙錢。他那幅子（傳單）紙，每張印四樣戲法兒，哪天亦能賣四五十張。除他以外，再找個能賣幾十張幅子的，恐怕沒有！這些賣符法門戲法兒的都賣什麼呢？有「叫牌法」，有「搬運法」，有「八仙轉桌」，有「抽籤叫大點」。有學他們的叫牌法的人，他們說：

　　這種方法，不論是打麻雀、打撲克、推牌九、押寶，只要是關於賭的耍兒，要學會了叫牌法，想用什麼牌，就叫什麼牌。譬如推牌九吧，上家是露出九點，對門是八點，下家亦是九點，莊家露出一張大天，手裏攥着一張牌，不是大天，是別的點兒。如若叫：「來張大天！」那手裏的牌就能變成大天。一對大天，能贏三家吃個通。叫牌法就能有這種力量！如若打麻雀，手裏的牌十三張，都是萬子，成了四副牌，只有一個單張，單吊兒，還是萬子，調出萬碰和清三番。伸手抓牌不是萬子，叫牌法的力量，就能叫出張萬子來。如若打撲克，四家來明的，已然到了第四張了，扣着是幺，明着是對二，還有張三。如若末張牌來二，來三，來幺，都是兩對兒。到了派末張牌，牌不是幺二三，是張別的牌。叫牌法的力量，能叫他變成幺來，湊成兩對兒。

他們這樣誇口，說得神乎其神，調侃兒叫「賣弄」。

　　有些個好賭的人們知道賭博場中有一種逢賭必贏的人，那是耍倆點的，可不是公道耍兒，都是仗着手底下鬧鬼，倒替張兒。江湖人叫他們「老月」。好賭的人認為賣戲法兒的叫牌法，是按着耍倆點、吃腥賭的老月使的法子，想要把那法子學會，花幾個錢可不冤。將來有叫牌法的本領，就算耍錢，比干嘛嘛好。這種人的思想不好，賣戲法兒的又有誘惑之力，哪能不鑽套兒，上當啊！吃腥賭的老月，都是身無正業、遊手好閒的人，素不務正，天天不離賭博場，不用使花招兒，憑眼力與經驗就能贏錢，再

學會了使腥兒，那不是百賭百勝嗎？可是他們學使腥兒，亦不容易，有真傳授，還得下苦功夫，把兩隻手練出才能成哪。賣戲法的人並不是老月，他們要有那使腥的本領，就不幹這個，專去耍錢了。他們對於老月的手彩兒亦有個一知半解，不過是一瓶子不滿，半瓶子晃盪，就是知道那手彩怎麼使，他們亦是使不好。本行人知底，賣戲法兒的不是老月。外行人以為賣戲法兒的人都是老月哪，花幾個錢，學叫牌法吧。

哪想賣戲法兒的不說叫牌法是手彩，硬說是符法門的，得設壇畫符唸咒才能成哪。他們將人的錢弄到手，有一種措詞，向學叫牌的人說：「我們會叫牌法，為什麼我們不去賭錢，以賣戲法兒為生哪？我們這仙傳之法，不准以叫牌法去贏人家的錢。如若以叫牌法贏人的錢，那個罪就大了。那麼學這叫牌法有什麼用哪？說若有人輸了錢，約我們去撈，準能把輸的錢撈回來。你們學了叫牌法，亦是一樣。有朋友輸錢，替他們撈成了，不准以此法術生財！」他們這樣說，透着有公德，其實是騙人的退身步兒。那學叫牌法的人是要學會了叫牌法以賭生財，聽他們這樣說，嘴裏回答：「我不贏人，學會了防備不輸錢，如若輸了好往回撈。」兩下裏彼此相欺。學的人多精明，亦得上當，亦得傷財；賣戲法兒的可得了利益了！他們不只是把錢騙到手，最可憐的是，叫被騙人給「尊羅子叩瓢兒」。什麼是尊羅子呢？江湖人對於神佛像等物調侃兒叫尊羅子，對於人給神佛叩頭調侃兒叫叩瓢兒。

他們賣戲法兒的在各市場廟會做生意，附近租間房，屋內設着壇，上邊供着呂洞賓、濟小塘、柳仙。他們說戲法兒是這三個人遺留的，每天都叩頭焚香。如若有人學符咒法，他們就叫人家買香燭紙碼、雞鴨等供品。上完了壇，這些東西無形之中歸了他們還不算，格外得交些學款。要多少看人行事，總是把人擠兌得力盡為止，由數元至數百、數千元不止。

上壇的時候，還得叫學叫牌法的人跪在供桌前邊，向呂洞賓、柳仙、濟小塘磕幾十個頭。磕完了，他們就戳個「雨字頭兒」給學叫牌法的人。什麼叫雨字頭兒呢？凡是咒符，開筆先寫雨字，底下是鈎兒圈兒一大串。江湖的人們對於畫符調侃兒叫雨字頭兒。寫哪，調侃兒叫戳。他們賣戲法兒的符，有幾道「樣色」，使人信而不疑。什麼叫樣色呢？他們有一種火

符子，將符畫得了，叫學叫牌法的人拿回去，放在個祕密所在，不叫外人知道。天天給符磕頭，七天為限。磕頭的時候要在夜靜更深，人都睡着了，磕四十九個頭，在星斗之下能有效力。如若七天都是晴天，有星斗就成了；倘若有六日晴天，一日陰天，符是白畫，頭是白磕，不能有效。如若遇見七個晴天，就能成功，得將符打開了，在燈上照，如若看見符內隱隱現出人影兒，就是呂洞賓、柳仙、濟小塘三個人有一個現身。把這張符帶在身上，賭錢的時候用什麼牌能有什麼牌！可是往燈上照那符的時候，離着火苗還遠着哪，那符呼的起火，自己就着了！弄得兩手空空。

學叫牌法的人磕頭燒香，買禮物，花了若干錢，結果他買來的一道符起火燒着了，必不肯甘心，找他們賣戲法兒的去問：「這是怎麼回事？」賣戲法兒的說：「你的符燒着了，那是衝了！或是見了死人出的殯，亦犯衝！或是見了屠殺的行當，亦犯衝！或是你自己身上不乾淨，夫婦有房事，亦犯衝！你這衝了，這些事算白費了。」他們這樣說，那學叫牌法的人在疑惑之間一定是想他怎麼衝了，要不衝，那麼好好的一道符怎麼會自己着了火呢？不能怨賣戲法兒的，還是埋怨自己不留神，從前花多少錢學的，這回照樣花錢，另上壇求符吧。這樣可就上了賣戲法兒的當了。閱者若問上了什麼當？這種當叫做「火符子」。我先把他們這火符子的黑幕揭穿了，公諸社會，免得有人受彼輩之愚。賣戲法兒的所用的符有好幾種，就說這一種火符子，是用硫磺火硝化成水，用筆往黃毛邊紙上寫的字。寫完了，在屋中放乾了，然後用些硫磺疙瘩，在符的背面，符子頭上尾上粘好嘍，就算成了，這樣就叫火符子。他們叫學叫牌法的人拿着這張符，往燈上去照，看看符上現人影不現，那才是冤苦了人哪！那符的底面，硫磺疙瘩被火氣一熏，見熱就着。那硫磺疙瘩如同藥拈兒，它着了就能都燒啦。

再說那學叫牌法的人，二次又求他們一道符。賣戲法兒的當着他的面，叫他用眼看着，將那道符用紙包好，交給他拿回去，照樣去磕頭。不料學叫牌法的人將符拿回去，找個祕密所在，仍然供好，夜夜在星斗出全的時候磕七七四十九個頭。磕到第七天打開紙包，要往燈上去照那符了，不料那包打開了，再找那道符啊，居然沒有啦，不翼而飛！這下子可把他急壞了，再找賣戲法兒的麻煩哪，簡直是白費。他們成年的騙人，自有強

詞奪理的話語，八面風兒——哪頭兒來，哪頭兒堵，叫人無可奈何！如若學叫牌法的人有了真正的覺悟，就許不學了，自認倒霉，算是完事。設若和他們搗亂，他們是不怕的。他們習慣性，寧可遭了官司，受刑事罪名，飽嘗鐵窗的苦處，亦不肯「倒（dào）把」。什麼叫倒把呢？江湖人對於掙到手的錢又叫人將錢退回去，調侃兒叫倒把。他們如若倒了把，將錢退回了，叫同行人知道，就認為莫大之恥！覺着寒蠢無比！他們這種人，絕頂不肯倒把的。如若學叫牌法的人上了兩次當，花了兩回錢，還不覺悟，那是倒霉沒到頭兒，還得接着往下上當。

我這樣說，閱者定然納悶兒：那張紙包着符，怎麼打開了看，那道符會沒了呢？這種騙人的方法叫做「筋斗幅子」。筋斗幅子又是怎麼回事呢？他們江湖人有一種包空包法子，除了有響動的東西，堅硬塊兒大的東西不能成，其餘的東西都能包。包的時候，叫買主看着，是把東西包在裏面。拿回家去，不打開看便罷，及至打開看時，那包內的東西就沒有了。這種法子調侃兒叫筋斗幅子。這幅子有好幾種哪，我就說一種吧。用茶葉舖包茶葉的紙一方，要四方。第一要折成三角形，一角叠上，離對着的尖兒十分之二遠。叠好了三角形之後，紙成了雙層兒，將一根火柴橫放紙上，先將紙的中間折十分之二，將洋火棍兒押上，再往下折十分之三，叠左尖兒，叠右尖兒，用雙尖兒叠回掖好。包兒雖然包好，東西卻在紙外，不在紙內。一般人對於包內有極貴重的東西，打開的時候，極慎重揭雙尖兒，揭左右尖兒，見三角中間叠處，雙尖兒，一長一短，必要用手捏住兩個尖兒看。愈這樣，愈中他們的計。筋斗包兒，是你不扯，那三叠揭的夾空間有東西。一扯紙綳起，如翻筋斗，那東西就在那時候一翻出去了！我說的這是後丟的東西，丟的是極小極輕，落地極不好找的物件才能成，翻出去就找不着。可是使用這種包兒的，都是騙人用的。錢到騙子手內，給你一點信仰物，將你所希望的目的推在物上，結果落個東西丟了，不能說沒效力，還埋怨自己大意哪！

筋斗幅子就是江湖人的一種推送法。如若沒有這種方法，人家學不會，哪兒能答應。賣給一道符，買主把符丟了，豈能埋怨賣主呀？賣戲法兒的人，有本領的能夠天天騙人，不挪地方，亦沒有人和他打架，只仗

着「貼身靠兒」能夠「平點兒」。什麼叫貼身靠兒呢？人在社會中求謀衣食，全仗朋友維持。怎麼才能和朋友換出感情哪？簡單來說，就是投其所好。如若朋友好那樣，你得說那樣好；朋友愛什麼，你送他什麼東西，朋友自然會和你發生好感。遇見你有用他的時候，他一定幫助你，那就是換過來好感。江湖人對於和有力量的人使用投其所好、換出感情來的方法，調侃兒叫貼身靠兒。賣戲法兒的人，有本領的騙人錢多了，恐其日久，被騙人醒悟了，和他們搗麻煩，就用貼身靠兒的法子，慢慢將被騙人的惡感化去，漸成好感。因為有了好感情，面貌相關，無論如何吃虧，亦不好翻臉，擠來擠去，能夠彼此用感情暗送心意，誰都放心，絕不能鬧出破裂的事兒。那要調侃，就算平點兒，點兒平了，亦就無事。不只是江湖人，有貼靠的本領，能得着實惠，哪行的領袖對於他用的人稍有可取，就應當使貼身靠兒把他的心攏住，他才能給你真出力，叫你獲益。若竟以金錢辦法，永不與人換感情啊，有多大的財力亦得失敗呀。

　　江湖人對於他們的事業，從老前輩就有深刻的研究。他們的好處就是想出生財的主意，能在社會裏走得通，絕不是閉戶造車。我對於江湖人的長處是要說的，是要讚美的，總要將他們的長處宣示於社會；對於他們的短處，並不是攻擊，是要他們明白，騙人即是騙己！害人如害己！我國社會裏的人士十有八九喜新厭舊，在民初那幾年，剛剛有做賣戲法兒的生意，誰亦看着新鮮，都要學兩手兒，消遣解悶兒，賣戲法兒的生意很興旺一陣。不只是學戲法兒的人們不知道他們是騙人的玩藝兒，就是各省市、各商埠碼頭的地方官吏亦不知道他們這行人是騙人的。賣戲法兒的走在哪裏，都能撂地（有塊地方就做生意掙錢）做生意，因為「穴眼兒寬」，他們放心大膽地騙人，今天在甲地，明天挪到乙地。中國地皮廣大，那就騙遍了啊！什麼叫穴眼兒寬哪？江湖人對於各處都能去，去得地方多，調侃兒叫穴眼兒寬。不料他們騙得日久，有被騙人和他們打了官司，無形之中把內幕叫官家知道了，才有幾個地方取締賣戲法兒的。到了如今，十個地方倒有九處「卯了地」（江湖人管被官家取締了，驅逐了，調侃兒叫卯了地），他們這行兒已然到了可憐的時期了！那各處的地主（玩藝兒場租賃江湖人撂場子的地主）亦知道他們是騙子，有地有東西，寧可閒着，亦不

供給賣戲法兒的了！

後來各省的象窰兒亦不要他們賣戲法兒的。什麼叫象窰兒呢？早年江湖人在各省跑腿兒，都不願住普通的客店，專住「生意下處」。那下處是江湖人開的，與普通棧房一樣，不過不住外人，專住江湖人。這種房，調侃兒就叫「象窰兒」。江湖人住在象窰兒內，如若遇見能掙錢的主顧，在外邊說話不便，就跨到象窰兒內，設法多掙錢。他們住象窰兒，有種種的便利，都不肯往別的地方去住。象窰兒的主人對於外界人不大歡迎，對於江湖人是一概歡迎。可賣戲法兒的是個非常大的生意，時常在象窰兒內「挖（wǎ）點」（江湖人對於賣戲法兒的在密室中騙取學戲法兒的人的財物，調侃兒叫挖點），被騙人若有「醒了攢（cuán）兒」（明白過來調侃兒叫醒了攢兒）的，找賣戲法兒的退錢，賣戲法兒的走了，就和開店的打鬧。因為住賣戲法兒的有種種的壞處，是象窰兒都不留賣戲法兒的。賣戲法兒的雖有騙錢的能力，但是將錢騙到手內，他們亦是「頂瓜」（江湖人對於有事可怕調侃兒叫頂瓜），恐其被騙人覺悟了，找他們「朝（cháo）翅子」（江湖人對於打官司調侃兒叫朝翅子），他們騙了錢就跑。有時倒霉，在外埠有和被騙人誤遇上的，被人抓住，打了官司，受了法律制裁！孫寶善、唐維一都是騙了錢跑了之後，憂鬱死的，可見騙人的虧心，免不了精神上的痛苦。江湖中賣戲法兒的何不速醒！

老雲裏飛使「鑽天兒」 藝名慶有軒

江湖藝人，最難的就是創「萬兒」（江湖人管姓名調 [diào] 侃兒叫萬兒）。要把萬兒創開了，就和買賣家把牌匾做出來一樣，「響了萬兒」就能「活穴」（江湖人管姓名創出去，人人都能知道了，調侃兒叫響了萬兒。管能發達了，調侃兒叫活穴）。現在北平這個地方，若提起「雲裏飛」來，幾乎無人不知。他怎麼把萬兒創出去的，說起來情形亦很複雜。現在的雲裏飛已有三個，老雲裏飛、小雲裏飛、小小雲裏飛，祖孫三世全都飛了。先由老雲裏飛說起。他是北平「方字旁人」（北平人管前清的旗人叫方字

旁人），久居西城，老姓白，自幼入松竹成科班學戲。十六歲出科，不過二十歲登台，先給武行打下手，後學開口跳。因為戲行裏沒飯，在光緒年間，拜使「鑽天兒」的恆永通為師（江湖人管說《西遊記》的調侃兒叫鑽天兒。這句侃兒不過是以孫悟空一個筋斗十萬八千里，能鬧天宮，孫悟空是書膽，以他來說叫鑽天兒）。據我們評書界人說，說西遊的與說評書的是兩派。評書藝人是評講，沒弦子沒鼓；說西遊的有漁鼓簡板，隨說隨唱，他們是唱道情的。他們這派與評書界合併並年代不遠。說西遊的最早是潘青山首創的，他的徒弟姓安，學猴兒形容得最好，聽玩藝兒的都叫他「猴兒安」。由猴兒安這輩兒與評書界合併，他們另立門戶，有門長，定規了四個字：永、有、道、義。他們收徒弟，就按着這四個字起名，「永」字的是恆永通最有名。在北平四九城說《西遊記》，在哪個館子亦能叫滿堂座兒。他的台風好，口白清，敲打漁鼓簡板，唱道情，各樣的贊兒，能隨便使轍口。雙手十指一掐，撮腮幫眨眼，學猴兒；兩隻手往腮上一貼，當作豬耳朵，搖着頭，嘴裏嘟嘟囔囔，學豬八戒，如同真的一般。聽書的人們，誰看着亦得笑，都往各書館追着去聽。他有叫座兒的魔力，各書館爭着約請。恆永通是個響了萬兒的藝人。

老雲裏飛因為梨園行沒飯，有意說西遊，他就投在恆永通門下，拜為藝師。恆永通收了他這徒弟，賜名叫慶有軒，與李有源是師兄弟。李之藝術平庸，未能享名。慶有軒說了些西遊，他「朵上不清頭」（江湖人對於不識字的人調侃兒叫朵上不清頭），活兒的「萬字短」（江湖人管說的書不長調侃兒叫萬字短），上館子做藝，只是個二路角色，亦不得志。他又棄了這行，又唱《戲迷傳》。他在松竹成科班的時候，武丑有個「草上飛」，他亦學過武丑，不說西遊，在各廟會、各大街路旁，白土子畫圈兒，用白沙子灑字，就寫「平地茶園，特邀名角，雲裏飛，雨來散」。他帶着兩個兒子，大的是小雲裏飛，二的是已故的白寶亭，爺兒三個唱《楊香武三盜九龍杯》、《鄉下媽媽看親家》，父子三人各扮一個主兒，當場抓哏，春裏串戲，改樣的相聲。老雲裏飛去鄉下媽，小雲裏飛的傻小子，爺兒兩個形容醜態，發托賣像，抖出包袱兒，誰看了亦得「咧瓢兒」（即是笑了）！在那個時候，雜技中的玩藝兒不多，一段《探親家》，人們亦聽得下去，臨

完了還能「拋杆」（江湖人對於聽玩藝兒的人花錢調侃兒叫拋杆）。那會兒人心厚，社會的經濟狀況好，低級的人們還能有錢，藝人掙錢，還是真容易。若擱現在來段《探親家》哪，戲台上的坤角如何，都沒人愛聽，何況他們哪。在老雲裏飛串戲時，他們爺兒幾個還沒有洋煙盒的盔頭哪，只憑人唱，亦不「鞭轟子」，亦不「昇點」（江湖人管打鼓調侃兒叫鞭轟子，管敲打各樣的樂器調侃兒叫昇點），就能圓黏子（招徠觀眾）。小雲裏飛亦入過科班。老的說書，爺兒三個唱戲，都算行家，懂得身段、腔調、板眼。若是說相聲，他們可沒受過「夾磨（jiá mo）」。什麼叫夾磨呢？江湖人不論是幹哪一行，以得着師父的真傳授為榮。凡是得過好傳授的江湖人，別人羨慕他的本領好，調侃兒說人家受過夾磨。不論哪個江湖人，你要說他受過夾磨，他亦愛聽。如若江湖人沒得過師父真傳，調侃兒說沒受過夾磨。可是真沒得過好傳授的，你要說他沒受過夾磨，他亦不愛聽！雲裏飛的相聲是亂七八糟大雜燴，一段段的正經活是沒有的，不會說那些個。使春口（說相聲），他們沒有門戶，調侃兒叫「海青」。相聲行裏的單口活、對口活，全都沒有，所會的玩藝兒，全得唱幾句，什麼《餄餄陣》、《五百齣戲名》、《楊香武盜九龍杯》。一個人唱，一個人在旁抓哏，用手捂着耳朵，吆喝：「耗子餡兒的包子，一個子兒六個！糖火燒！油酥火燒！」江湖人調侃兒說，他們淨使「碎包袱兒」（三言兩語逗人一笑，臨時現抓哏叫碎包袱兒）。他們這檔子玩藝兒，專能攏低級的人們，有資格的人們絕不肯聽。是玩藝兒都能做堂會，他們這玩藝兒太不文明，難登大雅之堂，只能撂地（明場演出）做生意。

自從天橋發達了，小雲裏飛就在天橋獨佔個場子，撂長地，永不趕東西兩廟。老雲裏飛天天扛着漁鼓，往各處說西遊。小雲裏飛的兄弟白寶亭，另投門戶，拜焦德海為師，學對口相聲。他在天橋公平市場與尹麻子、劉德治等撂場子，人又年輕，口齒清楚，有氣力，很做了幾年好生意，相聲行裏的人都說他有起色。果然，到了天津上雜耍（各曲種的綜合演出）館子，登台就紅了。只是年輕，不知保養身體，有了錢胡花，未幾，就一命嗚呼了！小雲裏飛剩了哥兒一個，對他父親頗能盡孝。他不叫老雲裏飛說西遊，日中兩餐之外還有零花錢。吃飽了，閒遛彎兒，真是快活極了。

年前在天橋見老雲裏飛，見他行動不便，口齒語言不清，好像有病的樣子。我問他怎麼了，據他說是得了半身不遂。我問他：「還能做藝否？」他說：「已然做不了啦。」我問：「你們說《西遊記》的，現在還有沒有？」他說：「早年北平這個地方沒有說西遊的。自從潘青山創演《西遊記》，舊社會的人士就很愛聽。到了潘青山的徒弟猴兒安，說《西遊記》『響了萬兒』，才加入評書界。以前的評書研究社，共分十個門戶，我們亦算一門。我們這個門中傳流的支派，是永、有、道、義四個字兒。我師父叫恆永通，是永字兒的。我們師兄弟兩個，我叫慶有軒，他叫李有源。我在中年曾改過名，叫白有雲。未幾，又恢復了舊名。李有源收個徒弟，叫奎道順，是道字兒的，他曾響過萬兒，北平市各書館他都做過藝，其藝術不弱於我師父。他收個徒弟叫邢義明，說得亦不錯，可惜他『磨了海草兒』（江湖人對於吸食鴉片的調侃兒叫磨海草兒）。他的萬兒將有『裂紋』（江湖人對於將要享名的調侃兒叫裂紋），就回去了。後來又『弄上插末（chā mòr）漢兒』（江湖人對於扎嗎啡的調侃兒叫插末漢兒），各書館的『粘箔（nián bo）』（江湖人對於書館主人調侃兒叫黏箔）都不約他，只落到『土在梁子上』（江湖人管死了調侃兒叫土了，死在街上調侃兒叫土在梁子上）。我說這行兒是要斷莊了。」我問：「你收過徒弟沒有呢？」他說：「我收了個徒弟叫田道興。他入門之後，亦做過幾處舖子，沒有得利，他又離了這行，幹別的去了。」我問：「現在北平的各書館有沒有說西遊的？」他說：「好幾年沒有說的了。」我問：「你們使鑽天兒的這門，還收徒不收呢？」他說：「我是不收了，我們這行就算完啦。當初我們師祖只留下永、有、道、義四個字兒，恰巧我們就傳了四輩兒，斷了行啦。看起來事由前定，亦不可不信。」我問：「有人說你們的師祖猴兒安，名叫安天會，是不是呢？」他說：「孫悟空大鬧天宮，那是安天會，我們師祖哪兒能叫那個名字。他在我們永、有、道、義的上邊，是太字兒的，名叫安太和。」我問：「你們說西遊的，怎麼與評書不同哪？」他說：「說評書是評講，沒有弦子鼓兒，亦不唱，說完了就要錢。我們說西遊的，有漁鼓，每逢有詞贊兒行路歌兒，都手拍漁鼓，按着轍口兒唱，這就與評書不同。我們說完了書，不是指書掙錢，還有『憨子』哪，更與評書不同了。」我問：「什

麼叫憨子哪？」他說：「我們說西遊的說了一段，到了要錢的時候，是聽玩藝兒的，都給他們一塊沉香佛手餅。那種藥糖，人吃了有益，調侃兒管那糖叫憨子。現在書是要斷嘍，熬那藥糖之法亦要失傳了！」

滑稽大鼓是張雲舫攛弄的　創演「響萬兒」是老倭瓜唱得早

「柳海（hāi）轟兒的」（江湖人管唱大鼓的行當調〔diào〕侃兒叫柳海轟兒的），有木板、鐵板之別。唱西河調大鼓、樂（lào）亭調大鼓、山東犁鏵調大鼓都是使鐵板，唱梅花調大鼓、京調大鼓、怯口大鼓、小口大鼓都是使木板。現今我國各省的人士，好聽玩藝兒的，都愛聽木板大鼓。各省市、各商埠、各大雜耍（各曲種的綜合演出）館子的藝人，亦是唱木板大鼓的佔有最大的優勢。凡是雜耍館子，不論有多少檔玩藝兒，上多少場都用木板大鼓「攢（cuán）底」（江湖人對於唱大軸兒調侃兒叫攢底）。現在能夠攢底的角色有劉寶全、白雲鵬、金萬昌、張筱軒、小彩舞、白鳳鳴、譚鳳元等，都是木板大鼓的名角兒。鐵板大鼓雖然有唱的，在雜耍館子內只能唱前場，墊墊場子，不能攢底，亦不能叫座兒。唱木板的玩藝兒，各富家有喜慶堂會，亦是約他們；約鐵板的玩藝兒，最少最少。木板大鼓最高尚，唱角兒只上館子，不往露天的場子擺明地。各省市商埠碼頭、露天市場（北平天橋，天津三不管，保定馬號、張垣大橋、北市場，煙台盂蘭會，濟南趵突泉，開封相國寺、五里溝，安東的六七道溝，大連西崗子，營口窪坑甸）都是唱鐵板大鼓的，藝術平庸，唱詞甚劣，極不可聽。專有一些低級遊人，知識幼稚，歡迎聽那玩藝兒，知識界人絕不去聽啊。

木板中的各調大鼓，都興得很早。滑稽大鼓興的年代不遠，在從前沒有這種玩藝兒。大鼓裏不易加包袱兒。江湖人常說「萬象歸春」，不論是什麼玩藝兒，都得逗笑兒，叫人聽樂了，才能有人歡迎。江湖人雖明此理，人才缺乏，又都牢守舊規，沒有創造的本領。大鼓行裏幾百年亦沒有人提倡唱滑稽玩藝兒。北平前門外板章路，住有三旗營，安清名人張雲舫。他不是江湖人，自幼嗜好大鼓，精於歌唱，限於「夯頭兒」（江湖人

管嗓子調侃兒叫夯頭兒），從未登台，曾費數載光陰研究滑稽大鼓。所編各段曲詞，轍口好，詞兒妙，唱主若能形容喜怒哀樂，有發托賣像，極容易引人發笑。有玉器行人崔子明，亦北平三旗管，同張同鄉，亦同好歌唱。張不吝珠玉，將其所編滑稽鼓詞盡授於崔。他排演成熟，就在北平獻藝，報上寫「老倭瓜滑稽大鼓」。他上台來，一「鞭轟子」（江湖人管打鼓調侃兒叫鞭轟子）就有包袱兒。他一段鼓板，敲打時醜態百出，「不抹盤兒」（江湖人管不害臊調侃兒叫不抹盤兒。藝人在台上逢場作戲，不能害臊，前台不要臉，後台要臉，那才唱得紅哪。老倭瓜應當如是），能逗聽玩藝兒的人們一笑。及至他唱的時候，七成仗着鼓詞，三成仗着形容，油腔滑調，百樣怪狀，使人解頤，笑不可止，大受歡迎。他獨創一派，挑簾兒就紅了！

老倭瓜將有「裂紋」（江湖人對於將要享名的調侃兒叫裂紋）的時候，有人「攜」過他一次。閱者一定要問什麼叫攜哪？我將這種江湖封建的暗勢力先行說明。早年江湖中的人五花八門，幹什麼得入什麼門戶，拜位老師，將江湖規律都學會，然後才能吃江湖飯哪。譬如算卦的術士要想擺卦攤，按着江湖的金、皮、彩、掛（金指算卦相面，皮指賣藥，彩指變戲法兒，掛指打把式賣藝）四大門說，那算是金門的生意，得先拜個金門中的江湖人為師，學會了江湖規矩。攤子怎麼擺，見了同行說什麼，有江湖人盤道應當如何應付……把這些事都學會了，才能擺攤子，賣卜掙錢，遇事不怕，能有應付之法。譬如要淨會算卦，不懂江湖事，擺出攤子，江湖人一看，就知道這是外行，立刻上前盤道，若無法應付，江湖人就不准他擺卦攤，還能把算卦的家伙拿走，再不准吃這碗飯！如若想吃這碗飯亦成，得找個江湖老師認門戶，有了門戶，吃遍天下。老倭瓜唱大鼓，就是票友下海，他沒有江湖門戶，江湖老合把他攜了，不叫他吃江湖飯。他無法可使，才拜了位江湖前輩史振林為師。在北平地方，史振林的門戶最盛，鼓界名人白雲鵬亦是他的徒弟。老倭瓜這個門戶進得妙極了，他與白係師兄弟了，白雲鵬就帶他往津、滬、濟、漢等地獻藝。雖沒唱過大軸，倒二、三、四場常說。我國社會的風氣喜新厭舊，最好聽奇怪的玩藝兒，他這滑稽大鼓算是開創先河了。老倭瓜三個字，譽滿中華了。他成了大名，是得了三個人的好處：第一是得張雲舫的鼓詞，「攥弄（zuàn nong）得撮嗜（zuō kèn）」（管編玩藝兒調侃兒叫攢弄，編得好調侃兒叫撮哨，編得不好調侃兒叫念撮）；第二是他拜了老師，有了江湖的門戶，同業人不排擠；第三是有白雲鵬的提攜，他才成名。

　　我向鼓界的內行人問過張雲舫的鼓詞怎樣，他們說那鼓詞不只攢弄得撮哨，那玩藝兒的「皮兒最薄」，唱出去開門見山。我問：「什麼叫做皮兒薄？」他們說：「唱的鼓詞聽的人們容易懂，就叫『皮兒薄』。如《烏龍院活捉三郎》、《鬧江州》、《華容道擋曹》那些段子，文淺還不算，玩藝兒裏的人物李逵、宋江，誰不知道？《哭祖廟》那段玩藝兒，亦是《三國演義》上的故事。一般人看《三國》，看不到哭祖廟就膩得不愛看了，說《三國志》的亦說不到那裏。他們的行規是不等到走麥城就不說了。如若說的關公死了，立刻就沒有人聽，絕說不到哭祖廟。唱《三國》的是零段多，整本大套的少。可是有唱整本大套《三國》的，亦唱不到哭祖廟。《哭祖廟》那段鼓詞，不論是誰唱，唱得天好，亦是費力不討好，聽主懂得這段玩藝兒的人太少。」江湖人管這不容易懂的玩藝兒調侃兒叫「皮兒厚」。凡是江湖藝人，學什麼玩藝兒，都怕皮兒厚。有皮兒厚的玩藝兒，多好亦不敢學。學玩藝兒的時候，最歡迎的，就是皮兒薄的玩藝兒！

　　這些年鼓界中唱玩藝兒的唱紅了，都是唱皮兒薄的玩藝兒成的名。唱皮兒厚的玩藝兒，成了名的只有一個白雲鵬。他唱的大鼓段子，有《黛玉悲秋》、《寶玉探病》、《探晴雯》、《黛玉歸天》、《寶玉娶親》、《哭黛玉》、《太虛幻境》，這都是《紅樓夢》上露淚緣的玩藝兒。劉寶全都不唱這些段子，一是這些段子皮兒厚；二是這些段子婉轉悱惻，哀艷感人，非他所宜。他是以亢爽激昂、悲壯淒涼的段子為正工，像《華容道》、《草船借箭》、《甯武長阪坡》、《甯武關》、《李逵奪魚》、《活捉三郎》、《截江奪斗》、《徐母罵曹》等段，唱得最佳。劉、白二人各有所長，一是文大鼓，一是武大鼓。白唱的段子皮兒厚，劉唱的段子皮兒薄。皮兒薄的玩藝兒能吸引聽主，性質普遍，任何人都能聽，叫座兒較易；皮兒厚的玩藝兒，只能叫懂得曲中歌詞的人，知識分子愛聽，不懂的不聽，較比皮兒薄的叫座兒難些，性質不普遍。我問過他們：「什麼叫『開門見山』？」他們說：「譬如唱角兒在台上唱玩藝兒，一張嘴就唱：『內丹圖列在四大奇書內，也

無非，勸人行善莫胡為。西遊記無非是丘祖筆墨，把心機使碎。願迷人，輪迴跳出苦海，莫墜輪迴。』這幾句曲頭兒，聽玩藝兒的人懂得的少，讀書識字的人能懂，還是皮兒厚。若唱『唐三藏奉旨去取經，受盡了百般磨難，不把心回。這一日借宿高老莊』這幾句，聽主就能聽出來，是高老莊收豬八戒，一聽就懂，調侃兒叫『開門見山』。」

　　老倭瓜唱的滑稽大鼓，是張雲舫的玩藝兒皮兒薄，能夠開門見山，他唱着最容易受台底下聽主歡迎。這是老倭瓜成名的最重大原因。平津一帶鼓界中門戶，在梅、清、胡、趙四大門中，以史振林的門人弟子最多。老倭瓜進了他的門戶，平津的同業，本門人多，不惟不受排擠，並且還有了關照。白雲鵬在平、津、濟、滬等地，不論在哪個館唱，亦是壓大軸兒，他有叫座兒的實力，要提拔幾個唱前場的角兒，前後台都能認可。有這三個原因，老倭瓜怎不成名？他所唱的玩藝兒，我聽過的有《海三姐逛市場》、《勸五迷》、《勸國民》、《呂蒙正教學》、《藍橋會》、《拴娃娃》等等段子，都是張嘴一唱，三五句台下「詢家」（江湖人管聽玩藝兒的調侃兒叫詢家）就能懂得唱的是什麼玩藝兒，段段有「開門見山」的好處。滑稽大鼓不只老倭瓜一人，不論是誰學會了，亦能掙錢。平津等地的雜耍（各曲種的綜合演出）館子都得有這一場玩藝兒。老倭瓜真老了，他有六十多歲，恐不能再往各處奔走，唱一回少一回了。現在北平久演的角兒有架冬瓜，他的氣力足，歲數好，唱得火熾，藝術不弱於老倭瓜。可惜架冬瓜沒趕上好時候，沒掙着大錢！在外埠有個唱滑稽大鼓的山藥蛋，據說比老倭瓜唱得好，活使得漂亮，逗笑的包袱兒亦抓得脆，很受各省市的詢家歡迎。不過山藥蛋沒到北平來唱，好壞不知，人云亦云罷。最近他給白雲鵬磕頭，認了師父。名人收徒，許錯不了。唱滑稽大鼓的除他三人之外，還有個大南瓜，因為他常有「黏啃（nián kèn）」（江湖人對於人染病調侃兒叫黏啃），總未演唱。老倭瓜是老得不成了；氣力足，唱得火熾，只有架冬瓜、山藥蛋了。不過我聽過他們的玩藝兒，會得多的有二十多段，會得少了有十幾段。其中好段子全算上才十幾個，唱不到一個月就要翻頭，重新另唱，太沒味兒。他們又都不會攥弄活，怎麼學來的套子活就怎麼唱，會多少唱多少，不知道進步，往深刻研究。如果多學幾段玩藝兒，有

四五十天不翻頭，就可聽了。

江湖中的老合們常說：「有藝不愁掙錢，就怕到了掙錢的時候沒貨。」據鼓界內行人說，滑稽大鼓是張雲舫首創的，他編的玩藝兒，唱滑稽大鼓的角兒們沒有學全。還有些好玩藝兒張雲舫沒往外傳，有《煙捲成家》，有幾段《胭脂》，有幾段《戰宛城》。據說這些段子比他傳出來的玩藝兒格外精彩，詞句香豔中帶滑稽，自來的包袱兒，誰要學會了唱出去，準能火熾，準能有人歡迎。不過江湖人常說：「能贈一錠金，不給一句春；能送十吊錢，不把藝來傳。」可是話又說回來了，誰亦不願白勞神。我只希望會唱的老合們，攢（cuán）子（心眼兒）一活動，就能把張雲舫的玩藝兒學過來，倘再過幾年，恐怕沒處學去了！

小秫秸棍灌鉛是「托門」 搖出搖不出是為「推送點」

筆者幼年的時候，住家在東北城，幾年不准出趟前門。有一次隨親戚到城外有事，回去晚了，天在掌燈以後。走在一條大街，見有一家關閉的舖子，門前有個大紙燈籠，上書「燈下術」。往裏一看，有幾十人在裏邊擠着瞧熱鬧。我們亦擠進去，在人羣中一望，見屋中有燈一盞，坐着一人，面貌可怕，手裏拿着一把鑷子，一個小竹筒。筒內有三根秫秸棍，棍上有裹紅紙圈兒的，有不裹的。在牆上有幾個紙袋兒，上邊有個方格，橫寫×××號，豎着空有省、縣、姓名、年歲。那個拿竹筒的人說：「我們這燈下術原叫先天卦，可是伏羲氏畫八卦有的陰陽，八卦有先天後天，我們這是先天卦。不論是哪位來算，能知道你姓什麼，叫什麼，多大的年歲，哪兒的人；這一輩應做什麼事，士農工商在哪行；是人中的領袖，是幫人當伙計；終身衣祿、食祿怎樣；應當沾誰的光，被誰的害；祖業有沒有，弟兄幾位；什麼脾氣稟性；由幼年直到老來，應當活多大年歲。由先天注定，全都算得出來。可是多了不算，每天只算三卦，算得對了，要錢；算得不對，分文不取，毫厘不要。哪位要問，我們先看看有你的卦沒有。怎麼個問法？哪位往我前邊一站，我搖竹筒，帶紅紙圈兒的棍搖出

來，就是有你的卦；如若搖出不帶紅紙圈兒的棍，那就沒你的卦了。」他說着，就有一個人奔到他面前，說：「先生！你看看有我的卦沒有？」這位先生就搖起小竹筒，裏邊的小秫秸棍亂晃。晃來晃去，由筒內晃出一根棍來，上邊沒有紅紙圈兒。他向問卜的人說：「沒有你的卦！」這個人聽說沒有卦，只好不算。接連不斷有人來算，他的筒兒無論怎麼搖晃，亦是不帶紅紙圈兒的棍出來，帶紅紙圈兒的棍總不出來。這些人覺着奇怪，向他問道：「先生，怎麼會沒我的卦哪？」他說：「別的算卦的，有人算他就算，算一卦掙一卦錢，他怎麼不算？我這卦要那麼算，就不靈了。眾人是聖人，我這先天卦不是現算，早把卦算得了，在這紙袋內裝着哪，是誰的卦得等誰，本人不來，不能給別人算。我每天只算三卦，亦許不開張，可就是沒算過四卦。哪位要算，自己說話。」他這樣說，愈顯着有點神怪。我看了兩三個鐘頭，才見他那筒內帶紅紙圈兒的棍搖了出來，算是有個人的卦了。

起初我對於他的小竹筒雖然生疑，可猜不透是怎麼回事。我總疑惑他那小竹筒有毛病，要不一樣東西，怎麼有搖得出來的，有搖不出來的？如今我才明白他那小竹筒是有「托門」的。什麼是托門呢？江湖人對於家伙使用的家伙上有令人難測的機關，能鬧鬼兒，叫人看不出破綻，調（diào）侃兒叫托門。那麼小竹筒上有什麼托門哪？我先把他這個托門說明，然後再說那燈下術。我向江湖中的人們探討過多少次，他們都不肯將個中黑幕說給外人。我費了許多的聯絡手段，才把這小竹筒托門討了來。原來他那竹筒沒有毛病，有鬼兒都在那秫秸棍上哪。他那三根秫秸棍都是灌了鉛的，鉛灌在一頭兒，做上個暗記，用手一拿秫秸棍，就知道哪頭兒有鉛。往竹筒內放時，將有鉛的三個頭兒都衝下，搖晃一天、一月、一年，亦搖不出筒來，有鉛墜着，休想搖出來。如若將三根秫秸棍有鉛的頭兒全都衝上，放在筒內，略微一搖，不用費力，那三根秫秸棍都能搖出筒來。如若將兩個有鉛的頭兒衝下，一個有鉛的頭兒衝上，放在筒內搖吧，不大工夫就能搖出一根來。總而言之，他們這種辦法，是想搖出哪根，哪根就出來；不願意哪根出來，哪根就不出來。他們將這三根有托門的秫秸棍做得了，就為的是「把點」、「推點」。什麼叫把點哪？江湖人管看誰調侃兒叫把合；管江湖人調侃兒

叫老合；管非江湖人、不懂江湖事的人統在一處稱呼，調侃兒叫點兒。看看是點不是點，就是把點。如若看這人能夠由他身上掙出錢來，調侃兒叫「正點」；如若看這人不是花錢的，調侃兒叫「不是正點」。

那麼他們怎麼能看出哪種人是能掙錢的正點，哪種人不是正點哪？江湖中有一種神祕的傳授，不論見了什麼人，只一對臉兒，就能知道人是忠厚或狡猾。他們這種瞧人行事的本領值得人佩服。他們管商界人調侃兒叫「貿易點」，管軍界人調侃兒叫「冷點」，管政界人調侃兒叫「翹子點」，管做大官的調侃兒叫「海（hāi）翹子點」，管軍人調侃兒叫「海（hāi）冷」，管小軍官調侃兒叫「冷把子」，管農人調侃兒叫「科郎（kē lang）點」。他們對於社會裏的人，士、農、工、商、軍、醫、學、報三百六十行都有一種侃兒。不管是哪裏人，一看就能知道。他們看這人忠厚不狡猾，能夠老實花錢，那就算正點。他們看這人長得聰明，面帶狡猾，口齒伶俐，善於言談，雖能花幾個錢，不過難掙，得設法叫這種人心服口服，錢才能掙到手，這就不是正點。甚至於還有費許多的唇舌，掙不下這種人的錢來，生意還有被他擾了的時候。他們做「燈下術」的不是公道買賣，純粹騙人錢財。遇見正點好極了，正點能老老實實任其敲詐；遇見不是正點，可沒準兒掙得出錢掙不出錢來。他們是歡迎正點，不歡迎不正的點。可是正點來了，好辦；不正的點來了，不願意掙他的錢，不願和他搞麻煩，又有什麼拒絕的方法哪？

他們對於狡猾人，因為不能掙錢，有一種「推法」。凡是他們看出是正點的人，要問卦，他將三根小秫秸棍，沒有紅紙圈兒的，有鉛的那頭兒衝下；有紅紙圈兒的，有鉛的那頭兒衝上，都裝在小竹筒內。慢慢一搖竹筒，有紅紙圈兒的秫秸棍不費勁就能搖出來。搖出有紅紙圈兒的來，算有這人一卦，他好掙錢。如若有人去問卦，他們用把點的本領看出來問卦的不是正點，算對了，亦不能給錢；算不對，就給他們擾了。他們不願和這種人搞亂，若憑嘴一說，沒有這人的卦恐怕不成，仍然免不了搞麻煩。他們使小竹筒往外推，右手將三根秫秸棍拔出，左手拿着竹筒，底兒衝上，口兒衝下，先晃晃，然後再裝三根秫秸棍，將那有紅紙圈兒的棍，有鉛的那頭兒衝下，裝在竹筒內；沒有紅紙圈兒的兩根秫秸棍，有鉛的那頭兒衝

上，裝在竹筒內，慢慢搖吧。沒紅紙圈兒的，不費勁就能搖出一根來；有紅紙圈兒的，鉛在下邊墜着，無論如何亦搖不出來。他拿着那根沒紙圈兒的秫秸棍，就可以向那人說：「你這錢省下了，我這裏沒有你的卦！」這種好搗亂的人，遇見這種辦法亦不好搗亂，沒有他的卦，只好走開。其實做燈下術的，他們研究出小竹筒搖秫秸棍的托門，就是為擾他們的人預備的。如若遇這種人，就說沒他們的卦了事。

燈下術叫「袋子金」 是點不是點 全憑開把簧

他們的小竹筒，托門、推法，我都說明了，再說我那次所見的燈下術怎麼神怪。那天晚上，我看他給人算了一卦。那問卦的人穿着打扮好像是個買賣人，聽口音是深州的。他要占卦，算「燈下術」的就先搖那小竹筒，結果沒費勁就把帶紅紙圈兒的秫秸棍給搖了出來。他向問卦人說：「有你的卦了！我這卦可不是現算，是早給你算得了，在我這隻口袋內裝着哪。少時我打開口袋，取出卦來，那卦上就有你的姓名、年歲、哪裏人氏、一輩子的事兒，以及你的脾氣秉性、衣祿食祿，應當在哪行做事，你的父母全不全，妻宮大小，早娶晚娶，克妻不克，立子早晚，你的少、中、老三部大運，哪步好，哪步壞，吃什麼人虧，受什麼人害，哪年不好，哪年好。全都對了，你再給錢。」問卦的人點了點頭。他又說：「我們是先問君子，後小人，你的姓氏、年歲、哪裏人，先說出來，我們寫好了，放在一旁，然後打開我那口袋，取出卦來看，果然寫得都一樣，咱們再往下算。如若寫得和你說得不一樣，那就是不對，你不用給錢，兩吹台。」這個人說：「這樣辦很好，心明眼亮。」算卦的拿着紙筆，向問卦的人說：「你姓什麼，叫什麼，多大年歲，哪裏人？你都說出來，我先往這張紙上寫，然後咱們再對對看。」這個人說：「我姓張，叫有才，深州人，今年二十八歲，我是手藝行當。」他用筆在紙上寫：「張有才，年二十八歲，深州人。」寫完了，向看熱鬧的人說：「諸位看見沒有？他的姓名在這兒寫好了，回頭我把他的卦取出來，那上邊寫的姓名和他這個一樣，就

算我這卦靈。」

　　他說完，用手拿下來一個紙口袋，有五六寸長，四寸來寬，紙亦硬，封口亦都是糊好了的，袋上有幾個小圓圈，是留着填寫格式。他向問卦人說：「你這卦在這裏邊哪，我寫上號頭兒，咱就取出來看。」說完了，拿起筆來，往口袋上寫七百七十三號。他說：「到了這卦，我一共算了七百七十三個人了。」用手撕口袋上邊的封口兒，「哧」的一聲，將口兒撕開，那口兒不是現封的，不定封了多少天啦，封口兒上的漿糊都乾透了。他拿把鑷子，往口兒內去夾，夾出一張毛頭紙來，折有好幾層。他打開，只叫問卦的人看頭一層兒，只見上邊寫着：「昨夜三更天，與你把卦占。若問吉凶事，先掏卦禮錢！」再往下看，寫着：「張有才，二十八歲，深州人，手藝行當出身。」再看就沒了，別的字都在二、三、四、五層上哪。他向張有才問道：「你看明白沒有？」張有才面上現出驚奇的樣子，說：「我看明白了。」他說：「你掏卦禮錢吧！」張有才說：「多少錢哪？」他用手指那卦上寫的幾個極小的字，叫張有才看。張有才仔細一看，見上寫：「此命卦禮銀二兩整。」張有才說：「先生，我是個耍手藝的人，每月的工錢才掙二兩多，算一卦就得二兩銀子，我實在花不起。你少要幾個吧！」他很不願意。張有才亦不知費了多少好話，給了一兩銀子，才叫他看那卦。只見那全張紙上寫的是：「張有才，二十八歲，深州人，手藝行當出身。祖業雕零，自創自立，出外早，做事早，勞碌早，三早之命。宜入工界，手藝相宜。為人耿直不曲，不奸巧，憑天吃飯，量力求財，勤儉耐勞，做事忠實。前半輩，虛名假利，財來財去，勞而無功，同人不和，多成多敗，事不如意，財難趁心。父母雙全不能妨去一位，鰥居不能有妻，子宮二三送終有一。目下賦閒不能有事。後半輩，火燒竹竿節節爆，腳蹬樓梯步步高，事順財旺，外方立業，獨掌大權，內添人口，人財兩旺，名利雙收，得庚申辛酉方，寅卯貴人之力，受人提拔，可以發達。唯有四十八歲，身弱有恙，大病一場，前有水危，至此有數月之災。正南方，木字旁人，能夠除災。晚年有長久不敗之業，平穩之財，福祿由勤儉得來，受盡折磨，苦去甜來，獨立成家，外鄉發達之命。在目下百日內謹防小人暗算，意外之災。」張有才聽他唸了一遍，不住地點頭，很是佩服。可是他還有不明

白的地方，向算卦的先生問道：「我的父母全不全哪？」算卦的說：「我這裏不是寫着嗎，你『父母雙全不能妨去一位』。那麼你父母倒是雙全不雙全，你說！」張有才說：「我父親死了，母親還有。」算卦的說：「我這兒寫着是你『父母雙全不能，妨去一位』！」張有才道：「先生高明，你真算出來了。」

　　我在旁邊看着這種事，就明白了。他使的是「連環朵兒」。閱者若問什麼是連環朵兒，我先把這種事揭穿了，然後再說全盤的燈下術。原來他們江湖人，管字調（diào）侃兒叫朵兒，管寫字調侃兒叫戳朵兒，字寫得好調侃兒叫朵兒戳得撮啃（zuō kèn），字寫得不好調侃兒叫朵兒戳得念撮。如若寫出十幾個字來，明着是一句話，暗含着是好幾句話，他們能將這句話分成三段兒上下連貫着使用，那要調侃兒就叫連環朵兒。我把他那連環用法解釋一下。如若有問卦人說：「父母雙全。」他那連環朵兒就分成兩段：「父母雙全，不能妨去一位。」如若有人說：「父母不全，死去了一位。」他那連環朵兒就分成三段，還有兩個字一段的：「父母雙全，不能（不能雙全，將中間不能兩個分開了，不能）！妨去一位。」這樣說，這樣唸，那不明白連環朵兒的人都得佩服他，認為他未卜先知。其實他那些話句寫得都是八面風兒，專蒙知識幼稚的人。如若有人說：「父母都死了。」他將那連環朵兒能分為兩段，唸完了底下再襯上一句，照樣圓滿：「父母雙全不能，不能妨去一位。要妨，還是妨去兩位。」這樣他把「不能」兩個字，往上連着「父母雙全不能」，往下又連着「不能妨去一位」，底下沒字兒了，他還饒上一句：「要妨，還是妨去兩位！」（不能妨一個，還不妨兩個嗎？）這是說父母全不全的連環朵兒。那妻宮有無，就寫「鰥居不能有妻」。向問卦人問：「你有媳婦沒有？」問卦人如若說：「沒有媳婦。」他就將這六個字的連環朵兒分為兩段，上兩字「鰥居」，下四個字「不能有妻」。唸出來亦是說你這人是個光棍兒，不能有妻。如若問卦人告訴他們說：「有媳婦。」他們又將這六個字的連環朵兒改為上邊四個字「鰥居不能」，下邊改為兩個字「有妻」，說你這人不是光棍兒，一定是有媳婦的。如若問卦人問：「我父母不全，先死哪一位？」他們又寫五個字連環朵兒，「父在母先亡」。寫完了問：「你父母哪位先死的？」問卦的人若

說：「我父親先死的。」他就指五個字唸：「父在母先亡。你父親在你母親以前死的。」問卦的人若說：「我母親先死的。」他又唸：「父在，母先亡。你父親在世哪，你母親就先死了。」

　　江湖中賣卜的術士學會了連環朵兒，就往「六親簧」上用，保管能搪得過「空（kòng）子」去。什麼叫六親簧，哪叫空子啊？據江湖人說，做金點（相面算卦的總稱）的人們對於問卜人的妻財子祿如何，父母兄弟怎樣，並不知道。可是問卜的人大多數都問他們：「先生，你看我弟兄幾位？」如若說對了，就信服了，肯其花錢。江湖人以研究這種應付的方法，方研究出六親簧（江湖人以人的父、母、兄、弟、妻、子為六親，使用江湖的妙法能知道人的六親現在如何，調侃兒管這種妙法叫六親簧）來。用這六親簧，是蒙空子（江湖人管不懂江湖事的人，以及他們能掙錢的人調侃兒叫空子），對於空子使用，準能搪得過眼去。他們的六親簧亦不一樣，各有使法，各有巧妙不同。像做燈下術使用的連環朵兒是最笨、最不漂亮的六親簧。那種連環朵兒亦就在那個年頭能用，能蒙得住人。若擱到現在，不用說蒙大人，就是小孩兒亦蒙不住了。可見早年的人心樸厚，比現在好拍呀！連環朵兒在從前還有用的，現今都不使用了。這種連環朵兒若是使，亦就是空子「倒要簧」的時候，搪塞了事用得上。空子若不倒要簧，亦使用不好。什麼叫空子倒要簧哪？就是空子向算卜人問完父母，又問兄弟幾位等事，那就算倒要簧。空子愈倒要簧，他們愈不怕，使上六親簧，空子能夠佩服了，他們才能掙錢哪。空子以倒要簧試試算卜的本領，說對了他們就佩服，當個花錢不花錢的目標。江湖術士是歡迎人倒要簧的。如若將倒要簧的人弄得佩服了，那錢就算掙準啦。

　　可是現在的術士，六親簧使得巧妙，比以前漂亮多了，離開連環朵兒之外，有兩種六親簧，一種是不往紙上寫，只聽他們嘴往外說。使連環朵兒是紙上寫完了，「父母雙全不能妨去一位」，再問人家究竟父母雙全不雙全；他們再連環貫斷法，八面風兒，那是笨極了的方法。他們口頭上說的法子，是不用問，張嘴就說：「你這人父母都死了！」說出來就準對！據江湖人說，這叫「戳簧」。至於他們怎麼能看出人父母都死了，戳簧使得怎麼那麼恰當，真是令人不可思議。我先把這段存起來，日後再說。

六親簧還有一種是「滾冊」。據江湖人說，那滾冊的簧頭能知道人父母雙全不雙全，是先妨父，還是先妨母，死了多少年，父的屬相，什麼命人；母的屬相，什麼命人，在哪一年死去的，都能知道！兄弟幾位，有死的沒有，死去幾個，現下有幾個，是否一母所生，都能知道！妻宮大小，早娶晚娶，妻的屬相，克與不克，有妾無妾，是否鰥居，以及夫婦未完婚之先，男妨女，女妨男，都能知道！子女有無，是先生男，還是先生女，子幾個，女幾個，立得住立不住，有死的沒有，是應有子女，是命獨無子，都能知道！在六親簧之外，還能知道此人在從前中過什麼功名，做過什麼事，見過什麼危險。那滾冊是個神祕已極的東西，已由上海某大書局印行了。不過外人買了去，看不透，敲不懂。非江湖人買了去，才能看得明，能夠會用。可是江湖人使用這滾冊，能夠看得懂的亦是不多，那個東西據說很難學的。至於這滾冊是怎麼個滾法，我尚不知，日後知道了再為談它。

　　原是說那袋子金的小口袋，怎麼會有未卜先知之妙哪？我為此事探討過幾年。江湖人的黑幕哪肯對外人去談，我問過多少人才問出來。據說那個小口袋內裝的卦單，單上所有的字預先寫出來的，只有「○○○年○○歲○○縣人」，○是沒寫出來，留着那空兒，臨時現往上添的。那臨時現添的寫法和變戲法兒一樣，是種障眼法，局外人看不破的。他們做燈下術的，早把寫快字障眼法練好了的，那是久練久熟，熟能生巧。他那口袋有毛病，裏邊的瓤兒如同抽屜似的，在他往口袋上寫號頭的時候，他是先往那○○○上填寫的，填寫完了，又寫的號頭。他們那種快法，手底下利落法，都是人想不到的。那卦單在袋內折着，不論有多少層，亦是那○○○的層在上面，他好往上填寫。江湖人再巧妙，「空子心眼兒有三堵牆」，他們就不會不說我姓什麼，叫什麼，多大年歲？如若做燈下術的沒料到這些，自己偷着寫，不叫他看見，寫在紙上，折起來，往卦攤上一放，叫他取出口袋內卦單來，和這張紙上寫得對對，如若一樣了，要多少錢給多少錢，那樣就把他們難住了！人們真傻，他問什麼，就先寫給他，明着不告訴他姓張，他絕對算不出來。變戲法兒的，碗內不放條魚，他絕變不出來。

　　理最明顯，世人不察，要認為燈下術最神祕，實是自愚！受愚！

回憶父親連闊如

連麗如

　　父親離開人世近四十個春秋了，可是沒有一天不想念他老人家，他是我的慈父，也是我的嚴師。

　　父親是個苦命人，光緒二十九年（1903）閏五月，落生在北京安定門外一個窮旗人的家中。我家是滿族鑲黃旗人，祖姓畢魯氏。滿族人指名為姓，我爺爺叫凌保，是個門甲，父親出世前一個月，爺爺就故去了。父親只上了半年私學、兩年小學，十二歲就當學徒，進過北京的首飾樓、照相館，天津的雜貨舖、中藥店；到煙台、大連做過小買賣；擺過卦攤，飽嘗了人世間的酸、甜、苦、辣。

　　父親原名畢連壽，拜師李傑恩，學說評書《西漢演義》，藝名連闊如。後又向張誠斌學說《東漢演義》。北京有一位田嵐雲老先生，說《東漢演義》名揚京城，聽眾孫崑波把田老先生書中的精華指點給我的父親。再加上父親的天資、勤奮，20世紀30年代末期在東交民巷伯力威電台播講《東漢》，名聲鵲起。他刻苦向前輩演員學習，博採眾長，融會貫通，達到書情結構嚴謹，人物性格鮮明。說書時嗓音寬厚，語重聲宏，口齒清晰，娓娓動聽。為摹擬好文生、武將，他借鑒京劇表演藝術，融化於評書中。馬跑、馬嘶等口技輔助表演，被聽眾公認為一絕。父親曾說，「說書時要嚴肅地進行表演，要做到五忘：忘己事，忘己貌，忘座有貴賓，忘身在今日，忘己之姓名」，全身投入藝術創造中。他重視說功、做功、打功，說到誰，就摹擬那個人物的神情、語言、聲態，有時也使用方言、韻白，加上必要的動作，表情狀物，繪聲繪色，形成了神完氣足、層次分明、起伏跌宕、耐人尋味的獨特風格，藝術精湛已自成一家。

　　父親說《東漢》的技藝，顯示了他少有的藝術才華。但他並不滿足，

仍然精益求精。他虛心請教老師和聽眾，集先輩評書諸家之所長。父親說的是「袍帶」書，為了提高藝術，父親向知名的武術家學習，又結識了許多京劇界的朋友，如蕭長華、徐蘭沅、郝壽臣、譚富英、李萬春、馬富祿，以京劇唱、念、做、打的功夫豐富自己的表演。20世紀30年代末，京劇表演藝術家尚小雲先生曾邀請父親為他的科班——榮春社排演全部《東漢》。榮春社在前門外中和戲院演出，轟動了京城。那時，父親白天在電台說書，晚上到劇場看戲、指導。尚小雲先生的長子尚長春扮演的武狀元岑彭栩栩如生，是父親說的《東漢》中的一個人物在舞台上活靈活現的再創造。新中國成立後，他協助王永昌先生排練了全部《水滸》，在大柵欄慶樂戲院演出，盛況空前。幾十年來，父親結交了各行各業的專家，成為朋友，如養馬專家載濤，語言學家吳曉鈴，劇作家翁偶虹、景孤血，針灸名醫胡蔭培，作家趙樹理，史學家吳晗等。父親就是這樣廣交博學，不斷地使自己的藝術造詣達到更高的境地。

父親一生勤儉度日，不吸煙，不喝酒，不講穿戴，所掙的錢除去養家外，全都買了書刊。我家原住在和平門外琉璃廠，這是一條有名的古書街。父親則是「邃遠齋」、「來薰閣」等古書店的常客，難怪我去琉璃廠中國書店買書，好多書店的同志一眼就認出了我，津津有味地談起我父親當年買書的情景。我記得父親為了考證漢獻帝的「衣帶詔」一事，購買和翻閱了七八種《漢書》及《三國志》的版本。他鑽研天文知識，把《借東風》、《草船借箭》說得入情入理；他學習、了解山川地理、風俗人情，以備古今對照；為了評價歷史人物曹操，他詳細閱讀了多位學者的有關著作，登門請教。聽眾們反映：「聽連先生的書，不但聽了歷史故事，還學到了不少知識。」

父親為人正直，光明磊落，不奴顏婢膝。抗日戰爭時期，日軍責令我父親在電台宣傳「大東亞共榮」，父親竟說了一段《廉頗‧藺相如》，意蘊人民團結抗戰，結果被日偽電台斥退。

父親離開了電台，開始寫作生涯，以雲遊客的筆名發表了《江湖叢談》。書中的內容是父親身臨其境掌握的第一手感性材料，對許多社會現象作了生動的寫照，正如父親所說：「以我的江湖知識說呀，所知道的不過百分之一，不知道的還多着哪。等我慢慢地探討，得一事，向閱者報告

一事，總以愛護多數人，揭穿少數人的黑幕，為大眾謀利除害，以表示我老雲忠於社會啊！」這部書揭露了某些危害社會的江湖行當的黑幕和手段，在當時社會上影響極大。從這部書裏也看出父親的勤奮和洞察社會的能力，我也更加了解了父親青少年時代浪跡江湖的酸楚。

　　北京解放後，父親響應黨的號召，作為曲藝界的帶頭人，積極主動參加各項工作。1949 年 7 月，被選為代表，參加了全國第一屆文代會。在全國文聯的領導下，父親籌備成立了「中華全國曲藝改進會籌備會」，擔任副主任，協助王尊三、趙樹理同志工作。周恩來總理看過父親的演出後，鼓勵他搞好曲藝革新改進工作。父親立即按照北京市文藝處的指示，組織北京的京劇、評劇、曲藝演員成立「戲曲界藝人講習班」。為加強新曲藝的演出實踐，他帶領曲藝演員在前門「箭樓曲藝廳」每天演唱《新五聖朝天》、《考神婆》等新曲藝。又和新華廣播電台合作，每天中午用固定時間播唱新曲目，前後堅持了三年，擴大了新曲藝的影響。在父親的帶動下，評書演員趙英頗等開始播講《一架彈花機》、《羅漢錢》等新評書，很受歡迎。

　　1951 年初，父親積極響應「抗美援朝、保家衛國」的號召，受彭真同志委託，組織了「中國人民第一屆赴朝慰問團曲藝服務大隊」，並擔任大隊長，率領京、津兩地許多著名曲藝演員，赴朝鮮前線，冒着槍林彈雨在前沿坑道、陣地，進行慰問演出。他經常表演評書《武松打虎》，古事今說，表達了祖國人民不懼強敵的心願，鼓舞了指戰員的鬥志，使曲藝獲得了「文藝尖兵」的稱號。歸國後，父親又帶隊深入大西南去演出，宣傳、推廣普通話，邊演出邊整理，創作了《飛奪瀘定橋》等新書。1953 年 10 月，第二次全國文代會決定成立「中國曲藝研究會」，父親被任命為副主席，和趙樹理、王亞平、韓起祥一起，協助王尊三主席工作。當時是百花盛開的季節，父親除了編演新書《強渡大渡河》、《智取婁山關》等外，還整理了《三國演義》、《東漢演義》、《水滸》等傳統評書，在北京人民廣播電台整年連續廣播。這時，父親的說書藝術更加精湛，每到播講時間，家家收音機旁擠滿了聽眾，北京市內流傳着「千家萬戶聽評書，淨街淨巷連闊如」的讚譽。父親忙於社會工作，他當選為北京市人民代表大會的代表和全國政治協商會議的委員，還經常到大學去講課。

1957 年，父親遭到了無情的打擊，被錯劃為右派分子，他的身影從社會上消失了，他的聲音從廣播裏消失了。但他沒有灰心喪氣，承受着巨大的政治壓力繼續編寫《紅軍長征演義》，研究《三國演義》。父親一直惦記着怎樣實現周總理向自己提出的「要帶好徒弟」、「自己的孩子有沒有學評書」的囑咐。他原來認為女孩子是不能說評書的，可是在上海卻親眼看到了王少堂的孫女王麗堂，受到了王老的言傳身教，十六歲就登台說《武松打虎》。父親想到麗堂，很受啟發，決定選擇難度較大的《三國演義》口授給我。那時我正在北京師大附中讀高中，為了表達「北連學南王」的心情，父親把我的名字改為連麗如，意思是：南麗繼承南王評話，北麗繼承北連評書，祝願我與麗堂同志在書壇上茁壯成長。

　　粉碎了「四人幫」，1979 年 11 月，有關單位為父親在八寶山舉行了徹底平反的隆重追悼會，《北京日報》予以報道。我也從工廠重返書壇。為了繼承連派評書藝術，我頑強地拚搏，終於恢復了《東漢演義》、《隋唐演義》、《三國演義》、《明英烈》幾部長篇大書的演出，受到廣大聽眾的熱烈歡迎。接着我為電視台錄製了評書《三國演義》、《東漢演義》、《康熙私訪》等，在北京和各省電視台播出，聽眾們給予很高的評價。

　　自 20 世紀 80 年代以來，在愛人賈建國的幫助下，我改編整理了二百多萬字的評書手稿，並全部出版，包括《評書三國演義》、《東漢演義》、《康熙私訪》、《左良傳》、《程咬金大鬧瓦崗寨》、《斬莽劍》、《逍遙王》等。尤為值得一提的是，父親在 1936 年出版的名著《江湖叢談》也多次再版，最新的一版就是在出版註釋界享有盛譽的中華書局即將推出的「終極版」——注音註釋典藏本，其中收錄了新近從《新北平報》上發現的父親佚文《漫話江湖　萬象歸春》，這是十分珍貴的曲藝資料，也是首次與廣大讀者見面；此外，著名漫畫家李濱聲老師還特地繪製了精美的插圖——這對於喜歡我父親，喜歡《江湖叢談》的朋友來說，無疑是特大的好消息！

　　2003 年 9 月 4 日，在我的努力下，紀念父親連闊如誕辰一百週年座談會在湖廣會館舉行，關學曾、譚元壽、常寶華、蘇叔陽、劉蘭芳、李金斗、孫毓敏、李燕、杜澎等藝術界老中青三代齊聚一堂，緬懷父親的高超

書藝與崇高品格。劉乃崇老師回憶了與父親在建國初期為新中國曲藝事業共同奮鬥的光輝歲月；郝壽臣先生的公子，年近九旬的郝德元老師滿懷深情地講述了父親在抗美援朝戰場上捨身救人的事跡，感動了在場的每一個人。雖然他們每個人的發言都很簡短，回憶父親的事跡也只是點點滴滴，但一代評書大師的形象卻在人們的講述中逐漸鮮活起來。我想，父親的評書深深地影響了幾代人，到今天依然有很多人懷念他，惦記他，這充分證明了他的人格魅力與藝術成就。正如歐陽中石老師為父親題寫的那首詩所說：「敷演春秋稗史，公平月旦無私。口碑評書自相宜，不負微言大義。」

在懷念父親的同時，我也時刻不忘己任——傳承和發展連派評書藝術。其一，在相關部門的幫助下，北京評書順利成為國家非物質文化遺產項目，我也成為傳承人；其二，2007年6月，我收下了四個徒弟和兩個義子，北京評書後繼有人；其三，將觀眾重新請回書館，讓他們領略和欣賞真正的書館評書藝術。父親您知道麼——從朝陽小梨園到月明樓，再到如今每週末宣南、崇文、東城三個書館的紅紅火火，從一開始只有我一個人說書，到如今吳荻、賈林、王玥波、李菁、祝兆良、梁彥，六個孩子每人都能上台說演長篇大書，這是多麼令人欣慰啊！而今年又有喜事。為了傳承和發展北京評書，我讓李菁收了個學評書的徒弟。這個孩子叫張碩，二十四歲，很聰明，也很用功。他是連派評書藝術的第四代傳人，現在我和建國、玥波爺兒仨一起帶他，希望他刻苦學習，早日成才。再有，江蘇泰州正在籌建中國評書評話博物館，預計年底建成。屆時，您與雙厚坪、王少堂等老前輩的塑像將一同佇立於此，供後來者瞻仰憑弔，而這裏也將成為評書評話藝術展示與研究的重要基地。

父親，如果您在天有靈，看到這一切，一定會含笑九泉的！

（連麗如，女，滿族，著名評書表演藝術家，國家一級演員，第二批國家級非遺項目北京評書代表性傳承人。1942年出生，1960年起隨父親連闊如學藝，錄製有《三國演義》、《鹿鼎記》等十幾部長篇評書，受到廣大聽眾歡迎。）